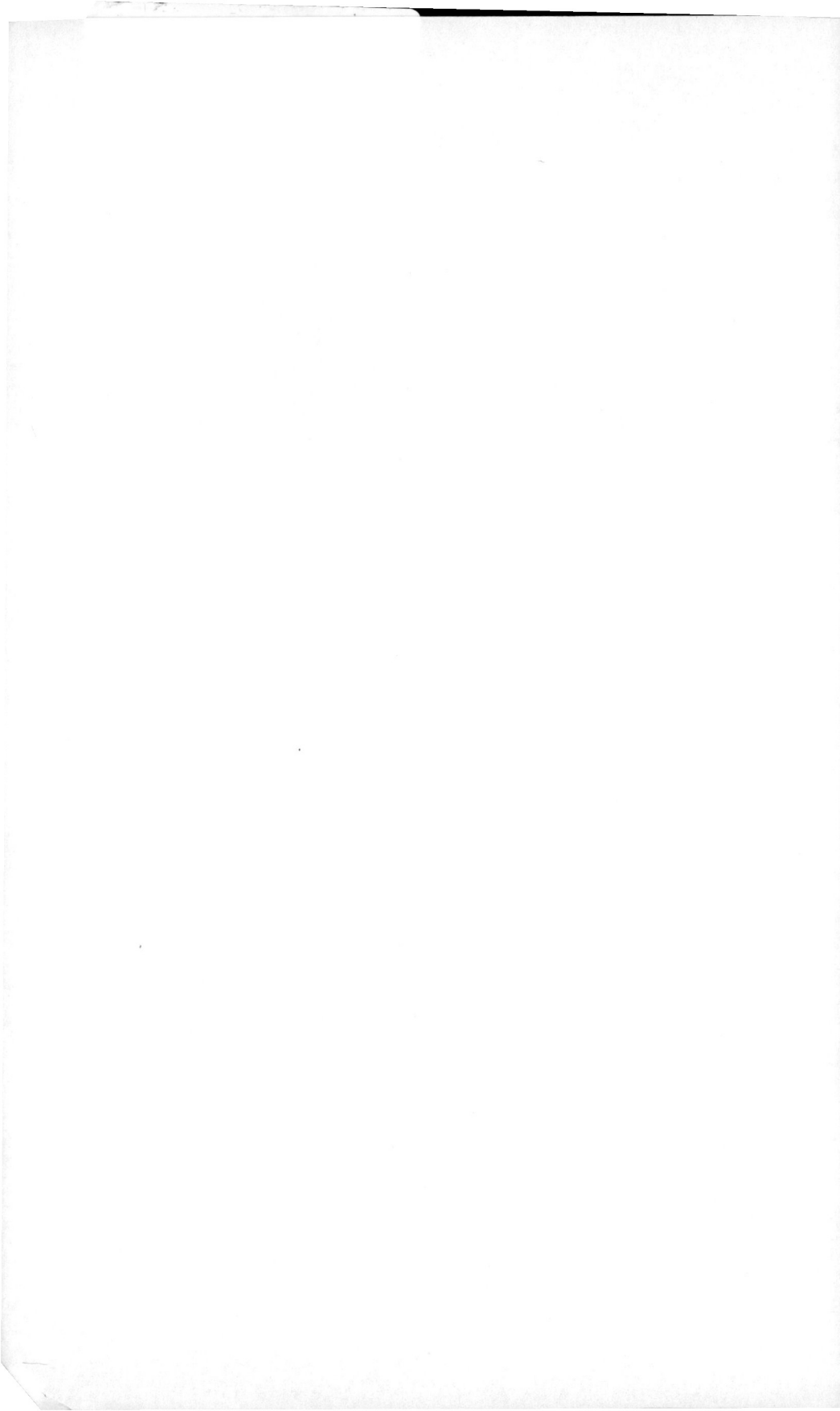

NULLE PART OÙ SE CACHER

Glenn Greenwald

NULLE PART OÙ SE CACHER

Traduit de l'anglais (États-Unis)
par Johan-Frédérik Hel Guedj

JC Lattès

Titre original :
No Place to Hide
publié par Metropolitan Books, une division de
Henry Holt and Company, LLC.

Maquette de couverture : atelier Didier Thimonier.

ISBN : 978-2-7096-4615-4

Ce livre est dédié à tous ceux qui ont cherché à faire la lumière sur les systèmes de surveillance de masse du gouvernement des États-Unis, en particulier les courageux lanceurs d'alerte qui ont risqué leur liberté à cette fin.

«Le gouvernement des États-Unis a mis au point des capacités technologiques qui nous permettent de surveiller les messages qui transitent dans l'éther. […] À tout moment, ces capacités peuvent être retournées contre le peuple américain, et plus aucun Américain n'aurait de vie privée, au vu de ces capacités de tout surveiller – conversations téléphoniques, télégrammes, peu importe ce que c'est. Il n'y aurait plus nulle part où se cacher.»

Sénateur Frank Church, président de la Commission sénatoriale d'Examen des opérations gouvernementales relatives aux activités de renseignement, 1975

Sommaire

Prologue

À l'automne 2005, je décidai de créer un blog politique, sans en attendre des résultats mirobolants. À cette époque, je n'imaginais guère tout ce qu'une initiative pareille finirait par transformer dans mon existence. J'étais de plus en plus alarmé par les conceptions du pouvoir, radicales et extrémistes, que le gouvernement américain avait adoptées au lendemain du 11-Septembre, et c'était là ma principale motivation. En écrivant sur ces questions, j'espérais peser dans ces débats, davantage que ne me le permettrait ma carrière de juriste, spécialiste du droit constitutionnel et des droits civils.

Sept semaines tout juste après l'ouverture de mon blog, le *New York Times* lâchait une bombe : en 2001, révélait le grand quotidien, l'administration Bush avait secrètement ordonné à l'Agence nationale de sécurité (la NSA) d'écouter les communications électroniques des Américains, sans obtenir les commissions rogatoires requises par la législation en vigueur. Au moment de ces révélations, ces écoutes sans mandat se poursuivaient depuis quatre ans, et elles ciblaient au minimum plusieurs milliers d'Américains.

Le sujet se situait très exactement au croisement de mes passions et de mes compétences. Washington tenta de justifier ce programme secret de la NSA en invoquant exactement le type de conception extrémiste du pouvoir exécutif qui m'avait poussé à écrire sur ces thèmes : l'idée que, face à la menace du terrorisme, le président était investi de pouvoirs pratiquement illimités l'autorisant à tout tenter pour «préserver la sécurité de la nation», y compris celui d'enfreindre la loi. Le débat qui en résulta engageait des questions complexes de droit constitutionnel et d'interprétations des textes législatifs et réglementaires et, du fait de ma formation juridique, j'étais armé pour les aborder.

Je passai les deux années suivantes à couvrir tous les aspects de ce scandale, dans mon blog et dans un best-seller paru en 2006. Ma position était claire et nette : en ordonnant des écoutes illégales, le président avait commis une série de délits et devait en répondre. Dans le climat politique de patriotisme fanatisé de plus en plus oppressant qui régnait alors en Amérique, cette prise de position suscita de vives controverses.

C'est ce contexte qui incita Edward Snowden, plusieurs années après, à me choisir pour tout premier contact, dans le but de révéler les agissements auxquels se livrait la NSA, et à une échelle encore plus écrasante. Il croyait pouvoir compter sur moi, me confia-t-il, pour comprendre les dangers de la surveillance de masse et du secret d'État poussé à l'extrême, et pour ne pas reculer face aux pressions du gouvernement américain et de ses nombreux alliés dans les médias et ailleurs.

Le volume considérable de documents ultraconfidentiels que Snowden me transmit alors, ainsi que toute la tension dramatique entourant le personnage, générèrent un intérêt planétaire sans précédent, lié à la fois à la menace de cette surveillance électronique de masse et à la valeur de la vie privée en cette ère du tout numérique. Mais d'autres problèmes sous-jacents couvaient depuis des années, dans une relative obscurité.

Ce débat planétaire autour de la NSA présente à l'évidence quantité d'aspects inédits. La technologie permettait désormais une forme de surveillance omniprésente qui n'appartenait auparavant qu'au domaine des écrivains de science-fiction à l'imagination la plus féconde. Qui plus est, après le 11-Septembre, la vénération américaine pour la sécurité à tout prix créa un climat particulièrement propice aux abus de pouvoir. Et grâce au courage de Snowden et à la facilité avec laquelle on peut désormais dupliquer les informations numériques, nous bénéficions d'un regard direct, sans équivalent, sur les détails du véritable mode de fonctionnement de ce système de surveillance.

Pourtant, à bien des égards, les questions soulevées par cette affaire de la NSA renvoient à maints épisodes du passé. Déjà, du temps où les colons américains protestaient contre les lois autorisant les Britanniques à piller selon leur bon vouloir toute maison dans laquelle ils entraient, l'opposition à l'intrusion de l'État dans la vie privée fut un élément majeur de la création des États-Unis eux-mêmes. Il était légitime, admettaient ces colons, que l'État puisse obtenir des mandats spécifiques et ciblés l'autorisant à fouiller des individus lorsque existaient des preuves concordantes de leurs méfaits. Mais les mandats d'ordre général – la pratique consistant à soumettre l'ensemble des citoyens à des perquisitions systématiques – étaient par nature illégitimes.

Le quatrième amendement sanctuarisa cette conception dans le droit américain. Le langage employé est ici clair et sans détour : « Le droit des citoyens d'être garantis dans leurs personne, domicile, papiers et effets, contre les perquisitions et saisies non motivées ne sera pas violé, et aucun mandat ne sera délivré, si ce n'est sur présomption sérieuse, corroborée par serment ou affirmation, ni sans qu'il décrive particulièrement le lieu à fouiller et les personnes ou les choses à saisir. » Ce texte était destiné avant toute chose à abolir définitivement le pouvoir du gouvernement américain d'exposer ses citoyens à une surveillance généralisée en l'absence de tout soupçon vérifiable.

Au XVIIIe siècle, ce conflit sur la surveillance resta centré sur les perquisitions au domicile, mais la surveillance évolua aussi avec la technologie. Au milieu du XIXe siècle, alors que la propagation du chemin de fer commençait à permettre une livraison du courrier à la fois rapide et abordable, au Royaume-Uni, l'ouverture clandestine du courrier par le gouvernement britannique provoqua un scandale retentissant. Dès les premières décennies du XXe siècle, le Bureau

d'investigation des États-Unis – le précurseur de l'actuel FBI
– eut recours aux écoutes téléphoniques, ainsi qu'au contrôle
du courrier et à des informateurs, pour réprimer ceux qui
s'opposaient à la politique gouvernementale.

Quelles que soient les techniques spécifiques employées,
historiquement, la surveillance de masse revêt plusieurs
caractéristiques récurrentes. Au début, ce sont toujours les
dissidents et les marginaux qui s'exposent à l'essentiel de cette
surveillance, incitant ceux qui soutiennent le gouvernement
ou qui adoptent une position de pure apathie à se croire
immunisés, bien à tort. Et l'histoire montre que la simple
existence d'un système de surveillance de masse, quelle que
soit l'utilisation qu'on en fait, suffit en soi à étouffer toute
dissidence. Un corps social qui a conscience d'être constamment observé devient vite obéissant et craintif.

Au milieu des années 1970, le travail d'enquête mené
par Frank Church sur l'espionnage auquel se livrait le FBI
déboucha sur une révélation choquante : l'agence avait cata-
logué un demi-million de citoyens américains en tant que
« subversifs » potentiels, en les espionnant régulièrement sur
la base pure et simple de leurs convictions politiques. (La
liste des cibles allait de Martin Luther King à John Lennon,
du Women's Lib, le mouvement de libération des femmes, à
la très anticommuniste John Birch Society.) Mais dans l'histoire américaine, ce fléau de la surveillance abusive n'a rien
d'unique. Au contraire, pour tout pouvoir sans scrupules,
la surveillance de masse constitue une tentation universelle.
Et, dans chaque cas, la motivation est la même : réprimer
l'opposition et imposer l'obéissance.

La surveillance est donc le point commun qui réunit
des gouvernements de tous bords politiques. Au tournant
du XXᵉ siècle, les empires britannique et français créèrent
des départements spécialisés de contrôle destinés à « traiter »
les mouvements anticolonialistes. Après la Seconde Guerre
mondiale, le ministère est-allemand de la Sécurité d'État, ou
Stasi, sous son appellation courante, devint synonyme d'intrusion du gouvernement dans les vies des individus. Et plus

récemment encore, alors que les manifestations populaires du Printemps arabe défiaient l'emprise des dictateurs sur les appareils étatiques de la région, les régimes de Syrie, d'Égypte et de Libye cherchaient tous à espionner l'usage que leurs opposants de l'intérieur faisaient d'Internet.

Des enquêtes de Bloomberg News et du *Wall Street Journal* montrèrent, au moment même où ces dictatures étaient submergées par les manifestations de leurs opposants, qu'elles allaient littéralement faire leur marché de la surveillance auprès des compagnies de technologie occidentales. En Syrie, le régime d'Assad affréta un avion d'employés d'une société spécialisée italienne, Area SpA, en leur signifiant que les Syriens avaient «un besoin urgent de pister les gens». En Égypte, la police secrète de Moubarak s'acheta des outils pour pénétrer le cryptage du système Skype et écouter les appels téléphoniques des activistes. Et en Libye, rapportait le *Wall Street Journal*, les journalistes et les rebelles qui, en 2011, accédèrent au centre de surveillance du gouvernement découvrirent «une rangée entière de serveurs de couleur noire, aussi grands que des réfrigérateurs-armoires, alignés le long d'un mur», propriété de la compagnie française de surveillance Amesys. Cet équipement «contrôlait le trafic Internet» du principal fournisseur d'accès Internet de Libye, en «ouvrant des e-mails, en perçant des mots de passe, en ratissant des *chats* en ligne et en remontant la trame des liens entre des suspects divers».

La capacité d'écouter les communications des gens confère un immense pouvoir à ceux qui s'y livrent. Et à moins qu'un tel pouvoir ne soit tenu en lisière par une supervision rigoureuse et une obligation stricte de rendre des comptes, les abus sont inévitables. Attendre du gouvernement américain qu'il gère une machine de surveillance systématique dans un secret total sans céder à la tentation va à l'encontre de tous les exemples historiques et de toutes les réalités les plus élémentaires de la nature humaine.

En fait, avant même les révélations de Snowden, il était déjà clair qu'invoquer en un sens une «exception américaine» en matière de surveillance représentait une position d'une grande naïveté. En 2006, lors d'une audition du Congrès intitulée « Internet en Chine : un Outil de liberté ou de répression ? », tout un défilé d'intervenants condamna les sociétés high-tech américaines qui avaient aidé la Chine à réprimer ses dissidents sur Internet. Christopher Smith (représentant républicain du New Jersey), élu du Congrès qui présidait cette audition, compara la coopération de Yahoo avec les Chinois à la dénonciation d'Anne Frank à l'OrPo, la police régulière du régime nazi. On eut droit à une diatribe retentissante, le numéro typique auquel se livrent les hauts responsables américains lorsqu'ils fustigent un régime qui refuse de s'aligner sur les États-Unis.

Mais ceux des parlementaires qui y assistèrent ne purent s'empêcher de remarquer que cette audition eut lieu tout juste deux mois après les révélations du *New York Times* sur le vaste programme d'écoutes sans mandat mené par l'administration Bush. À la lumière de ces révélations, dénoncer d'autres pays parce qu'ils avaient mené leurs propres opérations de surveillance intérieure sonnait un peu creux. Le représentant Brad Sherman (démocrate de Californie), s'exprimant après le représentant Smith, remarquait que les compagnies du secteur technologique auxquelles on conseillait de résister aux Chinois feraient bien de se soucier aussi de leur propre gouvernement. « Sinon, avertissait-il dans une déclaration prophétique, pendant qu'en Chine les citoyens subissent les violations les plus odieuses de leur vie privée, ici, aux États-Unis, nous pourrions bien aussi constater qu'un futur président, non sans réaffirmer son attachement à cette interprétation de la Constitution, en profite pour lire nos e-mails. Tant qu'à faire, je préférerais que cela n'arrive pas sans une ordonnance d'un tribunal. »

Ces dernières décennies, la peur du terrorisme – attisée par de constantes exagérations de la menace réelle – fut exploitée par les dirigeants américains pour justifier une vaste panoplie de politiques extrémistes. Cette exploitation conduisit à des guerres d'agression, à un régime de torture à l'échelle mondiale et à la détention (et même à l'assassinat) de ressortissants étrangers et de citoyens américains, le tout sans aucune procédure d'inculpation formelle. Mais ce système omniprésent, cette surveillance secrète qui s'est démultipliée en l'absence de toute suspicion fondée risque fort de devenir son héritage le plus pérenne. Et s'il en est ainsi, c'est parce qu'en dépit de tous les parallèles historiques, le scandale actuel de la surveillance exercée par la NSA a aussi une dimension foncièrement inédite : le rôle que joue désormais Internet dans la vie quotidienne.

Surtout pour la jeune génération, Internet n'est pas un domaine indépendant, isolé du reste, où s'opéreraient certaines fonctions de l'existence. Internet n'est pas seulement notre bureau de poste et notre téléphone. Le Web constitue l'épicentre de notre monde, l'endroit où l'on fait tout, ou presque. C'est là qu'on se crée des amis, là qu'on choisit ses livres et ses films, où s'organise le militantisme politique, où se créent et se stockent les données les plus privées. C'est là que nous développons et exprimons le fond de notre personnalité et notre conscience individuelle.

Transformer ce réseau-là en un système de surveillance de masse comporte des implications sans équivalent dans tous les programmes de surveillance étatique mis en œuvre à d'autres époques. Jusqu'à présent, les systèmes d'espionnage étaient nécessairement plus limités et il était plus facile d'y échapper. Permettre à cette surveillance de s'enraciner dans Internet reviendrait à soumettre pratiquement toutes les formes de relations humaines, toutes les formes de projet, jusqu'à la pensée proprement dite, à l'examen détaillé de l'État.

Depuis l'époque où son utilisation s'est généralisée, beaucoup de gens ont perçu l'extraordinaire potentiel d'Internet : la faculté de libérer des centaines de millions d'individus en démocratisant le discours politique et en plaçant les puissants et les impuissants sur un pied d'égalité. La liberté d'Internet – la latitude d'utiliser ce réseau hors des contraintes institutionnelles et sociales, hors de tout contrôle étatique, en s'affranchissant d'une peur omniprésente – est essentielle à la réalisation de cette promesse. Convertir Internet en système de surveillance vide le Web de ce potentiel qui en constitue le noyau. Pire, cela transforme Internet en outil de répression et menace d'engendrer l'arme d'intrusion étatique la plus extrême et la plus répressive qu'on ait jamais connue, de toute l'histoire de l'humanité.

C'est ce qui rend les révélations de Snowden si sidérantes et d'une importance si capitale. En osant révéler les capacités de surveillance stupéfiantes de la NSA et ses ambitions encore plus atterrantes, il a clairement démontré que nous nous trouvons à la croisée des chemins, à un moment historique. L'ère numérique inaugurera-t-elle la libération individuelle et les libertés politiques qu'Internet est le seul capable de déclencher? Ou engendrera-t-elle un système d'observation et de contrôle omniprésent, au-delà même des rêves des plus grands tyrans de la planète? Pour l'heure, ces deux voies sont ouvertes. Nos actes détermineront dans laquelle nous nous engagerons.

1.

Contact

Le 20 décembre 2012, je reçus un premier message d'Edward Snowden, sans savoir du tout qu'il s'agissait de lui.

Ce contact prit la forme d'un e-mail d'un individu se faisant appeler Cincinnatus, une allusion à Lucius Quinctius Cincinnatus, fermier romain qui, au Ve siècle avant notre ère, fut nommé dictateur de Rome pour défendre la ville contre toute attaque. Cincinnatus laissa surtout une trace dans les mémoires pour la décision qu'il prit après avoir vaincu les ennemis de Rome : il renonça volontairement et immédiatement au pouvoir politique et retourna à sa vie agraire. Salué comme un « modèle de vertu civique », il devint un symbole de l'utilisation du pouvoir politique au nom du bien public, et de la valeur qu'il convient d'accorder aux limitations du pouvoir individuel, et même à la volonté d'y renoncer en faveur de l'intérêt général.

Cet e-mail commençait en ces termes : « J'attache une grande importance à la protection des communications entre les individus. » L'intention explicite de Cincinnatus était de m'inciter à utiliser le cryptage PGP afin que mon correspondant anonyme puisse me communiquer certaines informations : il était convaincu, disait-il, qu'elles m'intéresseraient. Inventé en 1991, le cryptage PGP (un acronyme pour « *pretty good privacy*», ou «assez bonne confidentialité») est devenu un outil sophistiqué de protection des e-mails et d'autres formes de communication en ligne contre la surveillance et le *hacking*, ou piratage informatique. En bref, ce programme entoure chaque e-mail d'une enveloppe protectrice, une *clef de session* composée de centaines ou même de milliers de chiffres et de lettres sensibles à la casse, générés au hasard[1].

Les agences de renseignement les plus avancées de la planète – une catégorie où la NSA a forcément sa place – possèdent des logiciels de cassage de mot de passe capables de calculer un milliard d'hypothèses à la seconde. Mais ces clefs de cryptage PGP sont tellement longues et aléatoires que même le logiciel le plus sophistiqué aurait besoin de plusieurs années pour les déchiffrer. Les gens qui craignent le plus de voir leurs communications surveillées, les agents de renseignement, les espions, les militants des droits de l'homme et les hackers, se fient à cette forme de cryptage pour protéger leurs messages.

Dans cet e-mail, Cincinnatus disait avoir recherché partout ma «clef PGP publique», un outil qui permet de recevoir des e-mails cryptés, sans avoir pu la trouver. Dès lors, il en avait conclu que je n'utilisais pas ce programme et m'avertissait : «Cela met en danger quiconque communique avec vous. Je ne prétends pas que toute communication où vous êtes impliqué doive être cryptée, mais vous devriez au moins fournir cette option à vos informateurs.»

Cincinnatus se référait ensuite au scandale sexuel impliquant le général David Petraeus, la liaison extra-conjugale avec la journaliste Paula Broadwell qui avait mis fin à sa carrière ayant été découverte quand les enquêteurs avaient exhumé des échanges d'e-mails entre eux via Google Mail.

Si Petraeus avait crypté ses messages avant de les confier à Gmail, ou s'il les avait stockés dans son dossier «Brouillons»,

---

1. La clé de session secrète est à usage unique. Elle correspond à un nombre aléatoire, généré par les déplacements de souris et les séquences de frappes. Pour crypter le texte en clair, cette clé de session utilise un algorithme de cryptage conventionnel. Après codage, la clé de session est cryptée vers la clé publique du destinataire, transmise au destinataire avec le texte chiffré. (*Toutes les notes sont du traducteur.*)

m'écrivait-il, les enquêteurs n'auraient pu les lire. « Le cryptage, cela compte, et pas seulement pour les espions et les coureurs de jupons. » L'installation d'une application e-mail cryptée, insistait-il, « est une mesure de sécurité d'une nécessité vitale pour quiconque souhaite entrer en relation avec vous ». Pour me convaincre de suivre son conseil, il ajoutait ceci : « Il y a dans le monde des gens dont vous aimeriez recevoir des informations et qui ne seront jamais en mesure de vous contacter sans avoir la certitude que leurs messages ne puissent être lus au passage. »

Il me proposa ensuite d'installer ce programme : « Si vous avez besoin d'aide en la matière, faites-le-moi savoir, je vous prie, ou sinon demandez des éclaircissements via Twitter. Vous avez quantité de *followers* techniquement très efficaces qui vous proposeront volontiers une assistance immédiate. » Et il signait : « Merci. C. »

Utiliser un programme de cryptage était depuis longtemps dans mes intentions. J'écrivais depuis des années sur WikiLeaks, les « lanceurs d'alerte », le collectif d'hacktivistes Anonymous et d'autres sujets connexes, et j'avais aussi quelquefois communiqué avec de hauts responsables de la sécurité nationale américaine. Ils sont pour la plupart très soucieux d'assurer la sécurité de leurs transmissions et d'empêcher toute surveillance indésirable.

Mais ce programme est complexe, surtout pour quelqu'un dans mon genre ayant très peu de compétences en matière de programmation et d'informatique. Cela faisait donc partie de ces choses auxquelles je ne m'étais jamais résolu à m'atteler.

L'e-mail de « C. » ne me poussa pas davantage à agir. Je suis souvent sollicité par toutes sortes de correspondants qui me proposent un « scoop énorme » ne débouchant généralement sur rien. Et, en règle générale, je travaille simultanément sur un plus grand nombre de sujets d'enquête que je ne peux raisonnablement en traiter. Pour me faire lâcher ce qui m'occupe et me lancer sur une nouvelle piste, il me faut donc du très concret. Malgré cette vague allusion à des gens « dans le monde » dont j'aimerais « recevoir des informations », le mail de C. ne contenait rien de suffisamment alléchant. Je le lus, sans répondre.

Trois jours plus tard, j'eus encore de ses nouvelles : il me priait de confirmer la réception du premier e-mail. Cette fois, je répondis vite : « Bien reçu, et je vais y travailler. Je n'ai pas de clef PGP et j'ignore comment procéder, mais je vais tâcher de trouver quelqu'un capable de m'aider. »

Plus tard le même jour, il m'envoya un guide d'installation du système PGP : en somme, j'avais droit à mon Cryptage pour les Nuls. À la fin de ces instructions que je trouvais compliquées et absconses, surtout du fait de mon ignorance, il me précisait que c'étaient « strictement les bases. Si vous ne trouvez personne pour vous guider dans l'installation, la génération d'une clef et son utilisation, suggérait-il, tenez-moi informé. Je peux vous faciliter une prise de contact avec des gens qui comprennent la crypto à peu près n'importe où dans le monde ».

Cet e-mail s'achevait par une signature lourde de sous-entendus : « Cryptographiquement vôtre, Cincinnatus. »

Malgré toutes mes bonnes résolutions, je ne dégageai pas le temps nécessaire pour travailler à ces questions de cryptage. Sept semaines s'écoulèrent et mon incapacité à aborder le sujet me tarabustait un peu. Et si cette personne avait réellement un scoop de taille, que je louperais uniquement parce que je n'aurais pas pris la peine d'installer une banale application ? En dehors de tout le reste, je savais qu'à l'avenir le cryptage pourrait devenir un outil précieux, même si Cincinnatus ne détenait rien d'intéressant.

Le 28 janvier 2013, je lui envoyai un e-mail lui signalant que j'allais trouver quelqu'un pour m'aider au cryptage et qu'avec un peu de chance ce serait plus ou moins fait dans les vingt-quatre heures. Le lendemain, il me répondit : « Excellente nouvelle ! Si par la suite vous avez encore besoin d'aide ou des questions, vous pouvez toujours me joindre. Je vous prie d'accepter mes remerciements les plus sincères pour votre soutien à la protection des communications privées ! Cincinnatus. »

Mais là encore, je ne fis rien, absorbé que j'étais à cette période par d'autres sujets, et toujours peu convaincu que C. ait quoi que ce soit d'intéressant à dire. De ma part, m'en abstenir ne fut jamais une décision délibérée. C'était simplement que sur ma liste toujours trop longue de choses à faire, installer une technologie de cryptage à la demande d'un inconnu ne me paraissait jamais une nécessité assez pressante pour que j'interrompe d'autres affaires et que je me concentre là-dessus.

En conséquence, C. et moi nous retrouvions dans une impasse. Il refusait de m'écrire quoi que ce soit de plus précis sur ce qu'il détenait, ou même de me révéler qui il était et où il travaillait, tant que je n'aurais pas installé de cryptage. Mais sans davantage de précisions m'y incitant, répondre à sa demande et prendre le temps d'installer ce programme n'étaient pas une priorité.

Face à mon inaction, C. prit l'initiative. Il réalisa une vidéo de dix minutes intitulée «Le PGP pour les journalistes». Grâce à un logiciel générant une voix de synthèse, cette vidéo contenait des instructions faciles pour installer le logiciel de cryptage, graphiques et visuels à l'appui.

Et je ne fis toujours rien. C'est à ce stade que C. s'énerva, ainsi qu'il me le confia plus tard. «Me voilà prêt à risquer ma liberté, se dit-il, et peut-être même ma vie, pour transmettre à ce type des milliers de documents ultraconfidentiels émanant de l'organisation la plus impénétrable d'Amérique – une fuite qui produira des dizaines, si ce n'est des centaines de scoops journalistiques monumentaux. Et il n'est même pas fichu de se donner la peine d'installer un programme de cryptage.» C'est ainsi que je fus à deux doigts de passer à côté de l'une des fuites les plus lourdes de conséquences de l'histoire de la sécurité nationale des États-Unis.

Ce n'est que dix semaines plus tard que j'eus de nouveau vent de cette histoire. Le 18 avril, je m'envolais de Rio de Janeiro, où j'habite, pour New York, où il était prévu que je donne une série de conférences sur les dangers du secret

gouvernemental et de la violation des libertés civiles perpé-
trées au nom de la guerre contre le terrorisme.

En atterrissant à l'aéroport JFK, je vis que j'avais un e-mail
de Laura Poitras, la réalisatrice de documentaires, rédigé en
ces termes : « Une chance que tu sois aux États-Unis la
semaine prochaine ? J'aimerais beaucoup faire le point sur
un truc, mais ce serait mieux en tête à tête. »

Je prends toujours les messages de Laura Poitras au sérieux.
C'est l'un des êtres les plus résolus, les plus courageux et les
plus indépendants que j'aie jamais rencontrés. Elle a réalisé
toute une série de films dans les contextes les plus dangereux,
sans équipe, sans soutien d'un organe de presse ou d'un
média, rien qu'un budget modeste, une caméra et toute sa
détermination. Au moment des pires épisodes de violence
de la guerre en Irak, elle s'était aventurée dans le Triangle
sunnite pour réaliser *My Country, My Country* (Mon Pays,
Mon Pays), un regard sans complaisance sur la vie durant
l'occupation américaine, nommé aux Oscars.

Pour son film suivant, *The Oath* (Le Serment), elle était
partie au Yémen où elle avait passé plusieurs mois dans le
sillage de deux Yéménites – un garde du corps d'Oussama
Ben Laden et son chauffeur. Depuis lors, elle travaillait sur
un documentaire consacré à la surveillance de la NSA. Ces
trois films, conçus comme une trilogie sur la conduite des
États-Unis dans le cadre de cette guerre contre le terrorisme,
faisaient d'elle la cible d'un harcèlement permanent de la part
des autorités gouvernementales chaque fois qu'elle entrait ou
sortait des États-Unis.

Par son intermédiaire, j'appris une leçon qui m'a été pré-
cieuse. Lors de notre première rencontre, en 2010, elle avait
déjà été appréhendée à plus de dix reprises dans les aéroports
par le département de la Sécurité intérieure, à chacune de
ses sorties ou de ses entrées sur le territoire américain –
on l'avait interrogée, menacée, on avait saisi son matériel,
notamment son ordinateur portable, ses appareils photo et
caméras ainsi que ses carnets de notes. Pourtant, chaque fois,
elle avait décidé de ne pas dévoiler ce harcèlement incessant,

tant elle redoutait que les répercussions ne rendent son travail impossible. Après un interrogatoire d'une brutalité verbale inhabituelle à l'aéroport de Newark, cela avait changé. Elle en avait eu assez. «Au lieu d'améliorer les choses, mon silence les aggrave.» Elle se sentait prête à ce que j'écrive sur le sujet.

L'article que je publiai dans *Salon*, le magazine en ligne, détaillant les interrogatoires auxquels Laura Poitras avait été soumise, attira l'attention et lui valut des déclarations de soutien et des dénonciations de ces manœuvres de harcèlement. La première fois qu'elle s'envola des États-Unis après la parution de cet article, il n'y eut plus ni interrogatoire ni saisie de son matériel. Au cours des deux mois qui suivirent, il n'y eut plus de harcèlement. Pour la première fois depuis des années, elle pouvait voyager librement.

Pour moi, la leçon était claire : les responsables de la sécurité nationale américaine n'aiment guère la lumière. Ils ne commettent d'abus et ne se conduisent en brutes que lorsqu'ils se croient en sécurité, dans l'obscurité. Le secret est le ressort fondamental de l'abus de pouvoir et, nous venions de le découvrir, son catalyseur. La transparence est le seul véritable antidote.

À l'aéroport JFK, ayant lu l'e-mail de Laura, je lui répondis immédiatement : «En fait, je viens d'arriver aux États-Unis ce matin… Où es-tu?» On convint d'un rendez-vous pour le lendemain, à la réception de mon hôtel de la chaîne Marriott, dans le quartier de Yonkers, et on s'attabla au restaurant. Sur son insistance, on changea deux fois de table avant d'entamer notre conversation, afin d'être sûrs que personne ne puisse nous entendre. Elle entra aussitôt dans le vif du sujet. Elle devait me parler d'une «affaire extrêmement importante et sensible», me confia-t-elle, et l'aspect sécurité était crucial.

Comme j'avais mon téléphone portable sur moi, elle me demanda d'en retirer la batterie ou de le laisser dans ma chambre d'hôtel. «Cela peut te sembler de la paranoïa, me dit-elle, mais l'administration américaine a la capacité d'activer à distance les téléphones et les ordinateurs portables pour les transformer en dispositifs d'écoute. Les éteindre ne fait pas obstacle à cette capacité : seul le retrait de la batterie le permet. »

J'avais déjà entendu des défenseurs de la transparence et autres hackers évoquer la question, mais j'avais eu tendance à rejeter cette idée en l'attribuant à une prudence excessive. Pourtant, cette fois-ci, comme cela venait de Laura, je pris la chose au sérieux. Après avoir découvert que la batterie de mon téléphone portable était inamovible, j'allai le mettre dans ma chambre avant de retourner au restaurant.

Enfin, Laura se confia. Elle avait reçu une série d'e-mails anonymes d'un correspondant qui paraissait à la fois sincère et sérieux. Il prétendait avoir accès à des documents extrêmement compromettants et de la plus haute confidentialité attestant que le gouvernement américain espionnait ses propres citoyens ainsi que le reste du monde. Il était déterminé à divulguer ces documents, et il avait spécifiquement demandé à ce qu'elle travaille avec moi pour les publier et les commenter dans les médias. Sur le moment, je n'établis aucun lien avec les e-mails que j'avais reçus de Cincinnatus des mois plus tôt, et que j'avais oubliés depuis longtemps. Ils étaient hors de ma vue, rangés dans un coin de ma tête.

Là-dessus, Laura sortit plusieurs feuillets de son sac à main : deux des e-mails envoyés par l'auteur anonyme de ces fuites et je les lus à table, de bout en bout.

Ils étaient atterrants.

Le second de ces e-mails, envoyé plusieurs semaines après le premier, commençait en ces termes : « Toujours là. » Eu égard à la question qui occupait le plus mon esprit – quand serait-il prêt à nous procurer ces documents ? – il écrivait : « Bientôt. C'est tout ce que je peux dire »

Après avoir insisté pour qu'elle retire toujours ses batteries des téléphones portables avant d'aborder des questions sensibles – ou au moins de ranger ces téléphones au congélateur, où les capacités d'écoute seraient fortement obérées –, le fuiteur écrivait à Laura qu'elle devrait travailler sur ces documents avec moi. Ensuite, il entrait dans le vif de ce qu'il estimait être sa mission :

> Le choc de cette phase initiale [après les premières révélations] fournira le socle nécessaire pour bâtir un Internet plus égalitaire, mais cela ne sera d'aucun bénéfice pour le citoyen lambda, à moins que la science ne devance la loi.
>
> Si nous réussissons à comprendre les mécanismes au moyen desquels on viole notre vie privée, nous pourrions avoir le dessus. Nous pouvons garantir à tout le monde une égale protection contre toute inquisition injustifiée, grâce à des lois d'application universelle, mais seulement si la communauté des techniciens veut bien faire face à la menace et s'engager à mettre en œuvre des solutions de haute ingénierie. Au bout du compte, il faut appliquer un principe selon lequel les puissants eux-mêmes ne pourront jouir d'une vie privée que si ce principe s'applique aussi aux individus ordinaires : une vie privée imposée par les lois de la nature, et non par les politiques des hommes.

« Ce type est fiable, lui confirmai-je après avoir terminé ma lecture. Je ne peux expliquer exactement pourquoi, mais j'ai juste l'intuition que c'est sérieux, qu'il est exactement celui qu'il prétend être.

— Moi aussi, me répondit-elle. J'ai très peu de doutes. »

Raisonnablement et rationnellement parlant, Laura et moi savions que notre confiance en la sincérité de ce fuiteur pourrait être mal placée. Nous n'avions aucune idée de son identité. Il aurait pu s'agir de n'importe qui. Il aurait pu inventer toute cette histoire. Cela pouvait aussi être une sorte de complot gouvernemental visant à nous piéger en nous incitant à collaborer à la divulgation illégale d'informations. Ou peut-être cela venait-il de quelqu'un qui cherchait à porter atteinte à notre crédibilité en nous donnant à publier des documents frauduleux.

Nous discutâmes de toutes ces éventualités. Nous savions qu'en 2008 un rapport secret de l'U.S. Army avait déclaré

WikiLeaks ennemi d'État et proposé des moyens de «nuire» à ce groupement «et de potentiellement l'anéantir». Le rapport (ironie du sort, WikiLeaks en eut connaissance grâce à une fuite) traitait de l'éventualité de lui transmettre des pièces frauduleuses. Si WikiLeaks les présentait comme authentiques, ce serait un coup grave porté à la crédibilité du collectif.

Laura et moi avions conscience de tous ces écueils, mais n'en avons tenu aucun compte, nous fiant plutôt à notre intuition. Il émanait de ces e-mails quelque chose d'impalpable mais de très fort qui nous convainquait de l'authenticité de leur auteur. Notre correspondant écrivait poussé par une indéfectible conviction, celle des dangers du secret gouvernemental et d'un espionnage omniprésent. D'instinct, je reconnaissais en lui un passionné de politique. Je ressentais une affinité avec notre interlocuteur, avec sa vision du monde et le sentiment d'urgence qui manifestement l'habitait.

Au cours des sept dernières années, j'avais été animé par la même conviction, en écrivant presque quotidiennement sur les tendances dangereuses, aux États-Unis, du secret d'État, de théories radicalisées du pouvoir exécutif, de la surveillance et de la détention abusives, du militarisme et de l'atteinte aux libertés civiles. Il existe un ton particulier propre aux journalistes, aux militants et à mes lecteurs, qui tous sont alarmés par ces tendances. Il serait difficile, jugeais-je, pour quiconque ne partage pas et ne ressent pas vraiment cette inquiétude, de la simuler avec une telle justesse, une telle authenticité.

Dans l'un des derniers passages de ses e-mails à Laura, son messager écrivait qu'il procédait aux dernières démarches nécessaires avant de nous transmettre ces documents. Il lui fallait encore quatre à six semaines, et nous devrions alors recevoir de ses nouvelles. Il nous l'assurait.

Trois jours plus tard, Laura et moi nous retrouvions cette fois à Manhattan, et avec un autre e-mail du fuiteur anonyme, où il expliquait pourquoi il acceptait de risquer sa liberté, de s'exposer selon toute probabilité à une longue peine d'emprisonnement, afin de révéler ces pièces. J'étais maintenant encore plus certain que notre source était bien réelle, mais comme je le confiai à mon partenaire, David Miranda, à bord de notre vol de retour au Brésil, j'étais bien décidé à me sortir de l'esprit toute cette histoire. « Il ne se passera peut-être rien. Il va peut-être changer d'avis. Il pourrait se faire prendre. » David est un homme aux intuitions fortes, et bizarrement il avait une certitude. « C'est fiable. Il est fiable. Il va se passer quelque chose, m'affirma-t-il. Et ça va être énorme. »

Après mon retour à Rio, je n'eus plus de nouvelles pendant trois semaines. Je ne perdis guère de temps à repenser à cette source, parce que je ne pouvais rien faire d'autre qu'attendre. Ensuite, le 11 mai, je reçus un e-mail d'un technicien spécialisé avec lequel Laura et moi avions travaillé. Ses explications étaient ésotériques, mais sa pensée paraissait claire : « Bonjour, Glenn, je vous contacte pour vous montrer le maniement d'une clef PGP. Avez-vous une adresse où je puisse vous envoyer des éléments qui vous aideront à démarrer, dès la semaine prochaine ? »

Ce qu'il voulait me faire parvenir correspondait, j'en étais convaincu, à ce dont j'avais besoin pour me mettre à travailler sur les documents du fuiteur. Ce qui signifiait aussi que Laura avait eu des nouvelles de l'auteur de nos e-mails anonymes et reçu ce que nous attendions.

Ce technicien envoya ensuite par FedEx un paquet dont la livraison était prévue deux jours plus tard. Je ne savais pas à quoi m'attendre : à un logiciel, ou aux documents proprement dits ? Pendant quarante-huit heures, il me fut impossible de me concentrer sur autre chose. Mais à 17 h 30 le jour de la livraison, je n'avais toujours rien. J'appelai FedEx et on me répondit que le colis était bloqué par la douane pour des « raisons inconnues ». Deux journées s'écoulèrent. Puis cinq. Puis une semaine entière. Tous les jours, chez FedEx, on me répétait la même réponse – le colis était en effet retenu par la douane, et nous ignorions tout des motifs.

Je suspectai brièvement qu'une administration gouvernementale – américaine, brésilienne ou autre – était responsable de ce contretemps, parce qu'elle savait quelque chose, mais je me raccrochai à l'autre explication bien plus probable, celle d'un banal contretemps d'ordre bureaucratique, une pure coïncidence.

Finalement, à peu près dix jours après l'expédition du paquet à mon adresse, FedEx me livra ce pli. Je déchirai l'enveloppe, et je trouvai deux clefs USB, avec un tirage d'imprimante, une note d'instructions détaillées pour faire fonctionner diverses applications conçues pour fournir une sécurité maximale, ainsi que de très nombreuses phrases de chiffrement d'accès à des comptes de clients e-mails cryptés et d'autres applications dont je n'avais jamais entendu parler.

J'ignorais complètement ce que cela signifiait. Je n'avais encore jamais entendu parler de ces applications, mais je savais ce qu'étaient les phrases de chiffrement, en quelque sorte de longs mots de passe disposés de manière aléatoire contenant des lettres sensibles à la casse et de la ponctuation, conçues pour les rendre difficiles à décoder. Face à la réticence de Laura Poitras à s'entretenir au téléphone ou en ligne, je restais sur ma faim : enfin en possession de ce que j'attendais, mais sans aucun indice me permettant de savoir où cela me mènerait.

Je n'allais pas tarder à le découvrir, grâce au meilleur des guides possibles.

Le lendemain de la livraison du pli, et durant la semaine du 20 mai, Laura m'avertit : il fallait que nous nous parlions, c'était urgent, mais uniquement à travers un client de messagerie instantané sous plugin OTR, un algorithme de chiffrement et d'authentification, un outil crypté permettant le dialogue en ligne sécurisé. J'avais déjà utilisé OTR et, en m'aidant de Google, je réussis à installer le programme de messagerie, à créer un compte puis à ajouter le nom d'utilisateur de Laura à ma «liste d'amis». Elle apparut tout de suite à l'écran.

Je la questionnai pour savoir si j'avais maintenant l'accès aux documents secrets. Ils devaient forcément provenir de la source, m'expliqua-t-elle, pas d'elle, et il y avait un problème. À ce stade, Laura répugnait vraiment à évoquer quoi que ce soit au téléphone ou par mail, et j'ignorais donc le contenu exact de l'envoi. Ensuite, elle ajouta quelques nouvelles informations stupéfiantes : que nous aurions peut-être bientôt à nous envoler pour Hong Kong, où nous rencontrerions notre source.

Pour le coup, cette information me déconcerta. Que fabriquait à Hong Kong un individu qui avait accès à des documents gouvernementaux américains ultraconfidentiels ? Qu'avait à voir Hong Kong avec tout cela ? Je supposais que notre source anonyme se trouvait dans le Maryland ou le nord de la Virginie[1]. Pourquoi ce style de personnage se réfugiait-il dans un endroit comme Hong Kong ? Je voulais bien voyager n'importe où, cela allait de soi, mais je souhaitais avoir davantage d'informations sur ce qui m'amènerait là-bas. L'impossibilité dans laquelle se trouvait Laura de me parler librement nous contraignit à reporter cette discussion. Elle me demanda si je voulais bien effectuer le voyage à Hong Kong dans les prochains jours avec elle. Je voulais avoir la certitude que cela en valait la peine – autrement dit : savoir si elle avait pu vérifier la fiabilité de cette source. Elle me fit cette réponse sibylline : «Bien sûr, sinon, je ne te demanderais pas de venir à Hong Kong.» J'en conclus que cela signifiait qu'elle avait déjà reçu de sa part des documents dignes de foi.

Mais elle évoqua aussi un problème qui se présentait. Notre informateur était contrarié par le tour que prenaient les événements, et en particulier par une nouveauté : la possible implication du *Washington Post*. Laura insistait : il était essentiel que je lui parle directement, pour le rassurer et apaiser ses inquiétudes croissantes.

Dans l'heure, la source m'envoya un e-mail.

Cet e-mail venait de verax@▮▮▮▮▮▮▮ «Verax», du latin «diseur de vérité». L'objet du mail indiquait : «Besoin de se parler.»

---

1. Deux régions où sont concentrés d'importants centres de décision américains. Washington est situé dans le nord de la Virginie.

« J'ai travaillé à un projet essentiel avec un de nos amis communs », commençait-il, me faisant comprendre, par cette allusion transparente à ses contacts avec Laura, qu'il était la source anonyme.

« Vous avez récemment refusé d'effectuer un bref déplacement pour me rencontrer. Dans cette affaire, il faut vous engager, m'écrivait-il encore. Y a-t-il un moyen de se parler à court terme ? J'ai compris que vous n'étiez pas très équipé côté infrastructure sécurisée, mais je ferai avec ce que vous avez. » Il suggérait qu'on s'entretienne en recourant à l'OTR et nous fournissait son nom d'utilisateur.

Je ne savais pas trop ce qu'il avait voulu dire par « refuser d'effectuer un bref déplacement ». J'avais exprimé ma perplexité sur la raison de sa présence à Hong Kong, mais je n'avais certainement pas refusé d'y aller. Attribuant cela à un malentendu dans nos échanges, je lui répondis immédiatement : « Je veux faire tout mon possible pour m'engager dans cette affaire », lui affirmai-je, en suggérant qu'on se parle immédiatement par OTR. J'ajoutai son nom d'utilisateur à la liste de mes amis sous protocole OTR et je patientai.

Au bout d'un quart d'heure à peine, mon ordinateur émit un tintement, me signalant que la source venait d'ouvrir une session. Un peu tendu, je cliquai sur son nom et je tapai « hello ». Il me répondit, et je me retrouvai à dialoguer directement avec quelqu'un qui, supposais-je à ce stade, avait révélé un nombre indéterminé de documents secrets concernant des programmes de surveillance des États-Unis et voulait en révéler davantage.

D'entrée de jeu, je lui assurai que je m'impliquais à fond dans ce dossier. « Je ferai ce qu'il faudra pour informer sur ce sujet », lui affirmai-je. La source – dont le nom, l'employeur et tous les autres éléments le concernant m'étaient encore inconnus – me demanda si je voulais le rencontrer à Hong Kong. Je ne cherchai pas à savoir pourquoi il était là-bas. Je voulais éviter de donner l'impression d'aller à la pêche aux informations.

En fait, d'emblée, je décidai de le laisser prendre la main. S'il voulait que je sache pourquoi il était à Hong Kong, il me le dirait. Et s'il voulait que je sache quels documents il détenait et projetait de me fournir, il me le dirait aussi. Pour moi, cette posture passive n'était guère commode. Ancien avocat devenu journaliste, lorsque je veux des réponses, j'ai plutôt l'habitude de recourir à un mode de questionnement agressif, et j'avais des centaines de questions à lui poser.

Mais je partais du principe que sa situation était délicate. Quelle que soit la vérité, je savais que mon informateur était résolu à commettre ce que le gouvernement américain considérerait comme un délit pénal très grave. Au vu de son degré d'inquiétude, par rapport à ces modes de communication sécurisés, la discrétion était un impératif vital. Et, réfléchissais-je, comme je détenais très peu d'informations sur mon interlocuteur – sur sa réflexion de fond, sur ses motivations et ses peurs – je devais clairement respecter un impératif de prudence et de modération. Je ne souhaitais pas lui faire peur et le faire fuir. Je m'obligeai à laisser l'information venir à moi, au lieu d'essayer d'aller la saisir.

«Bien sûr, je vais venir à Hong Kong», dis-je, ignorant toujours la raison de sa présence dans un endroit pareil, ou pourquoi il voulait que je l'y rejoigne.

Ce jour-là, nous dialoguâmes deux heures en ligne. Sa première inquiétude était que Laura Poitras, avec son consentement, se soit entretenue avec un journaliste du *Washington Post*, Barton Gellman, au sujet de ce qu'il advenait de certains des documents de la NSA qu'il lui avait transmis. Ces documents se rapportaient à une affaire précise relative à un programme intitulé PRISM, permettant à la NSA d'intercepter les communications privées des plus grandes entreprises du secteur Internet de la planète, parmi lesquelles Facebook, Yahoo et Skype. Au lieu de faire diligence et de publier un reportage incisif à ce sujet, le *Washington Post* avait réuni une escouade d'avocats qui formulaient toute une série d'exigences et émettaient toutes sortes d'avertissements. Selon notre source, cela signifiait qu'au lieu d'agir avec conviction et détermination, le grand quotidien, à qui on servait là ce que notre source estimait être une opportunité journalistique sans précédent, se laissait plutôt guider par la peur.

« Je n'aime pas le tour que ça prend, me confia-t-il. Je voulais que quelqu'un d'autre s'occupe de cet article sur PRISM pour que vous puissiez vous concentrer sur les archives au sens large, surtout l'espionnage intérieur en masse, mais maintenant je souhaite vraiment que ce soit vous qui enquêtiez là-dessus. Je vous lis depuis longtemps, et je sais que vous vous montrerez percutant et que vous traiterez la chose avec courage.

— Je suis prêt, et impatient de m'y mettre, avouai-je. À présent, entendons-nous sur ce que je dois faire.

— Dans l'ordre, première démarche, vous venez à Hong Kong », me répliqua C.

Il ne cessait d'insister là-dessus : *Vous venez à Hong Kong immédiatement.*

L'autre question importante que nous abordâmes lors de cette première conversation en ligne touchait aux objectifs de notre informateur. Grâce aux e-mails que Laura m'avait montrés, je savais qu'il se sentait tenu de révéler au monde l'existence de ce colossal appareil d'espionnage que la puissance fédérale américaine était en train d'édifier en secret. Mais qu'espérait-il obtenir ?

« Je veux déclencher un débat planétaire sur la protection de la vie privée, la liberté sur Internet et les dangers de la surveillance étatique, me répondit-il. Je n'ai pas peur de ce qui va m'arriver. Je me suis fait à l'idée que mon initiative mette vraisemblablement un terme à la vie qui est la mienne. Et je prends la chose avec sérénité. Je sais que c'est la manière juste d'agir. »

Ensuite, il eut cette réflexion saisissante : « Je veux qu'on m'identifie comme la personne qui est derrière ces révélations. Je crois avoir l'obligation d'expliquer pourquoi je fais ça et à quoi j'espère aboutir. » Il me dit avoir rédigé un document qu'il voulait diffuser sur Internet, lorsqu'il se dévoilerait comme étant à la source de tout : un manifeste anti-surveillance et de défense de la vie privée, que des gens du monde entier pourraient signer, démontrant ainsi qu'il existe un mouvement planétaire de soutien à la protection de la vie privée.

Malgré le prix qu'il aurait certainement à payer en s'exposant de la sorte – une longue peine d'emprisonnement, ou pire encore –, il demeurait «serein» face aux conséquences, me répétait-il.

«En me lançant dans tout cela, je n'ai qu'une crainte, ajouta-t-il, que les gens voient ces documents et qu'ils en fassent fi, qu'ils disent "nous nous doutions bien que tout cela existait et cela nous est égal". La seule chose que je redoute, c'est de faire tout ça en pure perte.

— Franchement, je doute que ce soit le cas», lui assurai-je, mais je n'en étais moi-même pas convaincu.

Écrivant depuis des années sur les abus commis par la NSA, je savais combien il peut se révéler compliqué d'amener les individus à prendre conscience de la surveillance étatique : la violation de la vie privée et l'abus de pouvoir risquent d'être perçus comme des abstractions, auxquelles il est difficile d'amener les gens à s'en inquiéter sérieusement. Qui plus est, la question de la surveillance est invariablement d'une extrême complexité, ce qui rend encore plus délicat de toucher l'opinion au sens large.

Mais là, cela semblait d'un autre ordre. Dès qu'il y a fuitage de documents secrets, les médias sont attentifs. Et le fait que l'avertissement émane d'un individu situé à l'intérieur de l'appareil de sécurité américain – et non d'un avocat de l'ACLU (Union américaine pour les libertés civiles) ou d'un défenseur des libertés civiles – y ajouterait certainement du poids.

Ce soir-là, je parlai à David de mon départ pour Hong Kong. J'étais encore réticent à l'idée de lâcher tout mon travail pour m'envoler à l'autre bout de la planète rencontrer quelqu'un dont j'ignorais tout, même le nom, en particulier parce que je n'avais aucune preuve qu'il soit bien celui qu'il disait être. Ce pouvait être une totale perte de temps – et si c'était une provocation policière ou un complot tortueux de cet ordre?

« Il faut lui dire que tu veux d'abord voir quelques documents, pour savoir s'il est sérieux et si cela vaut la peine à tes yeux », me suggéra David.

Comme d'habitude, je suivis son conseil. Le lendemain matin, en ouvrant une session OTR, je l'informai de mon intention de partir pour Hong Kong d'un jour à l'autre, mais je voulais d'abord consulter quelques documents, de manière à comprendre quel type de révélations il s'apprêtait à faire.

Pour cela, il me pria de nouveau d'installer divers programmes. Je passai ensuite plus de deux journées en ligne, guidé par notre source dans l'installation et l'utilisation de chaque application, dont finalement un cryptage PGP. Sachant que j'étais débutant dans leur maniement, il fit preuve d'une grande patience, se plaçant littéralement au niveau le plus élémentaire : « Cliquez sur le bouton bleu, ensuite cliquez sur OK, et vous passez à l'écran suivant. »

Je n'arrêtais pas de m'excuser de mon manque de compétences, d'avoir dû lui prendre des heures de son temps pour qu'il m'enseigne les aspects les plus élémentaires de la communication sécurisée. « Pas de souci, fit-il, ces trucs-là sont assez difficiles à comprendre. Et puis en ce moment j'ai pas mal de temps libre. »

Une fois tous les programmes en place, je reçus un fichier contenant à peu près 25 documents : « Juste un tout petit avant-goût : la pointe de la pointe de l'iceberg », m'expliqua-t-il, une formule des plus alléchantes

Je décompressai le fichier, consultai la liste des pièces jointes, et cliquai au hasard sur l'un d'eux. En haut de la page, en lettres rouges, un code s'affichait : « TOP SECRET// COMINT/NOFORN/. »

Cela signifiait que ce document avait reçu l'appellation juridique « top secret », relative aux communications du renseignement (COMINT), et ne devait pas être diffusé auprès de ressortissants étrangers, notamment pas les organisations internationales ou les alliés des États-Unis dans le cadre de telle ou telle coalition (NOFORN). C'était inscrit là, avec une clarté incontestable : une communication hautement confidentielle de la NSA, l'une des agences les plus secrètes du gouvernement le plus puissant de la planète. En soixante années d'existence, jamais aucune fuite d'une telle importance n'avait émané de cet organisme. Et là, c'était une vingtaine de documents de ce type que j'avais en ma possession. Et la personne avec qui j'avais passé des heures à discuter ces deux derniers jours avait encore bien davantage de matière à me fournir.

Ce premier document était un manuel de formation destiné à des agents de la NSA chargés d'instruire des analystes sur les nouvelles capacités des systèmes de surveillance. On y abordait en termes généraux le type de requêtes d'informations que pouvaient lancer ces analystes (adresses e-mail, données de géolocalisation d'adresse IP, numéros de téléphone) et le type de données qu'ils recevraient en réponse (contenu d'e-mails, « métadonnées » téléphoniques, journaux de messagerie instantanée). En somme, j'écoutais aux portes des responsables de la NSA qui expliquaient à leurs analystes comment écouter leurs cibles.

Mon cœur battait à toute vitesse. Je dus interrompre ma lecture et faire plusieurs fois le tour de mon appartement, rien que pour prendre la mesure de ce que je venais de découvrir, retrouver suffisamment mon calme et me concentrer sur la lecture de ces fichiers. Je retournai devant l'écran de mon ordinateur portable et je cliquai au hasard sur le document suivant, une présentation PowerPoint ultraconfidentielle intitulée : « PRISM/US-984XN Overview ». Chaque page comportait les logos de neuf des plus grandes compagnies mondiales du secteur Internet, dont Google, Facebook, Skype et Yahoo.

Les premières diapos présentaient un programme dans le cadre duquel la NSA disposait de ce qui s'appelait une « collecte directe de données sur les serveurs de ces fournisseurs d'accès américains : Microsoft, Yahoo, Google, Facebook, Paltalk, AOL, Skype, YouTube, Apple ». Un graphique affichait les dates auxquelles ces entreprises avaient adhéré à ce programme.

Là encore, j'étais tellement survolté que je dus interrompre ma lecture.

La source me dit également qu'elle m'envoyait un gros fichier, mais que je serais incapable d'y accéder tant que l'heure ne serait pas venue. Pour l'instant, je décidai de ne pas trop m'attarder sur ces propos cryptés, mais lourds de sens, fidèle à mon attitude consistant à le laisser décider du moment où il me transmettrait l'information, mais aussi parce que tout cela m'électrisait.

D'après le premier aperçu que je venais d'avoir de ces quelques documents, je savais deux choses : il fallait que j'aille tout de suite à Hong Kong et, pour me lancer dans une telle enquête journalistique, il me faudrait obtenir un solide soutien de la part de ma structure. Cela supposait d'impliquer le *Guardian*, tant le quotidien papier que le site d'informations en ligne, où j'étais entré en qualité de chroniqueur seulement neuf mois plus tôt. Et j'allais maintenant les entraîner, je ne pouvais plus l'ignorer, dans ce qui deviendrait une enquête de premier plan, totalement explosive.

Utilisant Skype, j'appelai Janine Gibson, la rédactrice en chef de l'édition américaine du *Guardian*. Selon l'accord passé avec le journal, je jouissais d'une entière indépendance éditoriale, ce qui signifiait que personne ne pouvait remanier ou même revoir mes articles avant leur publication. J'écrivais mes papiers, et ensuite je les publiais directement moi-même sur le site en ligne. Les seules exceptions à cet accord prévoyaient que je doive avertir ma hiérarchie si ce que j'écrivais était susceptible d'avoir des conséquences juridiques pour le titre ou constituait un dilemme journaliste inhabituel. Au cours des neuf mois précédents, c'était arrivé de très rares fois, peut-être à une ou deux reprises – en d'autres termes, j'avais très peu de relations avec les rédacteurs en chef du *Guardian*. Or, à l'évidence, si un article méritait une consultation préalable, c'était bien celui-ci. Et je savais aussi que j'aurais besoin des ressources et du soutien de ma rédaction.

«Janine, je suis sur une affaire énorme, lançai-je. Je suis en contact avec une source qui a, semble-t-il, accès à une masse de documents ultraconfidentiels de la NSA. Cet informateur m'en a déjà transmis quelques-uns, et le choc a été de taille. Mais il m'affirme en détenir beaucoup, beaucoup d'autres. Pour une raison qui m'échappe encore, il se trouve à Hong Kong et il veut que j'aille le rencontrer là-bas, me procurer le reste. Ce qu'il m'a communiqué, ce que je viens de consulter, fait état d'activités assez effarantes de…»

Janine Gibson m'interrompit.

«Par quel canal me contactes-tu?

— Par Skype.

— Je pense que nous ne devrions pas discuter de cela au téléphone, et sûrement pas sur Skype, me répliqua-t-elle, fort sagement, et elle me proposa de prendre le premier avion pour New York pour que nous puissions en discuter en tête à tête.»

Mon plan, dont je fis part à Laura, consistait à m'envoler immédiatement pour la *Big Apple*, à montrer les documents au *Guardian*, à appâter les rédacteurs en chef avec mon histoire, et à obtenir qu'ils m'envoient à Hong Kong rencontrer cette source. Laura accepta de me retrouver à Manhattan, et ensuite nous avions l'intention d'effectuer ensemble le voyage vers l'Asie.

Le lendemain, je m'envolai de Rio à JFK par le vol de nuit et, à 9 heures le lendemain matin, vendredi 31 mai, je descendis dans mon hôtel de Manhattan, et je retrouvai Laura. La première chose que l'on fit fut de nous rendre dans un magasin acheter un ordinateur portable qui servirait d'*air gap*, jamais connecté à Internet. Il est beaucoup plus difficile de soumettre à surveillance une machine totalement déconnectée du Web. Pour un service de renseignement comme la NSA, le seul moyen de contrôler un ordinateur en *air gap* impose de recourir à des méthodes bien plus compliquées, comme d'obtenir un accès physique à l'ordinateur et d'insérer un outil de surveillance sur le disque dur. Maintenir en permanence la barrière de cet ordinateur contribuait à prévenir ce type d'intrusion. J'allais utiliser ce nouvel ordinateur pour travailler sans craindre d'être détecté sur des contenus que je ne voulais pas exposer à monitoring, comme des documents secrets de la NSA.

Je fourrai mon nouveau portable dans mon sac à dos et je me rendis à pied cinq rues plus loin, toujours à Manhattan, au siège du *Guardian*, dans SoHo, avec Laura. À notre arrivée, Janine Gibson nous attendait. Nous entrâmes directement dans son bureau, où nous rejoignit Stuart Millar, son adjoint. Laura resta à l'extérieur. Janine ne la connaissait pas, et je voulais que nous puissions nous parler librement. Je ne savais pas quelle serait la réaction des responsables éditoriaux du quotidien face aux pièces que je détenais, s'ils manifesteraient de la peur ou leur plus vif intérêt. Je n'avais encore jamais travaillé directement avec eux, et encore moins sur un sujet approchant de près ou de loin ce niveau d'importance et de gravité.

Je copiai les fichiers de ma source dans mon ordinateur portable, puis Gibson et Millar prirent place autour de la table et lurent ces documents, en marmonnant à intervalles réguliers des «j'y crois pas», des «bordel de merde» et autres interjections de cet acabit. Assis sur le canapé, je les regardai, observant leurs mimiques de plus en plus médusées, scandalisées, au fur et à mesure qu'ils digéraient les informations que je leur apportais. Chaque fois qu'ils achevaient un document, je venais leur afficher le suivant. Leur stupéfaction ne faisait que croître.

En plus de la vingtaine de documents de la NSA, mon contact m'avait envoyé le manifeste qu'il avait l'intention de mettre en ligne, en appelant à le signer en témoignage de solidarité avec la cause de la défense de la vie privée et de l'anti-surveillance. Ce manifeste adoptait un ton dramatique et sévère, mais cela n'avait rien de surprenant, au regard des choix radicaux et rigoureux qu'il avait faits, des choix qui allaient bouleverser son existence à jamais. À mes yeux, il tombait sous le sens qu'un individu qui avait été témoin de la construction dans l'ombre d'un système de surveillance étatique omniprésent et invisible, échappant à toute supervision et à tout contrôle, soit profondément alarmé de ce qu'il avait découvert et des dangers que cela présentait. Certes, le ton employé était extrême. Tout cela l'avait tellement alarmé qu'il avait pris une décision peu ordinaire, à la fois courageuse et de grande portée. Je comprenais ce qui le motivait à employer ce ton, mais je m'inquiétais de la réaction de Gibson et Millar à la lecture de ce manifeste. Je n'avais pas envie qu'ils se figurent que nous avions affaire à quelqu'un d'instable, en particulier depuis que j'avais passé de nombreuses heures à lui parler. Je savais qu'il était exceptionnellement rationnel et réfléchi.

J'eus vite confirmation de mes craintes.

«Cela va paraître dingue, aux yeux de certains, trancha Gibson.

— Certaines personnes et les gens des médias qui sont pro-NSA vont tout de suite faire un lien avec Ted Kaczynski[1], admis-je. Mais en fin de compte, ce qui importe, ce sont les documents, plus encore que le personnage ou que les motivations qui le poussent à nous les communiquer. De plus, quiconque se livre à une action aussi extrême aura forcément une pensée extrême. C'est inévitable.»

À côté de ce manifeste, Snowden avait rédigé une lettre aux journalistes auxquels il communiquait ses archives. Il cherchait à expliquer ses intentions et ses objectifs, et prédisait qu'on allait sans doute le diaboliser :

> Ma seule et unique motivation est d'informer le public de ce qui se fait en son nom, et contre lui. Le gouvernement américain, dans le cadre d'une conspiration avec des États qui lui sont inféodés, et surtout les Five Eyes – le Royaume-Uni, le Canada, l'Australie et la Nouvelle-Zélande –, a imposé au monde un système de secret, une surveillance omniprésente contre laquelle il n'y a aucun refuge. Ces États soustraient leurs systèmes de surveillance intérieure au contrôle de leurs citoyens en recourant à la classification et aux mensonges, et se protègent du scandale dans l'éventualité de fuites en limi-

1. Ted Kaczynski, alias Unabomber, est un ancien professeur de Berkeley, mathématicien de haut niveau, devenu terroriste poseur de bombes et auteur de textes critiques virulents de la société technologique. Au cours de l'enquête, qui dura dix-huit ans, le FBI lui avait donné cette appellation : « *UNiversity and Airline BOMber* » (UNABOM), relative à ses cibles.

tant drastiquement les protections qu'ils choisissent d'accorder à leurs administrés. [...]

Les documents joints sont authentiques et originaux, et ils visent à permettre de comprendre comment fonctionne ce système de surveillance planétaire passive, afin d'aider à décider quelles protections y opposer. À la date à laquelle j'écris ceci, tous les nouveaux registres de communications que ce système peut ingérer et cataloguer sont destinés à être conservés des [...] années, et de nouveaux «Dépôts de stockage de données en masse» (ou, par euphémisme, des Dépôts de données de «missions») sont en cours de construction et de déploiement dans le monde entier, le plus grand étant le nouveau centre de données situé dans l'Utah. Prions pour que la prise de conscience et les débats au sein de l'opinion conduisent à une réforme, mais n'oubliez pas que la politique des hommes change avec le temps, et que même la Constitution peut être subvertie lorsque les appétits du pouvoir l'exigent. Inspirons-nous de propos historiques : ne parlons plus de foi en l'homme, mais délivrons-le du mal causé par les chaînes de la cryptographie.

Je reconnus instantanément dans cette dernière phrase une citation détournée d'une note de Thomas Jefferson datant de 1798, que j'avais souvent citée dans mes écrits : «Dans les affaires de pouvoir, dès lors, cessons de parler de confiance en l'homme, et délivrons-le du mal en le liant aux chaînes de la Constitution.» Après avoir passé tous ces documents en revue, y compris cette lettre, Gibson et Millar furent convaincus.

«En somme, conclut cette dernière moins de deux heures après mon arrivée, vous devez vous rendre à Hong Kong dès que possible, du genre demain, c'est ça?»

Le *Guardian* était de la partie. Ma mission à New York accomplie. Maintenant, je savais que Janine Gibson s'engageait activement dans cette affaire, du moins pour le moment.

Cet après-midi-là, Laura et moi travaillâmes avec le responsable des voyages du quotidien, afin de partir pour Hong Kong aussi vite que possible. La meilleure option était un vol Cathay Pacific qui décollait de JFK le lendemain matin – seize heures de voyage sans escale. Mais alors que nous nous félicitions de cette rencontre imminente avec notre source, nous nous heurtâmes à un écueil.

À la fin de la journée, Janine Gibson nous expliqua qu'elle voulait aussi faire appel à un collaborateur de longue date du *Guardian*, Ewen MacAskill, un journaliste qui travaillait à la rédaction depuis vingt ans.

«C'est un remarquable professionnel», souligna-t-elle.

Au vu de l'ampleur de l'entreprise dans laquelle je m'embarquais, je savais qu'il me faudrait d'autres reporters du *Guardian* avec moi sur cette enquête et je n'avais aucune objection, en théorie.

«J'aimerais qu'Ewen vous accompagne à Hong Kong», ajouta-t-elle.

Je ne connaissais pas ce MacAskill mais, plus important, notre informateur non plus et tout ce qu'il savait, lui, c'était que seuls Laura et moi venions à Hong Kong. Je suspectais que Laura, qui planifie tout méticuleusement, serait elle aussi forcément furieuse de ce changement soudain dans nos plans. J'avais raison.

«Pas question. Absolument exclu, réagit-elle. On ne peut pas ajouter quelqu'un d'autre à la dernière minute. Et je ne sais pas du tout de qui il s'agit. Qui l'a validé?»

J'essayai de lui expliquer ce que je croyais être la motivation de Janine Gibson. Je ne connaissais pas assez ou ne me fiais pas encore vraiment au *Guardian* – pas sur une affaire aussi colossale –, et je supposai qu'ils ressentaient la même chose à mon égard. Au vu de la taille de l'enjeu pour le quotidien, j'en déduisis qu'ils voulaient sans doute quelqu'un qu'ils connaissaient très bien – un employé de longue date du groupe – pour les informer de ce qui se passait avec notre contact et leur assurer que cette affaire méritait qu'ils s'y lancent. En plus, la rédactrice en chef du bureau new-yorkais aurait besoin du soutien et de l'approbation pleins et entiers des directeurs de la rédaction du *Guardian* à Londres, qui me connaissaient encore moins qu'elle. Elle voulait probablement faire intervenir quelqu'un qui sécuriserait sa hiérarchie à Londres – et Ewen remplissait parfaitement cette fonction.

«Je m'en moque», me rétorqua Laura.

Voyager avec un troisième interlocuteur, un étranger, pouvait susciter une surveillance ou effrayer la source. À titre de solution de compromis, elle suggérait qu'ils envoient Ewen MacAskill quelques jours après, quand nous aurions établi le contact avec notre source, à Hong Kong, et créé la confiance.

«C'est toi qui as de l'influence, argua-t-elle. Dis-leur qu'ils ne peuvent pas envoyer MacAskill là-bas avant qu'on ne soit prêts.»

Je retournai voir Janine Gibson avec ce qui me paraissait un compromis intelligent, mais elle semblait déterminée.

«Ewen peut aller avec vous à Hong Kong, mais il n'a pas besoin de rencontrer la source avant que vous ne soyez prêts, Laura et toi.»

Manifestement, sa venue à Hong Kong avec nous était cruciale pour le *Guardian*. Janine Gibson aurait besoin de recevoir des assurances sur ce qui allait se passer là-bas et d'un moyen d'apaiser toutes les inquiétudes venant de Londres. Mais Laura n'était pas moins catégorique : nous ferions le voyage seuls.

«Si la source surveille notre arrivée à l'aéroport et voit cette tierce personne inattendue dont elle ne sait rien, elle va prendre peur et mettre fin à tout contact. Pas question.»

Comme un diplomate du département d'État assurant la navette entre factions adverses au Moyen-Orient dans l'espoir futile de négocier un accord, je retournai voir Janine Gibson qui me fit une réponse vague où elle me signifiait qu'Ewen MacAskill suivrait deux jours après. Ou c'était peut-être ce que j'avais envie d'entendre.

Quoi qu'il en soit, tard dans la soirée, j'appris par l'intermédiaire du responsable des voyages que le billet d'Ewen était réservé – pour le même jour, et le même vol. Et qu'ils l'envoyaient à bord de cet avion quoi qu'il arrive.

Dans la voiture, sur la route de l'aéroport, le lendemain matin, Laura et moi eûmes notre première et unique dispute.

Dès que la voiture partit de l'hôtel, je lui appris la nouvelle et elle explosa de colère. Je mettais en péril tout notre arrangement, souligna-t-elle. À un stade aussi avancé, il était inadmissible d'introduire un tiers extérieur. Pour travailler sur une affaire aussi sensible, elle ne se fiait pas à quelqu'un sur qui on ne s'était pas renseigné et m'en voulait d'avoir laissé le *Guardian* mettre à ce point notre plan en danger.

Je ne pouvais lui affirmer que ses inquiétudes étaient dénuées de fondement, mais j'essayai tout de même de lui faire comprendre que le *Guardian* s'était montré très insistant : nous n'avions pas le choix. Et MacAskill ne rencontrerait notre source que lorsque nous y serions disposés.

Elle n'en avait cure : pour l'apaiser, je lui proposai même de ne pas partir, suggestion qu'elle rejeta instantanément. Chacun se mura une dizaine de minutes dans un silence maussade et rageur, à bord de ce taxi bloqué en plein embouteillage, sur la route de l'aéroport.

Elle avait raison, je le savais : cela n'aurait pas dû s'organiser de la sorte, et je rompis ce silence pour le lui dire. Ensuite je proposai de ne tenir aucun compte de notre compagnon de voyage importun et de le tenir à l'écart, de faire comme s'il n'était pas là. « Nous sommes du même bord, toi et moi, lui rappelai-je instamment, ne nous disputons pas. Au vu des enjeux, ce n'est pas la dernière fois que des choses vont nous échapper. » J'essayai de la convaincre qu'il nous fallait rester concentrés sur notre travail en commun, afin de surmonter les obstacles. Assez vite, nous avons fini par nous calmer.

Une fois devant le terminal de l'aéroport JFK, elle sortit une clef USB de son sac à dos. « Tu devines ce que c'est ? me demanda-t-elle avec un regard d'une intense gravité.

« Quoi ?

— Les documents, fit-elle. La totalité. »

À notre arrivée, Ewen était déjà à la porte d'embarquement. Laura et moi nous montrâmes cordiaux mais froids, nous voulions qu'il se sente exclu, qu'il sache qu'il ne jouerait aucun rôle tant que nous ne serions pas disposés à lui en accorder un. Pour l'heure, unique cible de notre irritation, nous le traitions comme un excédent de bagage qu'on nous avait collé sur les bras. C'était injuste, mais j'étais trop troublé par la perspective des trésors de la clef USB de Laura pour accorder davantage d'attention à Ewen.

Dans la voiture, elle m'avait fait un cours de cinq minutes sur le système informatique sécurisé, en m'avertissant qu'elle avait l'intention de dormir pendant le vol. Elle me tendit la clef USB et me suggéra de commencer à étudier ce premier jeu de documents. Dès notre arrivée à Hong Kong, ajouta-t-elle, notre source s'assurerait que je dispose d'un plein accès à mon propre jeu complet.

Après le décollage, je sortis mon ordinateur *air gap* tout neuf, j'y insérai la clef de Laura et je suivis ses instructions pour transférer et ouvrir les fichiers.

Pendant les seize heures qui suivirent, malgré mon épuisement, je ne fis rien d'autre que lire, en prenant fébrilement des notes sur ces documents, l'un après l'autre. Le contenu de ces fichiers était aussi fort et aussi choquant que celui de la toute première présentation PowerPoint sur PRISM que j'avais consultée à Rio. Et quantité d'autres l'étaient bien plus encore.

L'une des premières pièces que je lus était un arrêt de la cour fédérale FISA (Foreign Intelligence Surveillance Act), créée par le Congrès américain en 1978 après la découverte par la Commission Church, du nom du parlementaire qui la présidait, d'écoutes abusives organisées par le gouvernement américain depuis des décennies. L'idée inhérente à la création de cette institution était que le gouvernement pourrait continuer de se livrer à une surveillance électronique, mais que pour éviter des abus similaires il devrait obtenir une autorisation préalable de ce tribunal. Je n'avais encore jamais vu d'arrêt de la cour FISA. Personne ou presque n'en avait jamais vu. Cette cour est l'une des institutions les plus secrètes de l'État fédéral. Toutes ses décisions sont automatiquement classées ultraconfidentielles et seule une petite poignée d'individus est autorisée à y accéder.

Cette décision de justice était stupéfiante à plus d'un titre. Elle imposait à Verizon Business, la branche entreprises de l'opérateur téléphonique, de transmettre à la NSA «tous les relevés d'appels détaillés» des «communications (i) entre les États-Unis et l'étranger; et (ii) la totalité des communications intérieures au territoire américain, y compris les appels téléphoniques locaux». Cela signifiait que la NSA recueillait secrètement, et sans faire de distinction, les relevés téléphoniques de plusieurs dizaines de millions d'Américains, au bas mot. Personne ou presque ne savait que l'administration Obama se livrait à de pareilles opérations. Avec cette décision d'une cour de justice, non seulement je l'apprenais, mais j'avais le texte de l'arrêt confidentiel qui le prouvait.

Qui plus est, l'arrêt spécifiait que la collecte en masse de ces relevés téléphoniques sur le territoire américain était autorisée par la Section 215 du Patriot Act. Cette interprétation radicale du Patriot Act était presque encore plus choquante que la décision proprement dite.

Ce qui avait tant suscité la controverse lors de l'adoption du Patriot Act à la suite des attaques du 11-Septembre, c'était que la Section 215 allégeait les critères que devait respecter le gouvernement pour obtenir des «documents internes d'entreprise», qui passaient de la «raison suffisante» à la simple «pertinence». Cela signifie que pour se procurer des documents particulièrement sensibles et mettant en jeu la vie privée – dossiers médicaux, transactions bancaires ou relevés téléphoniques –, le FBI n'avait qu'à démontrer leur «pertinence» dans le cadre d'une enquête sur le point d'être ouverte.

Mais personne – pas même les faucons parmi les élus républicains de la Chambre des représentants qui avaient rédigé le Patriot Act en 2001, ou les défenseurs les plus dévoués des libertés civiles, qui présentaient ce texte sous son jour le plus menaçant – n'estimait que cette loi conférait au gouvernement américain le pouvoir de recueillir des dossiers sur *tout le monde*, en procédant à une collecte en masse systématique. Pourtant, c'était exactement la conclusion à laquelle était arrivé cet arrêt de la cour FISA, affiché à l'écran de mon ordinateur tandis que je volais vers Hong Kong : on y donnait ordre à Verizon de remettre à la NSA les relevés téléphoniques de tous les clients américains de l'opérateur.

Pendant deux ans, les sénateurs démocrates Ron Wyden, de l'Oregon, et Mark Udall, du Nouveau-Mexique, avaient sillonné les États-Unis en avertissant que les Américains seraient «stupéfaits d'apprendre» les «interprétations secrètes de la loi» auxquelles avait recours l'administration Obama pour se doter de pouvoirs sans précédent en matière d'espionnage. Mais ces activités d'espionnage et ces «interprétations secrètes» étant classifiées, les deux sénateurs, membres de la Commission du renseignement du Sénat, n'étaient pas allés jusqu'à révéler à l'opinion ce qu'ils jugeaient si menaçant, malgré le bouclier de l'immunité que leur aurait accordée la Constitution, en tant qu'élus du Congrès, s'ils avaient choisi de se livrer à de telles révélations.

Dès que je lus cet arrêt de la cour FISA, je compris que cela faisait partie de ces programmes de surveillance abusifs et extrêmes évoqués par Wyden et Udall pour avertir le pays.

Je saisis instantanément l'importance de cette décision. J'étais plus qu'impatient de le publier, certain que cette révélation déclencherait un séisme entraînant à coup sûr des appels à la transparence et à la responsabilité. Et ce n'était là qu'un document parmi les centaines de pièces ultraconfidentielles que je découvris en route pour Hong Kong.

Pourtant, une fois encore, je sentais que je changeais de point de vue quant à l'importance des actions entreprises par notre source. Cela m'était déjà arrivé à trois reprises : la première fois que j'avais vu les e-mails reçus par Laura, puis lorsque j'avais engagé le dialogue avec notre source et de nouveau quand j'avais lu la vingtaine de pièces qu'il m'avait expédiées par courrier électronique. C'est à ce moment-là que je commençais à proprement mesurer la véritable ampleur de la fuite.

Pendant le vol, en plusieurs occasions, Laura vint me voir où j'étais installé, juste devant l'une des cloisons de séparation de la cabine. Dès qu'elle arrivait, je me levais vivement de mon siège et nous restions plantés là dans cette partie dégagée du couloir, muets, bouleversés, stupéfaits de ce que nous avions entre les mains.

Laura travaillait depuis des années sur le sujet de la surveillance de la NSA, et elle avait été à maintes reprises sujette à ses abus. Dès 2006, j'avais écrit sur les menaces que faisait planer cette surveillance intérieure, quand j'avait publié mon premier livre, mettant en garde contre l'action aussi radicale qu'illégale de l'agence. Avec ces premiers travaux, nous avions tous deux lutté contre le mur du secret protégeant l'espionnage étatique : comment documenter les activités d'une agence si hermétiquement enveloppées de multiples couches de secret officiel? Or, à cet instant, nous venions de percer ce mur. À bord de ce vol, nous nous trouvions en possession de milliers de documents que le gouvernement des États-Unis avait tenté de dissimuler par tous les moyens. Nous détenions la preuve incontestable de tout ce que ce gouvernement avait manigancé pour réduire à néant la vie privée des Américains et des peuples du monde.

Continuant ma lecture, deux choses me frappèrent dans ces archives. La première, c'était leur extraordinaire degré d'organisation. Notre source avait créé d'innombrables dossiers, de sous-dossiers puis de sous-sous-dossiers. Le moindre document était placé exactement à l'endroit qui convenait. Je ne trouvai pas une seule pièce déplacée ou mal classée.

J'avais passé des années à défendre ce que je considérais comme les actes héroïques de Chelsea Manning[1], le simple soldat et lanceur d'alerte que le comportement du gouvernement américain avait tellement horrifié qu'il avait risqué sa liberté pour révéler au monde des documents classifiés, à travers WikiLeaks. Mais Manning avait été critiqué (injustement et, à mon avis, de façon inexacte) pour avoir censément divulgué des documents dont ses détracteurs affirmaient (sans preuve) qu'elle ne les avait même pas lus au préalable,

---

1. Chelsea Manning, né Bradley, ancien soldat de l'U.S. Army, fut à l'origine des premières fuites WikiLeaks, en 2010. Cet analyste militaire de nationalité franco-britannique a été condamné en 2013 à trente-cinq ans de prison.

à l'inverse d'un Daniel Ellsberg[1]. Si infondé soit-il (Ellsberg était l'un des plus fervents défenseurs de Manning), c'était là un argument qu'on avait fréquemment employé pour discréditer l'héroïsme de ce soldat, et Manning semble au moins avoir consulté ces documents.

Manifestement, on ne pouvait rien prétendre de tel au sujet de notre source à la NSA. Il ne faisait aucun doute qu'il avait soigneusement examiné chacun des documents qu'il nous avait adressés, qu'il en avait compris la signification, avant de méticuleusement les placer un à un dans une structure élégamment organisée.

L'autre aspect frappant de ces archives, c'était l'étendue des mensonges gouvernementaux qu'elles révélaient, que notre informateur avait bien signalée. Il avait intitulé l'un de ses premiers dossiers : «BOUNDLESS INFORMANT (la NSA a menti au Congrès)». Ce dossier comprenait des dizaines de documents attestant de statistiques complexes élaborées par la NSA sur le nombre d'appels et d'e-mails interceptés par l'agence. Il contenait aussi la preuve que la NSA avait collecté des données téléphoniques et d'e-mails auprès de millions d'Américains, et ce quotidiennement. «BOUNDLESS INFORMANT», c'était le nom du programme de la NSA conçu pour évaluer avec une précision mathématique, en temps réel, le niveau de ses activités quotidiennes de surveillance. Dans ce dossier, une fiche montrait que sur une période de trente jours, s'achevant en février 2013, une unité de l'agence avait collecté plus de 3 milliards de pièces comportant des données issues des seuls réseaux de communications américains.

Notre source nous avait transmis la preuve irréfutable que des responsables de la NSA avaient menti au Congrès sur

1. Les Pentagon Papers, officiellement intitulés *United States – Vietnam Relations, 1945–1967 : A Study Prepared by the Department of Defense* (« Relations entre les États-Unis et le Vietnam, 1945-1967 : Une étude préparée par le département de la Défense »), se composaient de quarante-sept volumes de rapports du département de la Défense attestant l'ampleur des mensonges de l'administration américaine sur le Vietnam. Ils ont été révélés par Daniel Ellsberg, ancien analyste de la Rand Corporation.

les activités de l'agence, sans détour et à maintes reprises. Pendant des années, plusieurs sénateurs avaient réclamé à l'Agence de sécurité nationale une estimation approximative du nombre d'Américains dont les appels téléphoniques et les e-mails étaient interceptés. Ces responsables affirmaient ne pas être en mesure de répondre parce qu'ils ne conservaient pas de telles données et qu'ils en étaient incapables : or, ces données étaient reprises exhaustivement dans les documents « BOUNDLESS INFORMANT ».

Aspect encore plus significatif, les dossiers – tout comme l'arrêt de la cour visant Verizon – prouvaient que le principal responsable de la sécurité nationale de l'administration Obama, le directeur du renseignement national, James Clapper, avait menti au Congrès quand, le 12 mars 2013, le sénateur Ron Wyden lui avait demandé : « La NSA recueille-t-elle quelques données que ce soit concernant des millions ou plusieurs centaines de millions d'Américains ? »

La réponse de Clapper avait été aussi laconique qu'insincère : « Non, monsieur le sénateur. »

En seize heures de lecture à peu près ininterrompue, je ne pus parcourir qu'une petite partie de ces archives. Mais lorsque notre vol atterrit à Hong Kong, je savais deux choses de façon certaine. Premièrement, d'après la conscience que notre source avait de l'importance de tous ces documents, c'était à l'évidence quelqu'un de très subtil et complexe et de politiquement très avisé. Il était aussi extrêmement rationnel. Sa manière de choisir, d'analyser et de décrire ces milliers de pièces que j'avais désormais en ma possession le prouvait. Deuxièmement, il serait très difficile de nier son statut de classique lanceur d'alerte. Si révéler la preuve que de très hauts responsables de la sécurité nationale américaine avaient menti sans vergogne au Congrès sur des programmes d'espionnage intérieur ne fait pas de vous un lanceur d'alerte, que faudrait-il d'autre ?

Je savais que plus Washington et ses alliés auraient du mal à diaboliser cet informateur, plus l'effet de ses révélations serait puissant. En l'occurrence, ici, les deux formules les plus usitées dans la diabolisation des lanceurs d'alerte – c'est un individu instable et un naïf – resteraient inopérantes.

Peu avant l'atterrissage, je lus un dernier fichier. Bien qu'il soit intitulé « README_FIRST » [À LIRE EN PREMIER], je ne le vis pour la première fois qu'à la toute fin du vol. Ce document émanant de notre source était une autre explication de ce qui le poussait à agir, et d'une tonalité ainsi que d'un contenu similaires à ceux du manifeste que j'avais montré aux rédacteurs en chef du *Guardian*.

Pourtant, il exposait des faits que ne contenaient pas les autres. Il incluait le nom de notre informateur – c'était la première fois que je le découvrais –, ainsi que des prédictions très claires de ce qu'il adviendrait sans doute de lui après qu'il se serait fait connaître. Se référant aux événements qui découlaient du scandale NSA de 2005, cette note s'achevait en ces termes :

> Nombre de gens me calomnieront pour avoir refusé de sous-crire à l'idée d'un relativisme entre nations, à me détourner des problèmes de [ma] société pour me soucier de maux exté-rieurs et lointains, sur lesquels nous n'exerçons aucun pouvoir et aucune responsabilité, mais la citoyenneté comporte d'abord un devoir de réguler les actes de son propre gouvernement, avant de chercher à corriger ceux des autres. Ici et mainte-nant, chez nous, nous subissons un pouvoir qui n'autorise un contrôle limité qu'avec la plus extrême réticence, et qui refuse de rendre compte de ses crimes. Quand des jeunes marginalisés commettent des infractions mineures, notre société ferme les yeux sur les conséquences intolérables qu'ils endurent dans le plus vaste système carcéral de la planète. En revanche, quand les opérateurs de télécommunications les plus riches et les plus puissants des États-Unis commettent sciemment des dizaines de millions de crimes, le Congrès adopte la première loi procurant à ses amis au sein des élites une immunité rétroactive pleine et entière – civile et pénale – pour des délits qui auraient mérité les plus lourdes sentences de [...] l'histoire.

Ces entreprises disposent des meilleurs avocats de tous les temps et elles ne subissent même pas les conséquences les plus minimes de leur actes. Quand des responsables, aux échelons les plus élevés du pouvoir, y compris le vice-président, s'avèrent après enquête avoir personnellement piloté une telle entreprise criminelle, que devrait-il se passer ? Si vous croyez que cette enquête doit être stoppée, ses résultats classifiés au-delà même de l'ultrasecret dans un compartiment réservé aux «Informations sous contrôle exceptionnel» intitulé STLW (STELLARWIND), excluant toute investigation ultérieure en vertu du principe que réclamer des comptes à ceux qui abusent de leur pouvoir irait à l'encontre de l'intérêt national, si vous pensez que nous devons «nous tourner vers l'avenir, pas vers le passé», et si, au lieu de clore ce programme illégal, vous l'élargissiez en le dotant de pouvoirs encore plus grands, vous seriez le bienvenu dans les allées du pouvoir en Amérique. Car c'est bien ce qu'est devenu ce pouvoir, et je publie les documents qui le prouvent.

Je sais qu'on me fera payer mes actes et que le fait de livrer ces informations au public mettra en quelque sorte un terme à mon existence. Si la coalition d'une justice secrète, de l'inégalité face au pardon et de ces pouvoirs exécutifs dominateurs qui régentent le monde que j'aime est révélée au grand jour, ne serait-ce que l'espace d'un instant, je serai satisfait. Si vous voulez nous venir en aide, rejoindre la communauté de la transparence et lutter pour maintenir l'esprit d'une presse et d'un espace Internet de liberté. J'ai pénétré les recoins les plus sombres de l'État, et ce qu'on y redoute, c'est la lumière.

Edward Joseph Snowden, SSN : █████████

Alias CIA «█████████████████»

Identification Agence : ███████

Ancien conseiller senior / Agence de la sécurité nationale des États-Unis, sous couverture d'un poste en entreprise

Ancien agent de terrain / Agence centrale de renseignement des États-Unis, sous couverture diplomatique

Ancien intervenant formateur / Agence de renseignement de la défense des États-Unis, sous couverture en entreprise

2.

Dix jours à Hong Kong

L'avion atterrit à Hong Kong dans la soirée du dimanche 2 juin. Nous avions prévu de rencontrer Snowden tout de suite après notre arrivée à notre hôtel. En plein quartier cossu de Kowloon, j'allumai mon ordinateur et je le contactai à travers le programme crypté de messagerie instantanée que nous utilisions. Comme presque toujours, il était là, il attendait.

Après avoir échangé quelques plaisanteries sur le vol, on aborda la logistique de notre rencontre. «Vous pouvez venir à mon hôtel», proposa-t-il.

Ce fut ma première surprise : apprendre qu'il habitait à l'hôtel. Je ne savais toujours pas pourquoi j'étais à Hong Kong, mais à ce stade je présumais que pour sa part il y était pour se cacher. Je me l'étais représenté dans un taudis, un appartement un peu miteux, le seul endroit où il avait les moyens de passer dans la clandestinité sans un salaire régulier, et pas du tout confortablement logé dans un hôtel, au vu et au su de tous, dépensant chaque jour sans compter.

Changeant de programme, on décida qu'il valait mieux attendre le lendemain matin pour se retrouver. Ce fut Snowden qui prit cette décision, donnant ainsi le ton de l'atmosphère ultra-prudente de clandestinité qui régnerait ces quelques prochains jours.

«Vous risquez plus d'attirer l'attention si vous circulez de nuit, m'avertit-il. Deux Américains, qui arrivent à leur hôtel le soir, pour immédiatement ressortir, ça peut paraître bizarre. Si vous venez ici dans la matinée, ce sera plus naturel.»

Il s'inquiétait autant de la surveillance des autorités de Hong Kong et de la Chine que des Américains. Il craignait beaucoup que nous ne soyons suivis par des agents de renseignement locaux. Supposant qu'il entretenait des liens étroits avec des agences d'espionnage américaines et savait donc de quoi il parlait, je m'en remis à son jugement mais fus néanmoins déçu que nous ne nous rencontrions pas dès ce soir.

En raison de la différence de douze heures entre Hong Kong et New York, le jour et la nuit étaient inversés, et je ne dormis donc quasiment pas de la nuit, ni d'ailleurs pour ainsi dire de tout mon voyage. Ce n'était qu'en partie l'effet du décalage horaire. Dans un état de tension à peine maîtrisé, je ne pus jamais trouver plus d'une heure et demie de repos d'affilée, deux tout au plus, et ce fut mon rythme de sommeil pendant la totalité de mon séjour.

Le lendemain matin, Laura et moi nous retrouvâmes à la réception, avant de monter dans un taxi pour le rejoindre à son hôtel. Elle n'avait guère envie de parler, redoutant que le chauffeur ne soit un agent sous couverture. Je n'étais plus aussi prompt qu'avant à écarter de telles craintes en les imputant à la paranoïa. Malgré cette contrainte, je pus lui soutirer suffisamment de réponses pour comprendre quels étaient nos plans.

Nous devions nous rendre au troisième étage de son hôtel, où étaient regroupées les salles de conférences. Il avait choisi une salle de réunion bien précise, le parfait compromis selon lui : suffisamment isolée pour décourager un «trafic humain» trop dense, comme il l'appelait, mais pas trop à l'écart ni trop dissimulée, afin de ne pas attirer l'attention en l'y attendant.

Laura m'expliqua qu'une fois au troisième étage, nous étions censés demander au premier employé de l'hôtel sur lequel nous tomberions à proximité de cette salle s'il y avait un restaurant ouvert quelque part. Cette question serait un signal pour Snowden qui, rôdant à proximité, tendrait l'oreille – lui indiquant que nous n'avions pas été suivis. À l'intérieur de la salle, nous devions patienter dans un canapé à côté d'un «alligator géant» qui, Laura me le promit, était sans doute un élément de décor, et non un saurien bien vivant.

Nous avions deux horaires de rendez-vous différents : 10 heures, puis 10 h 20. Si Snowden ne se présentait pas dans les deux minutes suivant le premier rendez-vous, il nous fallait quitter la pièce et revenir un peu plus tard, au second, et cette fois il serait là.

«Comment saurons-nous que c'est lui? lui demandai-je. Nous ne savons pratiquement toujours rien de ce type, ni son âge, ni son appartenance ethnique, ni son apparence physique, rien.

— Il aura un Rubik's Cube à la main», me répondit-elle.

J'éclatai de rire : la situation paraissait si bizarre, si extrême, si invraisemblable. Nous sommes à Hong Kong, en plein thriller international, me dis-je.

Notre taxi nous déposa à l'entrée du Mira Hotel qui, remarquai-je, était lui aussi à Kowloon, quartier très commerçant avec ses gratte-ciel élancés et ses magasins chics : difficile de faire plus visible. En entrant dans le hall, je fus une nouvelle fois interloqué : Snowden n'était pas descendu dans n'importe quel hôtel, mais dans un établissement tentaculaire et hors de prix, où nos chambres, je ne l'ignorais pas, devaient coûter plusieurs centaines de dollars la nuit. Pourquoi, me demandai-je, un individu qui avait l'intention d'alerter le monde au sujet de la NSA et qui avait besoin du plus grand secret, allait-il se cacher à Hong Kong dans un cinq étoiles au milieu d'un des quartiers les plus courus de la ville? Inutile à ce stade de s'étendre sur ce mystère – d'ici à quelques minutes, j'allais rencontrer cette source et j'aurais probablement toutes les réponses.

Comme beaucoup de gratte-ciel à Hong Kong, le Mira Hotel était de la taille d'un village. Laura et moi passâmes un bon quart d'heure à errer dans des couloirs interminables à chercher notre lieu de rendez-vous. On dut prendre différents ascenseurs, franchir des passerelles intérieures et plusieurs fois demander notre chemin. Enfin, pensant être tout près de la salle en question, on aperçut un employé de l'hôtel. Un peu maladroitement, je posai la question codée, et nous écoutâmes ses indications sur le choix de restaurants qui s'offrait à nous.

Au détour d'un couloir, on vit une porte ouverte et un énorme alligator en plastique vert couché sur le sol. Selon les instructions, on s'assit tous les deux sur le canapé, placé au beau milieu de cette pièce par ailleurs nue, et on attendit, sur les nerfs, et en silence. La petite salle ne paraissait remplir aucune véritable fonction, personne n'avait de raison d'y entrer, car elle ne contenait rien d'autre que ce canapé et cet alligator. Au bout de cinq longues minutes assis sans un mot, n'ayant vu personne se présenter, on repartit donc et on trouva une autre salle à côté où l'on attendit un quart d'heure supplémentaire.

À 10 h 20, on revint et on reprit place à côté de l'alligator, sur le canapé, qui faisait face au mur du fond de la salle et à un grand miroir. Au bout de deux minutes, j'entendis quelqu'un entrer dans la pièce.

Au lieu de me retourner, je continuai de fixer le miroir, où j'aperçus le reflet d'un homme se dirigeant vers nous. C'est seulement quand il arriva à quelque pas du canapé que je fis volte-face.

La première chose que je vis, ce fut le Rubik's Cube encore incomplet que l'homme faisait tourner dans sa main gauche. Edward Snowden nous dit bonjour, mais sans nous tendre la main, car l'objet de cet arrangement était de faire paraître cette rencontre comme le fruit du hasard. Comme convenu entre eux, Laura lui posa des questions sur la cuisine servie à l'hôtel et il lui répondit qu'elle était médiocre. De tous les rebondissements surprenants de cette histoire, le moment de notre rencontre se révéla la plus grande surprise de toutes.

À l'époque, Snowden avait vingt-neuf ans, mais il faisait beaucoup moins, avec son T-shirt blanc aux inscriptions à moitié effacées et ses lunettes du genre amateur d'algorithmes. Il portait une barbiche naissante qu'apparemment il recommençait à raser. Mince, il avait une allure soignée et un maintien d'une fermeté toute militaire, le teint pâle – à cet instant, nous étions tous les trois dans ce cas –, mais il était visiblement un peu sur ses gardes, prudent. Il aurait pu s'agir de n'importe quel type un peu fêlé de technologies dans les vingt à vingt-cinq ans, travaillant dans un labo d'informatique sur un campus universitaire.

Sur le moment, pour moi, c'était bien simple : rien ne cadrait. Pour toute une série de raisons, sans y avoir consciemment réfléchi, je l'avais cru plus âgé, probablement autour de la cinquantaine ou même de la soixantaine. D'abord, étant donné qu'il avait accès à tant de documents sensibles, j'avais supposé qu'il occupait un poste élevé au sein d'une agence américaine de sécurité nationale. Au-delà de cela, ses conceptions et ses stratégies toujours très étudiées et bien informées m'avaient incité à le prendre pour un acteur chevronné de la scène politique. Enfin, je savais qu'en révélant au monde ces informations auxquelles, selon lui, il avait droit, il était prêt à ruiner son existence et à probablement passer le restant de sa vie en prison, aussi l'avais-je imaginé plus proche de la fin de carrière. À mes yeux, pour que quelqu'un arrive à prendre une décision aussi extrême, comportant un tel sacrifice, il fallait qu'il ait connu des années et même des décennies de profonde désillusion.

Découvrir que la source de cette manne invraisemblable de documents de la NSA était quelqu'un d'aussi jeune se révéla l'un des moments les plus déroutants de ma vie. Aussitôt, tous les cas de figure possibles et imaginables défilèrent dans ma tête : s'agissait-il d'une supercherie ? Avais-je perdu mon temps en traversant la moitié de la planète ? Comment quelqu'un d'aussi jeune pouvait-il avoir accès au type d'informations que nous avions consultées ? Comment notre informateur pouvait-il être aussi éclairé et posséder une telle expérience du renseignement et des métiers de l'espionnage ? Peut-être était-ce seulement son fils, son assistant ou son amant, et il allait maintenant nous conduire à la source proprement dite. Toutes les hypothèses concevables se bousculèrent dans ma tête, et aucune d'elles ne paraissait vraiment logique.

«Bien, venez avec moi», fit-il, visiblement tendu. Tout en marchant, on échangea quelques plaisanteries plus ou moins décousues. J'étais trop abasourdi et trop déconcerté pour en ajouter davantage, et je vis bien qu'il en était de même pour Laura. Snowden semblait très vigilant, comme s'il guettait des regards indiscrets ou d'autres signes de problèmes. On le suivit donc en silence.

Sans du tout savoir où il nous conduisait, nous montâmes dans l'ascenseur, pour sortir au dixième étage, avant de nous diriger vers sa chambre. Il extirpa une carte magnétique de son portefeuille et ouvrit la porte. «Bienvenue, fit-il. Désolé, c'est un peu en désordre, mais depuis deux semaines je n'ai pratiquement pas quitté cette chambre.»

Il y régnait en effet un joli fouillis, avec des restes de plats du service en chambre, des assiettes empilées sur la table et des vêtements sales éparpillés un peu partout. Il débarrassa une chaise et m'invita à m'asseoir. Ensuite il s'installa sur le lit. Comme la pièce était petite, nous étions à moins d'un mètre cinquante l'un de l'autre. La conversation était tendue, le malaise palpable, le ton guindé.

Il souleva immédiatement des questions de sécurité, en me demandant si j'avais un téléphone portable. Le mien ne fonctionnait qu'au Brésil, mais il insista néanmoins pour que je retire la batterie ou que je mette l'appareil dans le réfrigérateur de son minibar, ce qui étoufferait nos conversations, les rendant plus difficiles à écouter.

Tout comme Laura me l'avait appris en avril, il nous confirma que le gouvernement américain avait la capacité d'activer les portables à distance et de les convertir en dispositif d'écoute. Je savais donc que la technologie existait, même si j'avais mis ces craintes sur le compte de la paranoïa. Il s'avéra que je me trompais. Washington a recours à ce type de techniques dans des enquêtes criminelles depuis des années. En 2006, un juge fédéral intentant une procédure pénale contre des boss présumés de la mafia new-yorkaise avait tranché : l'emploi par le FBI de ces «micros espions» – transformant le portable en appareil d'écoute activable à distance – était légal.

Une fois mon téléphone portable enfermé au réfrigérateur, Snowden attrapa les oreillers de son lit et les cala contre le bas de la porte. «C'est pour les passants indésirables, dans le couloir, nous expliqua-t-il. Il n'est pas impossible qu'il y ait des caméras et des micros dans la pièce mais, de toute manière, ce dont nous allons discuter va vite faire la une», ajouta-t-il, plaisantant à moitié.

Mon aptitude à jauger la teneur de tout cela restait très limitée. Je n'avais encore qu'une toute petite idée de qui il était, d'où il travaillait, de ce qui le motivait vraiment ou de ce qu'il avait fait, et je ne pouvais donc être certain de savoir à quelles menaces nous étions exposés, qu'il s'agisse de surveillance ou d'autre chose. J'éprouvais un sentiment permanent d'incertitude.

Sans se donner la peine de s'asseoir ou de dire quoi que ce soit, et peut-être pour dissiper la tension qu'elle ressentait elle aussi, Laura déballa sa caméra et son trépied et les installa. Ensuite elle vint nous équiper de micros, Snowden et moi.

Nous avions discuté de son intention de nous filmer, sur place, à Hong Kong : après tout, elle était documentariste et elle travaillait à un film sur la NSA. Inévitablement, ce que nous faisions là deviendrait une part importante de son projet de film. Je le savais, mais je ne m'étais pas préparé à entamer le tournage aussi vite. Il y avait là comme une forme de dissonance cognitive entre, d'un côté, le fait de rencontrer secrètement une source qui, pour le gouvernement des États-Unis, avait commis des crimes graves, et, de l'autre, le fait de tout filmer.

En quelques minutes, Laura fut prête. «Bien, je vais donc commencer à tourner», annonça-t-elle, comme si c'était la décision la plus naturelle du monde. Prendre conscience que nous étions sur le point d'être enregistrés ne fit qu'augmenter la tension.

Ce premier contact, entre Snowden et moi, avait été maladroit, mais lorsque la caméra se mit à tourner, notre ton devint tout de suite plus formel et moins cordial. La posture se raidit, l'élocution se ralentit. Avec les années, j'avais eu maintes fois l'occasion d'intervenir sur la manière dont la surveillance modifie les comportements humains, en m'appuyant sur des études démontrant que les gens qui se savent observés sont plus limités dans leurs mouvements, moins libres, plus prudents dans leurs propos. Et en cet instant je pus voir à l'œuvre et moi-même ressentir une illustration très nette de ce processus.

Nos tentatives d'échanger quelques plaisanteries tombèrent tellement à plat que nous n'avions guère d'autre choix que de nous jeter à l'eau.

« J'ai beaucoup de questions à vous poser, je vais simplement commencer, en les abordant l'une après l'autre, et ensuite, si cela vous convient, nous pourrons avancer.

— Cela me convient », répondit-il, visiblement soulagé que j'entre dans le vif du sujet.

À ce stade, j'avais deux objectifs primordiaux. Comme nous savions tous qu'il courait à tout moment le risque de se faire arrêter, ma priorité la plus pressante était d'apprendre tout ce que je pourrais à son sujet : sa vie, sa carrière passée ou présente, ce qui l'avait conduit à effectuer ce choix peu ordinaire, ce qu'il avait spécifiquement dû faire pour sortir ces documents et pourquoi, et ce qui l'avait amené à Hong Kong. Ensuite, j'étais déterminé à comprendre s'il était sincère et pleinement disposé à s'exprimer ou s'il dissimulait certaines facettes importantes de son personnage et de ses actes.

J'avais beau être journaliste politique depuis presque huit ans, mon expérience la plus utile face à ce que j'allais essayer de faire ici était celle de ma précédente carrière d'avocat, notamment les dépositions de témoins que j'avais pu recueillir. Dans le cadre d'une déposition, l'avocat prend place à une table, face au témoin, pendant des heures, parfois des jours. Sa présence est requise par la loi, et il est tenu de répondre à chacune de nos questions en toute honnêteté. Pour aboutir à la vérité, il est essentiel de savoir mettre les mensonges à nu, de déceler les incohérences et de percer à jour les inventions qu'ont pu échafauder vos interlocuteurs, afin de faire émerger la vérité qui a été dissimulée. Recueillir de telles dépositions était l'un des rares aspects de la profession d'avocat qui me plaisaient vraiment et j'avais mis au point toutes sortes de tactiques pour faire craquer mes témoins. Cela comportait toujours un feu roulant de questions, souvent les mêmes répétées inlassablement, mais dans des contextes différents, dans des directions et sous des angles divers, afin de sonder la solidité de leurs arguments.

Changeant de rôle par rapport à nos dialogues en ligne où j'avais bien voulu rester passif et respectueux, ce furent donc les tactiques agressives auxquelles j'eus recours ce jour-là. Sans même une pause-pipi ou une pause-repas sur le pouce, je consacrai cinq heures d'affilée à l'interroger. Je commençai par sa petite enfance, ses souvenirs de l'école primaire, ses antécédents professionnels avant ses fonctions actuelles. J'exigeai de lui qu'il entre dans le moindre détail de ses souvenirs. J'appris ainsi qu'il était né en Caroline du Nord et qu'il avait grandi dans le Maryland, qu'il était le fils d'employés de l'administration fédérale, de purs produits de la classe moyenne (son père avait fait partie de la Coast Guard, pendant trente ans). Le lycée lui ayant paru inintéressant au possible, il n'avait jamais achevé ses études secondaires, s'intéressant bien plus à Internet qu'à ses cours.

Presque instantanément, je pus constater de visu ce que j'avais observé à partir de nos *chats* en ligne : c'était un être d'une grande intelligence, très rationnel, à la pensée méthodique. Ses réponses étaient nettes et précises, claires et pertinentes. Dans presque tous les cas, elles répondaient sans détour à la question, et elles étaient posées, réfléchies. Elles étaient exemptes de digressions fumeuses ou de récits invraisemblables, qui sont la marque de fabrique des individus émotionnellement instables ou qui souffrent de maux psychologiques. Sa stabilité et sa faculté de concentration inspiraient confiance.

Bien que l'on se fasse volontiers une impression des gens à partir d'échanges en ligne, on a toujours quand même besoin de les rencontrer en personne pour se forger une opinion fiable à leur sujet. La situation me parut tout de suite plus gérable, je surmontai mes doutes et ma désorientation des premiers instants quant à la personnalité de celui à qui nous avions affaire. Mais je restai encore extrêmement sceptique, car je savais que la crédibilité de ce que nous étions sur le point d'entreprendre dépendrait de la fiabilité des affirmations de Snowden sur qui il était.

On s'attarda plusieurs heures sur son parcours professionnel – et sur son évolution intellectuelle. Comme tant d'Américains, après les attaques du 11-Septembre, ses opinions politiques avaient profondément changé : il était devenu bien plus «patriote». En 2004, à vingt et un ans, il s'était engagé dans l'U.S. Army avec l'intention d'aller se battre en Irak, une guerre qu'il considérait à l'époque comme une noble entreprise de libération du peuple irakien face à l'oppression. Toutefois, au bout de quelques semaines seulement d'entraînement, il avait constaté qu'on parlait plus de tuer de l'Arabe que de libérer qui que ce soit. Il avait ensuite eu les deux jambes fracturées lors d'un accident à l'entraînement, ce qui l'avait contraint à quitter l'armée. À ce moment-là, sa désillusion quant à l'objet réel de cette guerre était profonde.

Mais il croyait encore en la bienveillance fondamentale du gouvernement des États-Unis et avait donc décidé de suivre l'exemple de nombreux membres de sa famille en intégrant une agence fédérale. Sans diplôme secondaire, il avait néanmoins réussi, au début de l'âge adulte, à se créer des opportunités, notamment en exerçant des travaux de technicien rémunérés 30 dollars de l'heure, avant même ses dix-huit ans, et il était devenu ingénieur système Microsoft certifié depuis 2002. Mais considérant sa carrière au sein de l'administration fédérale comme un parcours à la fois noble et prometteur au plan professionnel, il avait débuté comme vigile au Centre d'études avancées des langues de l'université du Maryland, des locaux gérés et utilisés en secret par la NSA. Son intention, disait-il, était d'obtenir une habilitation de sécurité ultrasecrète et de faire ainsi ses premiers pas vers des missions techniques.

Bien qu'ayant abandonné ses études secondaires, il avait développé un don naturel pour les technologies dès l'adolescence. Allant de pair avec une belle intelligence, et en dépit de son jeune âge et de son absence d'éducation formelle, ces atouts lui avaient permis de progresser rapidement dans sa carrière et, assez vite, il avait quitté son poste d'agent de sécurité pour devenir expert technique auprès de la CIA, en 2005.

Il m'expliqua que la communauté du renseignement dans son ensemble recherchait activement des employés compétents au plan technique. Elle s'était transformée en un système si vaste et si tentaculaire que trouver des individus capables de la gérer devenait difficile. Par conséquent, les agences en charge de la sécurité nationale durent se tourner, pour ces recrutements, vers des viviers de talents non conventionnels. Les personnes dotées de compétences informatiques suffisamment avancées étaient généralement jeunes, parfois d'origine étrangère et avaient souvent connu l'échec dans leur scolarité. Elles jugeaient la culture Internet bien plus stimulante que l'éducation traditionnelle et même que les relations directes avec les autres. Snowden devint un membre précieux de l'équipe IT de l'agence, nettement plus savant et efficace que la plupart de ses collègues diplômés. Il estimait avoir trouvé le bon environnement, où ses talents seraient considérés à leur juste valeur et où on ne lui tiendrait pas rigueur de son absence de références universitaires.

En 2006, il opéra sa transition de sous-traitant à employé à plein temps de la CIA, ce qui multiplia encore ses opportunités d'accès. En 2007, il fut informé d'une offre d'emploi à la CIA impliquant de travailler sur des systèmes informatiques, tout en étant stationné à l'étranger. Fort des recommandations élogieuses de ses supérieurs, il obtint le poste et finit par travailler pour la CIA en Suisse. Pendant trois ans, il resta en poste à Genève, jusqu'en 2010, où il fut affecté sous couvert de mission diplomatique.

Selon la description qu'il livre de son travail à Genève, il était bien plus qu'un simple «administrateur systèmes». Il était considéré comme le principal technicien et expert en cyber-sécurité de Suisse, et recevait ordre de se déplacer de région en région pour régler les problèmes que personne n'était capable de solutionner. Il avait été expressément choisi par la CIA pour assister le président Bush en 2008, lors d'un sommet de l'OTAN en Roumanie. Malgré sa réussite, ce fut durant cette période de mission au sein de la CIA que les agissements de son gouvernement commencèrent à sérieusement le perturber.

«En raison de l'accès à leurs systèmes informatiques dont les experts techniques disposent pour des besoins de maintenance, je voyais défiler pas mal d'informations secrètes, me confia-t-il, des choses souvent assez redoutables. J'ai fini par comprendre que les méthodes de mon gouvernement un peu partout dans le monde étaient très différentes de ce qu'on m'avait toujours appris. Cette prise de conscience vous conduit à réévaluer par la suite votre vision des choses, à davantage remettre certaines réalités en question.»

Il me raconta notamment une tentative d'officiers traitants de la CIA de recruter un banquier suisse pour qu'il leur fournisse des informations confidentielles. Ils voulaient être informés des transactions financières de ressortissants intéressant les États-Unis. Il nous expliqua que l'un de ces officiers traitants sous couverture s'était lié d'amitié avec le banquier, qu'un soir il l'avait saoulé et l'avait convaincu de le ramener chez lui. Comme de juste, le banquier s'était fait interpeller par la police, puis arrêter pour conduite en état d'ivresse, et la CIA lui avait proposé son aide à divers titres, pourvu qu'il coopère avec l'agence. Finalement, cette tentative de recrutement échoua. «Ils ont détruit la vie de leur cible, dans un but qui ne fut même jamais atteint, et ils l'ont planté là», s'indignait-il. Au-delà du stratagème proprement dit, il se disait très troublé d'avoir entendu l'agent se vanter des méthodes employées pour ferrer sa proie.

Son autre motif de contrariété tenait à ses efforts pour faire prendre conscience à ses supérieurs de problèmes de sécurité ou de systèmes informatiques qui selon lui contrevenaient aux principes de l'éthique. Ses efforts, soulignait-il, étaient constamment désamorcés.

« Ils me répondaient que ce n'était pas mon affaire, ou que je ne disposais pas d'assez d'informations pour émettre ce style de jugements. Au fond, on me signifiait de ne pas m'en soucier, expliqua-t-il. (Cela lui avait valu auprès de ses collègues la réputation de quelqu'un qui posait trop de questions, un travers qui ne le faisait guère apprécier de ses supérieurs.) C'est là que j'ai vraiment commencé à comprendre à quel point il est facile de dissocier le pouvoir de la responsabilité, et plus on gravit les échelons du pouvoir, moins il y a de contrôle et de responsabilité. »

Vers la fin 2009, désormais au comble de la désillusion, il en conclut qu'il était prêt à quitter la CIA. Et à ce stade, vers la fin de sa mission genevoise, il avait envisagé de devenir un lanceur d'alerte et de « fuiter » des secrets qui, croyait-il, révélaient quantité de méfaits.

« Pourquoi ne l'avez-vous pas fait à ce moment-là ? » m'étonnai-je.

À l'époque, il pensait ou du moins il espérait que l'élection de Barack Obama à la présidence entraînerait une réforme des pires abus qu'il avait constatés. Dès sa prise de fonctions, Obama promit de s'écarter des abus en matière de sécurité nationale que justifiait la guerre contre le terrorisme. Snowden espérait qu'on lisserait un minimum les aspects les plus brutaux du monde du renseignement et de l'armée.

« Mais ensuite il est devenu clair qu'Obama ne se contentait pas de perpétuer ces abus, mais que dans bien des cas il en élargissait le champ. Je me suis alors rendu compte que je ne pouvais attendre qu'un dirigeant règle ces questions. Exercer le pouvoir, cela consiste à agir le premier et à servir de modèle aux autres, pas à attendre qu'ils agissent à votre place. »

Il était aussi inquiet des dommages que susciteraient les révélations de ce qu'il avait appris à la CIA. « Quand vous organisez la divulgation de secrets de la CIA, vous risquez de porter préjudice à des gens, me confia-t-il, faisant là allusion à des agents et des informateurs sous couverture. Je n'avais aucune envie de ça. Mais quand vous fuitez des secrets de la NSA, vous ne portez préjudice qu'à des systèmes abusifs. J'étais bien plus à l'aise avec cette idée.»

Il retourna donc à la NSA, cette fois en travaillant pour Dell, qui était sous contrat avec l'agence. En 2010, il était en poste au Japon, où on lui avait accordé un degré d'accès bien plus important que précédemment aux secrets des dispositifs de surveillance.

«Ce que je constatais commençait à me déranger, continua Snowden. Je pouvais voir en temps réel des drones surveillant des gens dans le but éventuel de les tuer. Vous pouviez observer des villages entiers et ce que tout le monde y faisait. Je regardais la NSA suivre les activités des gens sur Internet pendant qu'ils tapaient sur leur clavier. J'ai pris conscience du degré d'intrusion des capacités de surveillance des États-Unis. Je me suis rendu compte de la véritable ampleur de ce système. Et personne ou presque n'était au courant de ce qui se tramait.»

La nécessité, *l'obligation* d'organiser la divulgation de ce à quoi il assistait lui paraissait de plus en plus pressante. «Plus je passais de temps à la NSA au Japon, plus je comprenais que je ne pouvais garder tout cela pour moi. En fait, j'estimais qu'il aurait été inadmissible d'aider à dissimuler tout cela à l'opinion publique.»

Plus tard, une fois son identité révélée, des journalistes tentèrent de le dépeindre comme une espèce de technicien informatique de bas niveau et un peu simplet qui serait tombé par hasard sur des informations classifiées. Mais la réalité était tout autre.

Pendant tout le temps qu'il travailla à la CIA et à la NSA, m'exposa-t-il, il avait progressivement été formé en vue de devenir un agent cybernéticien de haut niveau, un spécialiste qui pirate les systèmes militaires et civils d'autres pays pour dérober des informations et préparer des attaques virtuelles sans laisser de trace. Au Japon, cette formation s'intensifia. Il acquit de grandes compétences dans la plupart des méthodes sophistiquées de sauvegarde de données destinées à les protéger contre les agences de renseignement étrangères, et reçut une certification officielle de cyber-opérateur de haut niveau. Il fut en fin de compte choisi par l'École unifiée de formation au contre-renseignement, pour enseigner le cyber contre-renseignement dans le cadre d'un cursus de Contre-renseignement chinois.

Les méthodes de sécurité opérationnelle qu'il nous enjoignait de respecter étaient celles qu'il avait apprises et même aidé à concevoir à la CIA, et surtout à la NSA.

En juillet 2013, un article du *New York Times* confirmait ses propos, signalant, alors qu'il travaillait pour une entreprise sous contrat avec l'Agence de sécurité nationale, qu'il avait « appris à devenir un hacker » et s'était « transformé en l'espèce d'expert de la cybersécurité que la NSA cherche à tout prix à recruter ». La formation qu'il y reçut, indiquait le *NYT*, fut « déterminante dans son passage à une cyber-sécurité plus sophistiquée ». L'article ajoutait que les fichiers auxquels il avait accès montraient qu'il était « passé au versant offensif de l'espionnage électronique ou de la guerre cybernétique, dans le cadre desquels la NSA étudie les systèmes informatiques d'autres pays pour leur dérober des informations ou préparer des attaques virtuelles ».

En le questionnant, tout en m'efforçant de coller à la chronologie, sous le coup de l'impatience, je ne résistais souvent pas à l'envie de brûler les étapes. Je tenais tout particulièrement à aller au cœur de ce qui, à mes yeux, constituait le mystère le plus sidérant depuis que j'avais entamé le dialogue avec lui : ce qui l'avait poussé à ruiner sa carrière, à se transformer en criminel potentiel et à enfreindre les impératifs du secret et de la loyauté qu'on lui avait inculqués pendant des années.

Je posai cette même question de quantité de façons différentes et, de ce fait, il me répondit de nombreuses façons différentes, mais ses explications me paraissaient soit trop superficielles, soit trop abstraites ou trop dénuées de toute passion et de toute conviction. Il était très à l'aise quand il s'agissait d'évoquer les systèmes et la technologie de la NSA, mais manifestement moins quand il devenait lui-même le sujet de la conversation, en particulier quand il fallait répondre à la suggestion qu'il avait agi avec courage, en se lançant dans une action hors du commun, et que cela méritait une explication psychologique. Ses réponses semblaient plus abstraites que viscérales, et je les trouvai donc peu convaincantes. Le monde avait le droit de savoir ce qu'on infligeait au respect de la vie privée, insistait-il; il se sentait une obligation morale de prendre position contre ces exactions; en toute conscience, il ne pouvait taire la menace cachée pesant sur les valeurs auxquelles il accordait tant de prix.

Je pensais que ces valeurs politiques étaient pour lui bien réelles, mais je voulais savoir ce qui l'avait poussé à consentir le sacrifice de sa vie personnelle et de sa liberté pour les défendre, et je sentais bien que la réponse que je recevais n'était pas la vraie. Peut-être n'en avait-il pas d'autre, ou peut-être, comme beaucoup d'Américains, surtout quand ils sont immergés dans la culture de la sécurité nationale, répugnait-il à creuser trop profondément dans son psychisme, mais il fallait que je sache.

Indépendamment de tout le reste, je voulais être sûr qu'il ait fait son choix en en mesurant toutes les conséquences, en toute authenticité et en toute rationalité : je n'avais aucune envie de l'aider à prendre un aussi grand risque à moins d'être convaincu qu'il ne le fasse en pleine autonomie et en pleine maîtrise, avec une réelle lucidité d'intention.

Mais il finit par me fournir une réponse qui me parut à la fois authentique et incarnée. « La vraie mesure de la valeur d'un individu ne tient pas aux convictions qu'il met en avant, mais à ce qu'il est prêt à faire pour les défendre, me déclara-t-il. Si vous n'agissez pas selon vos convictions, c'est que ce n'en sont pas vraiment. »

Comment avait-il élaboré ce critère de mesure de sa propre valeur? D'où tirait-il cette conviction qu'il ne pourrait agir en toute morale que s'il acceptait de sacrifier ses propres intérêts au nom du bien commun?

« À partir de nombreux lieux différents, de quantité d'expériences. » Il avait grandi en lisant toutes sortes de textes de la mythologie grecque et il avait été influencé par *Le Héros aux mille et un visages* de Joseph Campbell, un auteur qui, remarquait-il, « sait déceler des traits communs dans des récits que nous connaissons tous ». Il avait tiré une leçon primordiale de la lecture de ce livre : « C'est nous qui insufflons du sens à la vie à travers nos actes et les histoires que nous créons avec elles. » Une personne n'est ce qu'elle est qu'à travers les actions qui la définissent. « Je n'ai pas envie d'être un individu qui a peur d'agir pour défendre ses principes. »

Ce thème, cette construction morale nécessaire pour évaluer sa propre identité et sa propre valeur, était l'un des cheminements intellectuels qu'il avait plusieurs fois empruntés, y compris, expliquait-il avec une nuance de gêne, dans les jeux vidéo. La leçon qu'il avait retenue de son immersion dans ces jeux, c'était qu'un seul individu, même le plus impuissant, peut affronter une grande injustice. « Le protagoniste est souvent un individu ordinaire, qui se retrouve confronté à de graves abus commis par des forces puissantes et qui a le choix de fuir sous l'effet de la peur ou de se battre pour ses convictions. Et l'histoire montre aussi que des êtres apparemment ordinaires, dès lors qu'ils sont suffisamment résolus par rapport à la justice, peuvent triompher des adversaires les plus redoutables. »

Il n'était pas le premier que j'entendais affirmer que les jeux vidéo avaient eu un rôle déterminant dans la genèse de sa vision du monde. Quelques années plus tôt, j'aurais pu me moquer, mais j'avais fini par accepter l'idée que, pour la génération de Snowden, ces jeux avaient un rôle non moins prégnant que la littérature, la télévision ou le cinéma dans la formation d'une conscience politique, du raisonnement moral et de la compréhension de la place que l'on occupait dans le monde. Ils présentent souvent eux aussi des dilemmes moraux complexes et poussent à la réflexion, surtout les gens qui commencent à remettre en cause ce qu'on leur a appris.

Très tôt, le raisonnement moral de Snowden – né, disait-il, d'une réflexion qui constituait « un modèle pour ce que nous voulons devenir, et pourquoi » – donna lieu à un profond travail d'introspection autour des obligations éthiques et des limites psychologiques. « Ce qui maintient une personne dans la passivité et l'obéissance, expliquait-il, c'est la crainte des répercussions, mais une fois que vous avez renoncé à votre attachement à des choses qui ne comptent guère – l'argent, la carrière, la sécurité –, rien ne vous empêche de surmonter cette peur. »

La valeur sans précédent d'Internet n'occupait pas une place moins centrale dans sa vision du monde. Comme chez beaucoup de jeunes de sa génération, « Internet » n'était pas un outil isolé réservé à des tâches individuelles. C'était l'univers dans lequel son esprit et sa personnalité avaient pu se développer, un lieu en soi qui offrait une liberté incomparable, des possibilités d'exploration, de compréhension et un potentiel de croissance intellectuelle.

Pour lui, les propriétés uniques d'Internet étaient d'une valeur incomparable, à préserver à tout prix. Adolescent, il s'était servi de la Toile pour explorer certaines idées et dialoguer avec des gens d'autres régions du monde et de milieux radicalement différents qu'il n'aurait jamais rencontrés autrement.

« Au fond, Internet m'a permis d'expérimenter la liberté et d'explorer pleinement mes facultés d'être humain. » Visiblement animé, et même passionné, quand il parlait de la valeur d'Internet, il ajoutait : « Pour beaucoup de gosses, Internet est un moyen de se réaliser. Il leur permet d'explorer ce qu'ils sont et ce qu'ils veulent être, mais cela ne peut fonctionner que si nous sommes en mesure de préserver notre vie privée et notre anonymat – et de commettre des erreurs sans être suivis à la trace. Je crains que ma génération n'ait été la dernière à jouir de cette liberté. »

Le rôle que cela put jouer dans sa décision me paraissait déjà plus clair.

«Je ne veux pas vivre dans un monde où nous n'aurions ni vie privée ni liberté, où l'apport unique d'Internet serait étouffé, où la valeur unique d'Internet serait étouffée», me confia-t-il. Il se sentait obligé de tout tenter pour empêcher que cela n'arrive ou plus précisément pour permettre aux autres de faire le choix d'agir ou non en œuvrant pour la défense de ces valeurs.

Dans cet ordre d'idées, il souligna sans relâche que son but n'était pas de détruire les capacités de la NSA d'attenter de la sorte à la vie privée. «Il n'est pas dans mon rôle de faire ce choix», admit-il. Au lieu de quoi, il voulait que les citoyens américains et les habitants du monde entier sachent ce qu'on faisait subir à leur vie privée, leur procurer cette information. «Je n'ai pas l'intention de détruire ces systèmes, insista-t-il encore, mais de permettre à l'opinion publique de décider si cela doit continuer ou non.»

Souvent, les lanceurs d'alerte comme Snowden sont trop facilement diabolisés, décrits comme des solitaires ou des perdants, agissant non par conscience, mais sous le coup de l'aliénation et de la frustration d'une vie ratée. Lui, il était à l'opposé : il avait une vie remplie de tout ce que les gens jugent si précieux. Sa décision de divulguer ces documents impliquait de renoncer à une compagne avec laquelle il vivait depuis longtemps et qu'il aimait, à une vie paradisiaque à Hawaii, au soutien d'une famille, à la stabilité d'une carrière, à un salaire confortable, à une vie remplie de toutes sortes de possibilités.

Après la fin de sa période NSA au Japon en 2011, il était retourné travailler pour Dell, cette fois en poste dans un bureau de la CIA du Maryland. Primes incluses, il était en passe cette année-là de gagner de l'ordre de 200 000 dollars annuels, en œuvrant auprès de Microsoft et d'autres groupes high-tech à la mise en place de systèmes sécurisés de stockage de documents et de données exploités par la CIA et d'autres agences. «L'état du monde s'aggravait, dit-il de cette période. À ce poste, j'étais aux premières loges pour constater que l'appareil d'État américain, en particulier la NSA, travaillait main dans la main avec le secteur privé des hautes technologies pour obtenir un accès complet aux communications des individus.»

Pendant les cinq heures d'interrogatoire ce jour-là – en fait, durant la totalité du temps passé à dialoguer avec lui à Hong Kong –, il conserva invariablement un ton stoïque, calme, neutre. Mais en m'expliquant ce qu'il avait découvert et qui l'avait finalement poussé à agir, il se montrait passionné, et même un peu survolté. «Je me suis rendu compte, me dit-il, qu'ils étaient en train de bâtir un système dont le but était l'élimination de toute vie privée, à l'échelle de la planète. Pour faire en sorte que personne ne puisse plus communiquer par voie électronique sans que la NSA soit en position de collecter, de stocker et d'analyser ces communications.»

Ce fut cette prise de conscience qui scella sa détermination à devenir un lanceur d'alerte. En 2012, Dell le transféra du Maryland à Hawaii. Il consacra une partie de l'année 2012 à télécharger les fichiers qu'il estimait devoir révéler au monde. Il avait récolté certains de ces documents non pour les destiner à la publication, mais dans le seul but de faire comprendre aux journalistes le contexte des systèmes sur lesquels ils menaient leurs enquêtes.

Début 2013, il se rendit compte que, s'il voulait présenter un tableau complet au monde, il lui fallait se procurer un autre ensemble de pièces, mais tant qu'il serait chez Dell, elles demeuraient inaccessibles. Elles ne le deviendraient que s'il décrochait un autre poste, où il aurait le statut officiel d'analyste infrastructure, lui permettant de pénétrer dans les dépôts des données brutes de surveillance de la NSA.

Ce fut avec cet objectif à l'esprit qu'il se porta candidat à un poste à Hawaii chez Booz Allen & Hamilton, l'une des plus grandes et des plus puissantes entreprises privées du secteur de la défense, pleine d'anciens responsables gouvernementaux. Pour décrocher ce travail, il accepta une baisse de salaire, car ses nouvelles fonctions lui permettraient de télécharger le dernier ensemble de fichiers qu'il jugeait nécessaire pour compléter le tableau de l'espionnage de la NSA. Surtout, il put récolter grâce à cet accès des informations relatives à la surveillance secrète par la NSA de la totalité de l'infrastructure des télécommunications sur le territoire des États-Unis.

À la mi-mai 2013, il demandait deux semaines de congé pour subir un traitement contre l'épilepsie, maladie qu'on lui avait diagnostiquée l'année précédente. Il boucla ses bagages, en emportant quatre ordinateurs portables vides de données, destinés à divers usages. Il n'avait pas précisé à sa petite amie où il allait; il n'y avait rien d'inhabituel à ce qu'il voyage pour son métier sans avoir la latitude de lui indiquer sa destination. Il voulait la tenir dans l'ignorance de ses projets, afin d'éviter de l'exposer au harcèlement étatique, une fois que son identité serait révélée.

De Hawaii, il était arrivé à Hong Kong le 20 mai, était descendu au Mira Hotel sous son vrai nom, et y était resté depuis lors.

Il séjourna à l'hôtel sans du tout se cacher, réglant avec sa carte de crédit car, m'expliqua-t-il, ses faits et gestes seraient passés au crible par le gouvernement américain, les médias et à peu près tout le monde. Il voulait empêcher qu'on le présente comme une espèce d'agent de l'étranger, ce qui serait plus facile s'il avait choisi au contraire de passer cette période en se cachant. Il s'était organisé, me dit-il, pour qu'on puisse retracer ses mouvements, établir qu'il n'y avait pas eu conspiration, et qu'il agissait seul. Pour les autorités de Hong Kong et de la Chine, il avait l'air d'un homme d'affaires ordinaire, et pas de quelqu'un qui évolue en marge. « Je ne prévois pas de dissimuler ce que je suis ou qui je suis, insistait-il, je n'ai donc aucune raison de me cacher et d'alimenter des théories du complot ou des campagnes de diabolisation. »

Je lui posai ensuite la question que j'avais en tête depuis notre premier contact en ligne : pourquoi avait-il choisi Hong Kong comme destination, une fois qu'il était prêt à révéler ces documents? Bien à sa manière, sa réponse démontrait que sa décision se fondait sur une analyse attentive.

Sa priorité, me dit-il, était d'assurer sa sécurité physique vis-à-vis de toute intervention américaine, pendant qu'il travaillait avec Laura et moi sur les documents. Si Washington découvrait son projet de divulguer ces pièces, les autorités essaieraient de l'en empêcher, en l'appréhendant ou pire encore. Quoique semi-indépendante, Hong Kong faisait partie du territoire chinois, raisonnait-il, et des agents américains auraient plus de mal à opérer contre lui que dans d'autres régions du monde où il avait envisagé de chercher un ultime refuge, de petites nations sud-américaines comme l'Équateur ou la Bolivie. Et quand Washington réclamerait son extradition, Hong Kong serait aussi plus désireuse et davantage capable de résister aux pressions américaines qu'une petite nation européenne comme l'Islande.

Même si porter ces documents à la connaissance du public avait été sa principale considération dans le choix de sa destination, ce ne fut pas la seule. Il voulait aussi se trouver à un endroit où les gens s'engageaient sur des valeurs politiques importantes à ses yeux. Comme il l'expliquait, le peuple de Hong Kong, quoique exposé en définitive au pouvoir répressif de Pékin, avait combattu pour préserver certaines libertés politiques fondamentales et entretenir un climat de dissidence plein de vitalité. Il soulignait que Hong Kong avait des dirigeants démocratiquement élus et que c'était aussi le lieu de grandes manifestations de rues, notamment la marche annuelle contre le massacre de la place Tiananmen.

Il y avait d'autres endroits où il aurait pu aller, lui offrant une protection encore plus forte contre d'éventuelles actions de Washington, notamment la Chine continentale. Et il y avait certainement des pays qui jouissaient de libertés politiques autrement plus grandes, parmi lesquels l'Islande ou d'autres petites nations européennes. Mais Hong Kong, estimait-il, fournissait le meilleur alliage de sécurité physique et de force politique.

Certes, sa décision comportait des inconvénients, et il en avait pleinement conscience, notamment les relations de cette île-cité avec la Chine continentale, qui fournirait à ses détracteurs un moyen commode de le diaboliser. Mais il n'existait pas de solution parfaite. «Tous les choix qui s'offrent à moi ne peuvent être que de mauvais choix», répétait-il souvent, et Hong Kong lui apportait bel et bien une dose de sécurité et une liberté de mouvement qu'il eût été difficile d'égaler ailleurs.

Ayant recueilli l'historique des faits, j'avais encore un objectif : m'assurer qu'il comprenne ce qui allait vraisemblablement advenir de lui dès que son identité aurait été révélée, celle de la source qui était derrière ces révélations.

Sous la présidence Obama, Washington avait mené ce que les observateurs, d'un bout à l'autre de l'échiquier politique, avaient appelé une guerre sans précédent contre les lanceurs d'alerte. Le président qui avait fait campagne sur la promesse d'instaurer «l'administration la plus transparente de l'histoire», en promettant même expressément de protéger ces lanceurs d'alerte dont il saluait la «noblesse» et le «courage», avait fait exactement le contraire.

L'administration Obama avait persécuté plus de fuiteurs au sein de son gouvernement que ce n'avait été le cas en application de l'Espionage Act de 1917 – sept au total, davantage que tous les gouvernements américains précédents *cumulés* : en fait, elle en avait poursuivi plus de deux fois plus que la totalité de ces administrations. L'Espionage Act avait été adopté durant la Première Guerre mondiale pour permettre à Woodrow Wilson de transformer en délit toute dissidence contre la guerre, et les sanctions étaient sévères : elles incluaient l'emprisonnement à perpétuité et même la peine de mort.

Il ne faisait aucun doute que tout le poids de l'appareil judiciaire s'abattrait sur Snowden. Le département de la Justice d'Obama le poursuivrait pour des crimes qui pourraient l'envoyer croupir toute sa vie en prison et il devait aussi s'attendre à être partout vilipendé comme un traître.

«Que pensez-vous qu'il vous arrivera, une fois que vous aurez révélé être cette source?» lui demandai-je.

Sa réplique immédiate me laissa clairement comprendre qu'il avait déjà très souvent réfléchi à cette question : «Ils prétendront que j'ai violé l'Espionage Act. Que j'ai commis des crimes graves. Que j'ai aidé les ennemis de l'Amérique. Que j'ai mis en danger la sécurité nationale. Je suis sûr qu'ils s'empareront des moindres incidents qu'ils découvriront en fouillant dans mon passé, en les grossissant ou même en en fabriquant certains, pour me diaboliser autant que possible.»

Il n'avait aucune envie d'aller en prison, précisait-il. «J'essaierai de m'éviter ça. Mais si ce doit être l'issue de toute cette affaire, et je suis sûr qu'il y a de très fortes chances pour que ce soit le cas, je me suis résolu depuis un certain temps à supporter tout ce qu'ils me feront. La seule chose qui me serait insupportable, ce serait de savoir que je n'ai rien fait.»

En cette première journée et lors de toutes celles qui suivirent, sa résolution et le calme avec lequel il envisageait ce qui pourrait lui arriver nous ont à la fois profondément surpris et affectés. Je ne le vis jamais afficher un soupçon de regret, de peur ou d'anxiété. Il nous expliqua sans ciller qu'il avait arrêté son choix, compris les conséquences possibles et qu'il était prêt à les accepter.

Cette décision semblait lui inspirer un grand sentiment de force. Lorsqu'il parlait de ce que le gouvernement américain risquait de lui infliger, il émanait de lui une extraordinaire grandeur d'âme. La vision de ce jeune homme de vingt-neuf ans réagissant de la sorte à la menace de dizaines d'années ou d'une vie entière d'emprisonnement dans un pénitencier d'ultra haute sécurité – une perspective qui, en tant que telle, pétrifierait n'importe qui – avait quelque chose de profondément exemplaire. Et son courage était contagieux : Laura et moi nous sommes mutuellement plusieurs fois juré, à nous-mêmes et à Snowden, qu'à compter de ce moment-là toutes nos actions et nos décisions devraient se montrer à la hauteur de ce choix. Je me sentais le devoir de rapporter cette affaire dans l'esprit initial de Snowden : une intrépidité enracinée dans la conviction de faire ce qu'on croit juste, et un refus de se laisser intimider ou décourager par des menaces dénuées de fondement émanant de responsables malveillants désireux de dissimuler leurs agissements.

Après cinq heures de questions, j'étais convaincu sans aucun doute possible que toutes ses affirmations étaient authentiques et ses motivations mûrement pesées et sincères. Avant que nous ne le quittions, il revint sur la question qu'il avait déjà soulevée à maintes reprises : il insistait pour se faire connaître comme étant la source de ces documents, et pour le faire publiquement dans le premier article que nous publierions. «Quiconque se lance dans une action d'une telle envergure a l'obligation d'expliquer le pourquoi de ses actes et ce qu'il espère accomplir», déclara-t-il. Et il ne voulait pas non plus aggraver le climat de peur que le gouvernement américain avait entretenu en camouflant ses actes.

En plus, il était persuadé que la NSA et le FBI repéreraient rapidement la source de ces fuites, dès la parution de nos premiers articles. Il n'avait pas entrepris toutes les démarches possibles pour couvrir ses traces, parce qu'il ne voulait pas que ses collègues soient soumis à des enquêtes ou à de fausses accusations. Il soulignait qu'en recourant au savoir-faire qu'il avait acquis et au vu de l'incroyable relâchement au sein des dispositifs de la NSA, il aurait pu complètement brouiller les pistes s'il l'avait souhaité, même en téléchargeant autant de documents ultrasecrets qu'il l'avait fait. Mais il avait préféré partir en laissant au moins quelques empreintes électroniques afin qu'on l'identifie, ce qui signifiait que rester caché n'était plus une option envisageable.

Je ne voulais pas aider le gouvernement américain à apprendre l'identité de la source en l'exposant au grand jour, mais Snowden me convainquit que cette révélation était inévitable.

Sa seule crainte était que cela ne détourne l'opinion du contenu de ses divulgations. «Je sais que les médias ramènent tout au plan personnel, et le gouvernement voudra braquer le projecteur sur moi, s'attaquer au porteur du message», prévoyait-il. Son plan consistait à s'identifier d'entrée de jeu, avant de disparaître du champ de vision pour que l'attention reste fixée sur la NSA et ses activités d'espionnage. «Une fois que je me serais identifié et expliqué, disait-il, je ne veux intervenir dans aucun média. Je ne veux pas être le sujet de cette histoire.»

Je lui expliquai qu'au lieu de révéler son identité dès la première série d'articles, il serait préférable d'attendre une semaine et de publier notre série initiale d'informations sans que rien vienne parasiter le propos. Notre idée était simple : pondre un article par jour, la version journalistique des campagnes militaires «choc et effroi» de l'U.S. Army, et en ouvrant le feu dès que possible. La révélation de l'identité de notre source en serait ensuite le point culminant. À la fin de notre entretien, en cette première journée, nous étions tous d'accord ; nous avions arrêté un plan de bataille.

Pendant le reste de mon séjour à Hong Kong, je rencontrai Snowden et m'entretins avec lui quotidiennement, et longuement. Je ne dormis jamais plus de deux heures par nuit, et encore, grâce à des somnifères. Je consacrai le reste du temps à écrire des articles fondés sur ses documents et, une fois leur publication entamée, à accorder des interviews pour en discuter.

Pour le choix des informations à divulguer, l'ordre dans lequel les présenter et la manière, il s'en remettait à Laura et moi. Mais le premier jour – et en de nombreuses autres occasions, tant avant cela que depuis –, il insista sur la nécessité impérieuse de vérifier avec soin tous les contenus. «J'ai sélectionné ces documents en me fondant sur ce qui est dans l'intérêt du public, nous déclara-t-il, mais je m'en remets à votre jugement de journaliste, pour ne publier que les documents que l'opinion doit découvrir et qui puissent être révélés sans causer de préjudice à des innocents.» Ce calcul reposait sur une raison au moins. Il savait que notre capacité à provoquer un vrai débat public dépendait d'un facteur : ne fournir au gouvernement américain aucun motif valable de prétendre que nous avions mis en danger des vies humaines en publiant ces documents.

Il insistait aussi sur un point : il était essentiel de publier ces documents sous un angle journalistique – autrement dit, de travailler au contact des médias et d'écrire des articles qui exposeraient le contexte dans lequel s'inscrivaient ces contenus, plutôt que de seulement les publier en vrac. Cette méthode, croyait-il, offrirait davantage de protection juridique et, plus important, permettrait à l'opinion publique d'intégrer ces révélations de façon plus ordonnée et plus rationnelle. «Si je voulais que ces documents soient juste mis sur Internet en bloc, j'aurais pu m'en occuper tout seul, rappelait-il. Je veux que vous fassiez en sorte que chacun de ces articles soit très construit, afin que les gens puissent comprendre ce qu'ils doivent apprendre.» Nous étions d'accord : ce cadre de travail régirait notre méthode de reportage.

En plusieurs occasions, il nous expliqua avoir d'emblée souhaité que Laura et moi soyons impliqués dans ces révélations parce qu'il savait que nous traiterions le sujet sur un ton offensif sans céder aux menaces étatiques. Il faisait fréquemment allusion au *New York Times* et à d'autres médias de premier plan qui avaient différé des articles importants à la demande du gouvernement. Mais s'il espérait que mes papiers seraient tranchés, il voulait aussi qu'un journaliste méticuleux s'assure que les faits soient inattaquables et que tous les articles aient été minutieusement validés. «Certaines des pièces que je vous communique ne sont pas destinées à la publication, mais à votre compréhension du mode de fonctionnement de ce système, pour que vous puissiez présenter l'information au mieux», ajouta-t-il.

À la fin de ma première journée complète à Hong Kong, je quittai la chambre de Snowden, je regagnai la mienne et je restai toute la nuit sans dormir pour écrire quatre articles, en espérant que le *Guardian* commencerait à les publier immédiatement. Il y avait urgence : il fallait qu'avec Snowden nous passions en revue le maximum de documents possible avant qu'il n'en soit empêché ou muselé.

Il y avait aussi un autre motif d'urgence. Dans le taxi vers l'aéroport JFK, à New York, Laura m'avait révélé pour la première fois qu'elle avait parlé à plusieurs journalistes de ces documents Snowden.

Il y avait parmi eux Barton Gellman, double lauréat du prix Pulitzer qui avait appartenu à la rédaction du *Washington Post* et travaillait maintenant pour le quotidien en qualité de journaliste indépendant. Laura avait eu du mal à convaincre les gens de faire le voyage à Hong Kong, mais Gellman s'intéressait depuis longtemps aux questions de surveillance, et cette affaire avait retenu son attention.

Sur les recommandations de Laura, Snowden avait accepté de lui transmettre «quelques documents», dans l'intention que le *Washington Post* et lui, avec son aide à elle, publient certaines révélations bien spécifiques.

Je respectais Gellman, mais pas le *Washington Post* qui, selon moi, constitue le ventre mou de la «Beltway», la machine médiatique qui gravite autour des cercles du pouvoir à Washington, et l'incarnation des pires travers des médias politiques américains : excessive proximité avec le gouvernement, trop de déférence envers les institutions en charge de la sécurité nationale, exclusion systématique des voix dissidentes. Le spécialiste médias du quotidien, Howard Kurtz, avait enquêté en 2004 sur la manière qu'avait eue le journal de systématiquement amplifier les voix favorables à la guerre lors des préparatifs d'invasion de l'Irak, tout en minimisant ou en excluant l'opposition. La couverture de presse proposée par le *Washington Post*, en avait-il conclu, était d'une «univocité frappante», en faveur de l'invasion. La page éditoriale du quotidien restait l'un des soutiens les plus véhéments et les plus bornés du militarisme, du secret et des activités de surveillance de l'Amérique.

Le *Washington Post* s'était vu ainsi proposer un scoop de premier ordre sans avoir dû lever le petit doigt pour l'obtenir et sans même avoir été d'abord choisi par notre source, mais l'avait accepté sur la recommandation de Laura. En fait, mon premier dialogue crypté de messagerie instantané avec lui était né de sa colère face à l'attitude du quotidien, qu'il jugeait inspirée par la peur.

L'une de mes rares critiques envers WikiLeaks, au cours de toutes ces années, était que ce collectif avait lui aussi transmis des scoops de premier plan aux mêmes grands médias institutionnels qui tentent justement le maximum pour protéger le gouvernement, ne faisant ainsi que renforcer leur position et leur importance. Des informations exclusives sur des documents ultrasecrets confèrent un statut privilégié au média qui les publie et de l'autorité au journaliste chargé de ces révélations. Il serait beaucoup plus logique de confier de tels scoops à des reporters et des médias indépendants, amplifiant ainsi leur influence, renforçant leur visibilité et maximisant leur impact.

Pis, je savais que le *Washington Post* respecterait scrupuleusement les règles protectrices non écrites régissant la manière dont les médias de l'establishment rendent compte des secrets gouvernementaux. Selon ces règles, qui permettent au pouvoir exécutif de contrôler les révélations et d'en minimiser ou même d'en neutraliser l'impact, la hiérarchie des rédactions commencera par soumettre ce qu'elle compte publier à l'aval de responsables situés au plus haut niveau de l'État. Les dirigeants de la sécurité nationale exposent ensuite à ces rédacteurs en chef ou à ces chefs de service en quoi ces révélations porteraient atteinte à la sécurité nationale. Une négociation interminable a lieu sur ce qui sera ou ne sera pas publié. Au mieux, cela entraîne des retards conséquents. Souvent, des informations manifestement dignes d'intérêt sont écartées. C'est ce qui a conduit le *Washington Post*, en 2005, à publier des articles sur les « sites noirs » de la CIA en dissimulant l'identité des pays où ces prisons étaient installées, contribuant ainsi à pérenniser l'existence illégale de ces sites de torture.

Ce même procédé avait poussé le *New York Times* à cacher pendant plus d'un an l'existence d'un programme d'écoutes sans mandat judiciaire, alors que ses journalistes, James Risen et Eric Lichtblau, étaient prêts à publier l'information dès la mi-2004. Le président Bush avait convoqué le directeur du journal, Arthur Sulzberger, et son rédacteur en chef, Bill Keller, dans le Bureau Ovale pour faire valoir, allégation grotesque, qu'en révélant que la NSA espionnait les Américains sans les mandats judiciaires requis par la loi, ils aideraient les terroristes. Le *New York Times* avait obéi à ces diktats et empêché la parution de l'article pendant quinze mois, jusqu'à la fin 2005 – après la réélection de Bush (favorisant ainsi sa candidature à un second mandat) –, tout en dissimulant à l'opinion qu'il écoutait les Américains sans mandat. Et encore, le quotidien avait fini par sortir ce papier sur la NSA seulement quand James Risen était sur le point de publier ses révélations dans son livre, parce que le journal n'avait pas envie de se laisser doubler par son propre journaliste.

Ensuite, il y a le ton employé par les médias de l'establishment pour aborder les méfaits du gouvernement. De par sa culture, la presse américaine impose aux journalistes d'éviter toute formulation claire ou tranchée, et incorpore des affirmations de source gouvernementale dans ses reportages, en les traitant avec respect, même les plus futiles. Ils préfèrent recourir à ce que le propre chroniqueur médias du *Post*, Erik Wemple, tourne en ridicule en l'appelant *l'extrémisme du juste milieu* : ne jamais rien dire de définitif mais au contraire accorder un crédit équivalent à la ligne de défense du gouvernement américain et à la réalité des faits, le tout ayant pour effet de diluer toutes révélations en les présentant comme un embrouillamini confus, incohérent et souvent dénué d'importance. Surtout, ils accordent invariablement un grand poids aux affirmations officielles, même celles qui sont manifestement fausses ou trompeuses.

C'était ce journalisme obséquieux, gouverné par la peur, qui avait conduit le *NYT*, le *Washington Post* et quantité d'autres titres à refuser d'employer le mot «torture» dans leurs reportages sur les techniques d'interrogatoire de la présidence Bush, alors qu'ils l'employaient volontiers pour décrire des tactiques exactement identiques appliquées par d'autres gouvernements dans le monde. Ce fut aussi ce qui entraîna le fiasco des médias, qui recyclèrent les affirmations infondées du gouvernement sur Saddam Hussein et l'Irak – au lieu d'enquêter dessus – pour vendre au public américain une guerre montée de toutes pièces.

Une autre règle non écrite conçue pour protéger le gouvernement veut que les médias ne publient que quelques documents secrets de ce type, avant d'abandonner le sujet. Ils reprennent un élément d'archives comme ceux de Snowden, afin d'en limiter l'impact – publient une série de papiers, se délectent des marques d'approbation dont on les abreuve pour ce «grand scoop», récoltent des prix de journalisme, puis ils passent à autre chose, forts de l'assurance que rien n'a réellement changé. Snowden, Laura et moi devions publier sur un rythme offensif – un article s'enchaînant après l'autre –, et ne plus nous arrêter tant que ces questions d'intérêt public n'auraient pas été traitées, et ce quelle que soit la colère qu'elles susciteraient ou les menaces qu'elles feraient naître.

Dès notre première conversation, Snowden avait clairement exposé les motifs logiques de sa méfiance envers les médias eu égard aux informations qu'il comptait divulguer, en se référant à plusieurs reprises à la manière dont le *New York Times* avait dissimulé les écoutes de la NSA. Il avait fini par croire que la dissimulation de cette information par le quotidien avait fort bien pu changer l'issue de l'élection de 2004. «Cacher cette affaire a changé le cours de l'histoire», disait-il.

Il était déterminé à révéler l'ampleur des opérations d'espionnage de l'agence, que prouvaient ces documents, afin de pousser à un débat public approfondi qui ait de réelles conséquences, au lieu de réussir un scoop isolé qui ne produirait rien d'autre qu'un concert de louanges pour les journalistes concernés. Cela requerrait de publier ces révélations avec courage, de traiter par le mépris les piètres justifications invoquées par Washington, de s'en tenir à une défense inébranlable de la noblesse des actions de Snowden et à une condamnation sans ambiguïté de la NSA – exactement ce que le *Washington Post* interdisait à ses journalistes de faire quand il traitait du pouvoir américain. Je savais que le *Post* n'aurait de cesse de diluer l'impact de ces révélations. Que ce quotidien ait ainsi reçu une liasse des documents de Snowden semblait aller complètement à l'encontre de ce que nous tentions d'accomplir.

Comme d'habitude, Laura avait des raisons convaincantes motivant sa décision de convier le *Post*. Tout d'abord, elle pensait qu'il serait bénéfique d'impliquer les cercles officiels de Washington dans ces révélations afin de compliquer toute attaque ou même toute tentative de criminalisation. Si le quotidien préféré de Washington rendait ces fuites publiques, le gouvernement américain aurait plus de mal à diaboliser les protagonistes concernés.

Qui plus est, comme elle le soulignait avec justesse, pendant un laps de temps assez long, Snowden n'avait été en mesure de communiquer ni avec elle ni avec moi, en raison de mon incapacité à manier les outils de cryptage. En conséquence, c'était elle qui avait supporté tout le poids initial de la réception et du traitement de milliers de documents ultraconfidentiels de la NSA émanant de notre source. Elle avait éprouvé le besoin de trouver quelqu'un à qui elle puisse confier ces pièces secrètes et de travailler au contact d'une entité qui lui procurerait un minimum de protection. Et elle ne voulait pas faire le voyage jusqu'à Hong Kong seule. Comme au début elle ne pouvait m'en parler, et comme la source estimait que quelqu'un d'autre devait l'aider à travailler sur l'article PRISM, elle en avait conclu qu'il serait logique de faire appel à Gellman.

Je comprenais, mais je n'ai jamais été d'accord avec la logique qui l'avait conduite à s'adresser au *Post*. L'idée que nous ayons besoin d'impliquer le Washington officiel dans cette affaire était pour moi très précisément le genre de démarche inspirée par un respect frileux des règles non écrites que je voulais éviter. Nous étions des journalistes, ni plus ni moins que n'importe lequel de nos confrères du *Washington Post*, et leur fournir des documents pour nous protéger équivaudrait à soutenir les principes que nous devions chercher à subvertir. Bien que Gellman ait fini, sur la base de ces pièces, par publier une série d'articles aussi excellents qu'importants, Snowden lui-même, lors de nos conversations initiales, avait commencé par regretter l'intervention du *Post*, alors que c'était lui qui, en fin de compte, avait décidé de retenir la recommandation de Laura de faire aussi appel à ce journal.

Snowden était contrarié par ce qu'il percevait comme les atermoiements du *Post*, par l'imprudence d'impliquer tant de gens discutant de ses actions et initiatives par des moyens non sécurisés et, surtout, par la peur que le journal avait manifestée en réunissant constamment ses avocats, lesquels émettaient toutes sortes d'avertissements alarmistes et d'exigences d'une incroyable pesanteur. Il était particulièrement furieux que Gellman, sur ordre des avocats et rédacteurs en chef du *Post*, ait finalement refusé d'effectuer le voyage jusqu'à Hong Kong pour le rencontrer et consulter les documents.

Il s'était avéré, du moins d'après ce que Snowden et Laura en avaient perçu, que les conseillers juridiques du *Washington Post* avaient déconseillé à Gellman de se rendre à Hong Kong. Ils déconseillèrent aussi à Laura d'y aller et retirèrent leur offre de couvrir ses frais de déplacement. Cela se fondait sur une théorie absurde, pur produit de leurs frayeurs : toute discussion au sujet d'informations ultrasecrètes se déroulant en Chine, un État pratiquant aussi une surveillance omniprésente, risquait d'être écoutée par les services de Pékin. À son tour, le gouvernement américain pourrait alors considérer que l'on avait imprudemment transmis des secrets à la Chine, ce qui engagerait la responsabilité pénale du journal et de Gellman, en vertu des lois punissant l'espionnage.

Sans se départir de sa réserve et de son stoïcisme, Snowden était ulcéré. Il avait mis sa vie sens dessus dessous et tout compromis pour révéler ce qu'il savait. Il ne bénéficiait quasiment d'aucune protection et, pourtant, cet organe médiatique gigantesque disposant d'une vaste clavier de soutiens juridiques et institutionnels refusait de courir le risque d'envoyer un journaliste à Hong Kong pour le rencontrer. « Je suis prêt à leur remettre cette information énorme en courant des risques personnels importants, protestait-il, et ils ne veulent pas mettre un journaliste dans un avion. » De la part de notre « presse si jalousement indépendante », c'était exactement le genre d'obéissance timorée que je m'employai à condamner depuis des années.

Cependant, la décision de remettre certains de ces documents au *Washington Post* était prise; on ne pouvait rien y changer. Mais cette deuxième nuit à Hong Kong, après avoir rencontré Snowden, je décidai que ce ne serait pas au *Washington Post*, avec sa posture confuse et pro-gouvernementale, ses craintes et son extrémisme du juste milieu, que reviendrait de façonner la conception que se feraient les générations futures des agissements de la NSA et de la démarche de ce jeune dissident. Celui qui serait le premier à révéler cette affaire jouerait un rôle prédominant dans la manière dont elle serait débattue et cadrée, et j'étais bien déterminé à ce que ce soit moi, avec le *Guardian*. Pour que cet article ait l'impact voulu, il faudrait enfreindre les règles non écrites du journalisme – conçues pour amoindrir l'impact des révélations et protéger le gouvernement américain –, et non y obéir. Le *Post* serait obéissant; moi, non.

Aussi, ayant regagné ma chambre d'hôtel, j'achevai de travailler sur quatre articles distincts. Le premier concernait l'ordre secret de la cour FISA faisant obligation à Verizon, l'un des plus grands opérateurs téléphoniques des États-Unis, de remettre à la NSA la totalité des relevés de l'ensemble de ses clients américains. Le deuxième couvrait l'historique des programmes d'écoutes illégales, opérées sans mandat judiciaire, de l'administration Bush, fondé sur un rapport interne ultraconfidentiel rédigé en 2009 par l'inspecteur général de la NSA. Le troisième étudiait en détail le programme «BOUNDLESS INFORMANT» que j'avais lu pendant le vol, et le dernier exposait le programme PRISM, dont j'avais appris l'existence chez moi, au Brésil. C'était ce dernier article qui me paraissait le plus urgent : il s'agissait du document à la révélation duquel travaillait le *Washington Post*.

Pour agir vite, nous avions besoin d'obtenir l'accord du *Guardian* et que le quotidien publie sans tarder. À l'approche du soir, à Hong Kong – le début de la matinée à New York –, j'attendais impatiemment que les rédacteurs en chef du *Guardian* se réveillent, et dès que ce fut l'heure, je me mis à vérifier toutes les cinq minutes pour voir si Janine Gibson avait ouvert sa session de *chat* sur Google, notre canal normal de communication. Dès que je vis que c'était le cas, je lui envoyai immédiatement un message : « Il faut qu'on se parle. »

À ce stade, nous savions que nous parler au téléphone ou par la messagerie directe de Google était exclu. Ces deux canaux étaient bien trop peu sécurisés. J'ignore pourquoi, mais nous n'avons pu nous connecter par OTR, l'application de *chat* cryptée que nous utilisions, et Janine suggéra d'essayer Cryptocat, un programme de cryptage tout récent conçu pour empêcher la surveillance étatique, qui devint notre principal moyen de communication pendant mon séjour à Hong Kong.

Je lui parlai de ma rencontre du jour avec Snowden, me disant convaincu de sa sincérité et de l'authenticité des documents qu'il nous fournissait. Je lui précisai que j'avais déjà écrit un certain nombre de papiers. Janine était particulièrement emballée par le sujet sur Verizon.

« Super, fis-je. Ce papier-là est prêt. S'il y a des modifications mineures, allons-y. (J'insistai auprès d'elle sur l'urgence de publier rapidement.) Sortons-le tout de suite. »

Mais il y avait un écueil. Les rédacteurs en chef du *Guardian* avaient consulté les avocats du journal et ils en avaient reçu des avertissements alarmants. Elle me fit part de ce que les avocats lui avaient conseillé : publier des informations classifiées pouvait être présenté comme un délit pénal par le gouvernement américain (un argument pourtant douteux), en violation de l'Espionage Act, et cela s'appliquait même aux journaux. Le danger était particulièrement aigu pour des documents relatifs au renseignement sur les transmissions. Dans le passé, le pouvoir fédéral américain s'était abstenu de poursuivre les médias mais seulement tant que ceux-ci observaient les règles non écrites accordant un droit de regard aux responsables gouvernementaux avant parution et l'opportunité d'intervenir si cette publication devait porter atteinte à la sécurité nationale des États-Unis. Ce processus de concertation avec le gouvernement, argumentaient les juristes du *Guardian*, est ce qui permet aux journaux de démontrer qu'ils n'ont aucune intention de nuire à la sécurité nationale en publiant des documents ultraconfidentiels, et d'échapper ainsi à l'accusation d'intention criminelle requise avant d'éventuelles poursuites judiciaires.

Il n'y avait encore jamais eu de fuites de documents émanant de la NSA, et surtout pas de cette ampleur et à ce niveau de sensibilité. Les avocats estimaient qu'il y avait potentiellement un risque pénal – non seulement pour Snowden, mais, étant donné le passé de l'administration Obama en la matière, pour le journal également. Quelques semaines avant mon arrivée à Hong Kong, on avait révélé que le département de la Justice avait obtenu d'un tribunal une décision lui permettant de lire les e-mails et de consulter les relevés téléphoniques des journalistes et des rédacteurs en chef de l'agence Associated Press, pour identifier leurs sources liées à un article donné.

Presque aussitôt après, une nouvelle enquête révélait une attaque encore plus extrême contre le processus de collecte d'informations : le département de la Justice avait déposé devant un tribunal une déclaration écrite sous serment accusant James Rosen, le chef du bureau de Washington de la chaîne Fox News, d'être «complice» des crimes prétendus de son informateur, au motif que le journaliste, en travaillant étroitement à l'obtention de ces éléments, avait «aidé et encouragé» la divulgation par cette source d'informations classifiées.

Des journalistes avaient relevé que, depuis plusieurs années, l'administration Obama avait lancé des attaques sans précédent contre les méthodes de collecte d'informations de la presse. Mais l'épisode Rosen constituait une intensification très nette de ces attaques. Qualifier de délit pénal la coopération avec une source qualifiée d'«aide et d'encouragement», c'est transformer en crime le journalisme d'investigation proprement dit : aucun journaliste n'obtient d'informations secrètes sans travailler au contact de sa source pour se les procurer. Ce climat avait rendu tous les avocats des médias, et notamment ceux du *Guardian*, ultraprudents et même craintifs.

«Ils affirment que le FBI pourrait fermer nos bureaux et emporter nos dossiers», me soutint Janine Gibson.

Je trouvai cela ridicule : l'idée même que le gouvernement américain ferme un quotidien de premier plan comme le *Guardian US* et perquisitionne ses locaux constituait le genre de mise en garde trahissant justement cette inquiétude exagérée qui, tout au long de ma carrière juridique, m'avait appris à vouer une sainte horreur aux avertissements aussi excessifs qu'inutiles des juristes. Mais je savais que Janine Gibson ne voulait pas – et ne pouvait pas – se contenter de balayer ces préoccupations d'un revers de main.

«En ce qui nous concerne, qu'est-ce que cela signifie? lui demandai-je. Quand pouvons-nous publier?

— Je ne sais vraiment pas, Glenn, m'avoua-t-elle. Nous devons d'abord tirer tout cela au clair. Nous revoyons les avocats demain et nous en saurons plus à ce moment-là.»

J'étais vraiment inquiet. Je n'avais aucune idée de ce que serait la réaction des responsables du *Guardian*. Fort de mon indépendance au *Guardian* et du fait que j'avais écrit quelques articles assortis d'une consultation éditoriale, et certainement rien d'aussi sensible que tout ceci, cela signifiait que je devais tenir compte de facteurs inconnus. En fait, l'article entier revêtait un caractère unique, inédit : il était impossible de prédire les réactions parce qu'il n'était encore jamais rien arrivé de comparable. Mes rédacteurs en chef se laisseraient-ils effaroucher et intimider par les menaces américaines? Choisiraient-ils de passer des semaines en négociations avec le gouvernement des États-Unis? Préféreraient-ils laisser le *Washington Post* prendre les devants, de manière à mieux se couvrir?

J'étais impatient de publier l'article Verizon au plus vite : nous avions le document FISA, manifestement authentique. Il n'y avait aucune raison de dénier ne serait-ce qu'une minute de plus aux Américains le droit de savoir quel traitement le gouvernement réservait à leur vie privée. L'obligation face à Snowden n'était pas moins impérieuse. Il avait fait ce choix dans un esprit de courage, de passion et de fermeté. J'étais déterminé à ce que mon reportage soit dans le même esprit et rende justice au sacrifice consenti par notre source. Seul un journalisme audacieux pourrait insuffler à cet article la force nécessaire pour surmonter le climat de peur que le gouvernement avait instauré chez les journalistes et leurs sources. Les mises en garde paranoïaques des juristes et l'hésitation du *Guardian* représentaient l'antithèse d'une telle audace.

Ce soir-là, j'appelai David et lui avouai mon inquiétude croissante à propos du *Guardian*. Avec Laura, on discuta aussi de mes craintes. On accorda au journal jusqu'au lendemain pour publier le premier article, faute de quoi nous explorerions d'autres options.

Quelques heures plus tard, Ewen MacAskill entrait dans ma chambre et je lui fis part de mes craintes au sujet de ces retards. «Il ne faut pas t'inquiéter, me dit-il à propos du *Guardian*. Ils sont très pugnaces.» Alan Rusbridger, le rédacteur en chef, qui occupait ce poste depuis longtemps, était «très engagé» dans cette affaire, m'assura Ewen, et «désireux de publier».

Je considérais encore Ewen comme un simple employé dévoué, mais j'étais un peu mieux disposé envers lui, au vu de sa volonté de publier, et vite. Après son départ, je parlai à Snowden de MacAskill, que j'avais surnommé le «baby-sitter» du *Guardian*, et je lui dis que je voulais le revoir le lendemain. Je lui expliquai que faire une place à Ewen constituait une étape importante si l'on voulait inciter les rédacteurs en chef du *Guardian* à publier. «Pas de problème, me répondit-il. Considère-le comme un ange gardien, c'est pour ça qu'ils te l'ont envoyé.»

Leur rencontre allait être importante. Le lendemain matin, Ewen fit avec nous le trajet jusqu'à l'hôtel et passa grosso modo deux heures à questionner Snowden, en couvrant plus ou moins les mêmes sujets que moi la veille. «Comment puis-je avoir la certitude que vous êtes celui que vous prétendez être? lui demanda-t-il finalement. Avez-vous des preuves de qui vous êtes?» Snowden sortit une liasse de documents de sa valise : son passeport diplomatique désormais périmé, une ancienne carte d'identification de la CIA, un permis de conduire et d'autres pièces d'identité émises par l'administration américaine.

On repartit de la chambre d'hôtel ensemble. « Je suis complètement convaincu qu'il est fiable, me glissa Ewen. Je n'ai aucun doute. » Selon lui, il n'y avait plus aucune raison d'attendre. « Dès que nous serons de retour à l'hôtel, je vais appeler Alan et lui dire qu'il faut commencer à publier tout de suite. »

À partir de là, Ewen MacAskill s'intégra pleinement à notre équipe. Laura et Snowden s'étaient tous deux sentis immédiatement à l'aise avec lui, et je dus avouer que j'éprouvais le même sentiment. Nous avions compris que nos soupçons étaient entièrement infondés : sous des dehors placides et bien élevés se profilait un journaliste courageux et désireux de mener cette enquête à bien exactement dans l'esprit que nous jugions tous indispensable. Ewen, du moins dans la conception qu'il se faisait de son rôle, n'était pas là pour nous imposer des contraintes institutionnelles, mais pour nous en rappeler l'existence et parfois nous aider à les surmonter. En fait, durant notre séjour à Hong Kong, c'était souvent lui qui exprimait le point de vue le plus radical, plaidant en faveur de révélations dans lesquelles même Laura ou moi – ou d'ailleurs Snowden – n'étions pas sûrs qu'il faille déjà se lancer. Je réalisai rapidement que son plaidoyer à l'intérieur du *Guardian* en faveur d'un journalisme offensif serait vital pour nous assurer le soutien plein et entier de Londres.

Dès que le matin se levait dans la capitale britannique, MacAskill et moi appelions Alan ensemble. Je voulais leur manifester aussi clairement que possible que j'attendais – que j'exigeais même – que le *Guardian* entame la publication dès aujourd'hui, et me faire une idée claire de la position du journal. À ce stade – je n'en étais qu'à ma deuxième journée complète à Hong Kong –, j'avais intérieurement pris l'engagement de proposer cet article ailleurs si je percevais encore une hésitation un tant soit peu marquée de ma hiérarchie.

Je ne mâchai pas mes mots. «Je suis prêt à publier cet article Verizon et je ne comprends pas du tout pourquoi nous ne le faisons pas paraître tout de suite, dis-je à Alan. À quoi rime ce retard?»

Il me garantit qu'il n'y avait pas de retard. «Je suis d'accord. Nous sommes prêts à le publier. Janine doit avoir une dernière réunion avec les avocats cet après-midi. Et après ça, nous le publierons, j'en suis sûr.»

J'évoquai l'implication du *Washington Post* dans l'enquête sur PRISM, ce qui ne faisait qu'alimenter en moi un sentiment d'urgence. Ensuite, Alan me surprit : il ne voulait pas seulement être le premier à publier des papiers sur la NSA en général, mais il tenait aussi tout particulièrement à être le premier à sortir l'affaire PRISM, visiblement désireux de devancer le *Post*. «Nous n'avons aucune raison de reporter.

— Dans ce cas, c'est parfait.»

À Londres, il était quatre heures plus tôt qu'à New York, donc il faudrait un peu de temps avant que Janine n'arrive au bureau, et un peu plus encore avant qu'elle n'entre en réunion avec les avocats. Fort de l'assurance que Rusbridger ferait preuve de toute la ténacité nécessaire, je passai donc ma soirée à Hong Kong à finaliser notre article PRISM avec Ewen.

On le termina ce jour même en recourant au cryptage pour l'envoyer par mail à Janine et Stuart Millar à New York. Nous détenions maintenant deux scoops de gros calibre prêts à être publiés : Verizon et PRISM. Ma patience s'amenuisait de minute en minute.

Janine entama sa réunion avec les avocats à 15 heures, heure de New York – 3 heures du matin à Hong Kong –, et leurs palabres durèrent plus de cent vingt longues minutes. Je ne me couchai pas, j'attendais d'en connaître l'issue. Lorsque je lui reparlerais, j'avais envie d'entendre une chose et une seule : que nous mettions immédiatement l'article Verizon sous presse.

Ce n'est pas ce qui se passa, loin de là. Il y avait encore des questions d'ordre juridique «considérables» à régler, m'expliqua-t-elle. Une fois qu'elles seraient résolues, me promit-elle, le *Guardian* devait avertir les responsables gouvernementaux de nos projets afin de leur donner l'opportunité de nous convaincre de ne pas publier – une procédure qui me répugnait et que j'avais depuis longtemps condamnée. J'acceptai l'idée que le *Guardian* doive laisser au gouvernement la latitude de plaider contre cette publication, pour peu que ce processus ne se transforme pas en moyen détourné de retarder l'article pendant des semaines ou d'en affaiblir l'impact.

« Il me semble que nous sommes à plusieurs jours ou même à plusieurs semaines de publier – et pas à quelques heures, répliquai-je à Janine, en m'efforçant de condenser toute mon irritation et mon impatience dans un simple *chat* en ligne. Permets-moi de te redire que j'effectuerai toutes les démarches nécessaires pour m'assurer que ces articles paraissent, et sans délai. » La menace était implicite, mais sans ambiguïté : si je ne réussis pas à faire mettre ces papiers sous presse par le *Guardian* tout de suite, j'irai les soumettre ailleurs.

« Tu t'es déjà très clairement exprimé à ce sujet », me rétorqua-t-elle sèchement.

C'était maintenant la fin de la journée à New York, et je savais qu'il ne se passerait rien avant le lendemain au plus tôt. J'étais très contrarié et, à ce stade, très inquiet. Le *Post* travaillait à son article sur PRISM, et Laura, dont la signature figurerait en tête de ce papier, avait appris par Gellman qu'ils prévoyaient de publier dimanche, soit dans cinq jours.

Discutant de la question avec David et Laura, je compris que je n'avais plus envie d'attendre le *Guardian*. On tomba tous trois d'accord pour que je me mette à explorer d'autres solutions – un plan de secours, dans l'éventualité d'autres reports. Des coups de téléphone à *Salon*, qui m'avait accueilli dans ses pages depuis des années, ainsi qu'à *The Nation*, portèrent vite leurs fruits. En l'espace de quelques heures, ces deux titres me répondirent qu'ils seraient heureux de publier les articles sur la NSA immédiatement, et me proposèrent tout le soutien dont j'aurais besoin, avec des avocats prêts à valider ces papiers sans délai.

Savoir que deux titres bien établis étaient prêts et qu'ils étaient même impatients de publier les articles sur la NSA était encourageant. Mais au terme de nos conversations avec David, une autre solution nous parut encore plus forte : tout simplement créer notre propre site Internet, intitulé NSA-disclosures.com, et commencer à publier par l'intermédiaire de ce support, sans qu'il soit nécessaire de s'adresser à des médias existants. Après avoir fait publiquement savoir que nous possédions cette énorme manne de documents secrets relatifs à l'espionnage de la NSA, nous recruterions facilement des rédacteurs, des juristes, des documentalistes bénévoles et des soutiens financiers : une équipe entière sans aucune autre motivation que la passion de la transparence et d'un vrai journalisme contradictoire, attaché à informer sur ce que nous savions être l'une des fuites les plus importantes de l'histoire américaine.

Dès le début, je considérai que ces pièces nous offraient une opportunité de braquer le projecteur non seulement sur l'espionnage de la NSA, mais aussi sur les tendances corruptrices à l'œuvre dans l'establishment journalistique. L'idée de publier l'une des enquêtes les plus importantes depuis des années à travers un nouveau type de journalisme d'investigation indépendant, distinct de tous les grands organes de presse, me séduisait énormément. Ce serait une manière audacieuse de souligner que la garantie d'une presse libre, en application du premier amendement de la Constitution des États-Unis protégeant la liberté d'expression, et la capacité de pratiquer ce métier avec le plus grand sérieux ne dépendaient pas de l'affiliation à de grands médias. Cette assurance d'une presse libre ne fait pas que protéger les journalistes des grands groupes de médias, mais toute personne qui se lance dans le journalisme, qu'elle soit ou non employée d'une de ces entreprises. Et le courage que traduit une telle démarche – *nous allions publier des milliers de documents ultrasecrets de la NSA sans la protection d'un grand groupe de médias* – en inciterait d'autres et contribuerait à faire voler en éclats le climat de peur actuel.

Ce soir-là, de nouveau, je dormis à peine. Je passai les premières heures de la matinée à Hong Kong à appeler des gens à qui je me fiais : amis, avocats, journalistes, des individus avec qui j'avais travaillé en relation étroite. Ils me donnèrent tous le même conseil, qui ne me surprit pas réellement : se lancer là-dedans tout seul, sans une structure média, était trop risqué. J'avais envie d'entendre des arguments susceptibles de me dissuader d'agir indépendamment, et ils m'en fournirent quantité de valables.

En fin de matinée, après avoir entendu toutes leurs mises en garde, je rappelai David tout en discutant en ligne avec Laura. Il se montra particulièrement catégorique : s'adresser à *Salon* ou à *The Nation* serait faire preuve d'un excès de prudence alimenté par la peur – «un pas en arrière», ainsi qu'il le qualifia – et si le *Guardian* tardait encore, ma décision de seulement publier ces articles dans le cadre d'un site nouvellement créé traduirait la hardiesse dont s'inspirait le journalisme que nous voulions pratiquer. Il était aussi convaincu que cela servirait d'exemple à d'autres, un peu partout dans le monde. Quoique initialement sceptique, Laura était persuadée que prendre une initiative aussi audacieuse et créer un réseau mondial d'individus poussant la NSA à la transparence déclencheraient une vague de réactions passionnelles aussi massive que puissante.

Et donc, alors qu'à Hong Kong on se rapprochait de l'après-midi, d'un commun accord, on décida que si d'ici la fin de la journée – qui n'avait pas encore débuté sur la côte est des États-Unis –, le *Guardian* ne s'engageait pas à publier, j'irais immédiatement mettre l'article Verizon en ligne sur notre site tout récemment créé. J'avais beau mesurer les risques, j'étais incroyablement excité par notre décision. Je savais aussi que le fait d'avoir mis en place ce plan de rechange renforcerait ma position dans mes discussions du jour avec le *Guardian*. J'estimais ne pas avoir besoin de rester lié à eux pour publier ces enquêtes, et s'affranchir de certaines attaches est toujours gratifiant.

Dans l'après-midi, j'évoquai notre plan à Snowden. «Risqué! Mais audacieux, m'écrivit-il. Ça me plaît.»

Je réussis à m'accorder deux heures de sommeil et je me réveillai en milieu d'après-midi, à Hong Kong, confronté à l'idée d'avoir plusieurs heures à patienter avant que le matin ne se lève, en ce mercredi, à New York. Je savais qu'en un sens, j'allais lancer un ultimatum au *Guardian*. Je voulais en finir.

Dès que je vis Janine ouvrir sa session en ligne, je lui demandai :

«Allons-nous publier aujourd'hui?

— Je l'espère», me répondit-elle.

Son incertitude me mit dans tous mes états. Le *Guardian* avait l'intention de contacter la NSA dans la matinée pour l'avertir de nos projets. Elle me précisa que nous ne connaîtrions le programme de publication qu'après avoir reçu la réaction des Américains.

«Je ne saisis pas pourquoi nous devrions attendre, fis-je, les retards du quotidien ayant eu raison de ma patience. Pour un article aussi limpide et aussi carré, qui se soucie de savoir ce qu'ils pensent de ce qu'on doit publier ou non?»

En plus de trouver le procédé méprisable – le gouvernement ne devrait jamais être le partenaire éditorial des journaux et collaborer au choix de ce qui doit être publié –, je savais qu'il n'y avait aucun argument de sécurité nationale plausible à opposer en particulier à notre article Verizon, qui reposait sur un simple arrêt d'une cour de justice démontrant que les services américains se livraient à une collecte systématique des relevés téléphoniques de leurs concitoyens. L'idée que des «terroristes» tireraient profit de la révélation de cet arrêt était risible : n'importe quel terroriste un tant soit peu capable de nouer ses lacets tout seul savait déjà que le gouvernement des États-Unis essayait de surveiller ses communications téléphoniques. Ceux à qui notre article apprendrait quelque chose, ce ne seraient pas les terroristes, mais le peuple américain.

Janine me répéta ce qu'elle avait entendu de la bouche des avocats du *Guardian* et me soutint que je partais à tort du principe que le journal se laisserait intimider et n'oserait pas publier. Or, me rappela-t-elle, écouter ce que les autorités américaines avaient à dire faisait partie de nos obligations juridiques. Mais, m'assurait-elle, elle ne se laisserait pas intimider ou influencer par des appels vagues ou futiles à préserver la sécurité nationale.

Je ne partais pas du principe que le *Guardian* se laisserait intimider : je n'en savais tout simplement rien. Et je craignais qu'à tout le moins, ce dialogue avec les autorités ne retarde considérablement les choses. Le *Guardian* était connu pour le côté offensif et même provocant de son journalisme d'investigation, et c'était l'une des raisons qui m'avaient poussé à m'adresser à ce journal. Et plutôt que de me laisser présumer le pire, je reconnaissais à sa direction le droit de montrer de quoi elle serait capable en pareille situation. À cet égard, la proclamation d'indépendance de Janine était déjà un tant soit peu rassurante.

«D'accord, fis-je, continuant de taper, et acceptant d'attendre et de voir. Mais encore une fois, de mon point de vue, il faut publier aujourd'hui. Je n'ai pas envie d'attendre davantage.»

Vers midi, heure de New York, Janine me signala qu'ils avaient contacté la NSA et la Maison-Blanche pour les informer de leur intention de publier des éléments ultraconfidentiels. Mais personne ne les avait rappelés. Ce matin-là, la Maison-Blanche venait de nommer Susan Rice conseiller à la sécurité nationale. Le nouveau journaliste du *Guardian* spécialisé dans les questions de sécurité, Spencer Ackerman, entretenait de bonnes relations avec Washington. Il expliqua à Janine que les autorités se «préoccupaient» surtout de cette nomination.

«Pour le moment, ils n'estiment pas nécessaire de nous recontacter, m'écrivit Janine. Ils vont vite comprendre qu'ils vont devoir répondre à mes appels.»

À 3 heures du matin – 15 heures à New York –, je n'avais pas encore de nouvelles. Et Janine non plus.

«Ils ont toujours un délai pour répondre, ou ils nous recontactent juste quand ça leur chante?» écrivis-je, sur un ton sarcastique.

Elle m'expliqua que le *Guardian* avait demandé une réponse de la NSA «avant la fin de la journée».

«Et si en fin de journée ils n'ont pas répondu? insistai-je.

— Alors nous prendrons notre décision.»

Janine ajouta ensuite un autre facteur de complication : Alan Rusbridger, son chef, venait d'embarquer à bord d'un vol de Londres pour New York afin de superviser la publication de ces articles sur la NSA. Mais cela signifiait qu'il serait injoignable pour les sept prochaines heures.

«Êtes-vous en mesure de publier cet article sans Alan?»

Si la réponse était «non», il n'y avait aucune chance pour que ce papier paraisse dans la journée. L'arrivée de l'avion de Rusbridger à l'aéroport JFK était prévue tard dans la soirée.

«Nous verrons», déclara-t-elle.

J'avais l'impression de me heurter au type de barrières institutionnelles auxquelles se heurte le journalisme d'investigation et que j'avais justement voulu éviter en rejoignant le *Guardian* : les préoccupations juridiques. La consultation des autorités gouvernementales. Les hiérarchies institutionnelles. La frilosité. Les délais.

Quelques instants après, vers 3 h 15, Stuart Millar, l'assistant de Janine, m'envoya un mot par messagerie instantanée : «Le gouvernement américain a rappelé. Janine est en train de leur parler.»

J'attendis ce qui me sembla une éternité. À peu près une heure plus tard, elle m'appela pour me raconter. Elle avait eu presque une dizaine de hauts responsables de plusieurs agences et administrations au bout du fil, parmi lesquelles la NSA, le département de la Justice et la Maison-Blanche. Au début, ils s'étaient montrés condescendants, mais cordiaux, en lui précisant qu'elle ne comprenait pas la signification ou le «contexte» de l'arrêt de la cour visant Verizon. Ils voulaient organiser une réunion avec elle «dans le courant de la semaine prochaine» afin d'éclaircir les choses et de s'expliquer.

Quand Janine leur avait répondu qu'elle voulait publier dans la journée, à moins qu'elle n'entende des raisons très précises et très concrètes de s'en abstenir, ils s'étaient montrés plus belliqueux, et même assez brutaux. Ils lui avaient rétorqué qu'en raison de son refus d'accorder davantage de temps au gouvernement américain pour argumenter en faveur d'une suppression de l'article, elle ne se comportait pas en «journaliste sérieuse», pas plus que le *Guardian* n'agissait en «journal sérieux».

«Aucun organe de presse normal ne publierait aussi vite sans nous rencontrer au préalable», lui avaient-ils signifié, jouant clairement la montre.

Ils ont sans doute raison, voilà ce que je me souviens de m'être dit. Tout est là. Les règles en vigueur permettent au gouvernement de contrôler et de neutraliser le processus de récolte d'informations et d'éliminer la relation contradictoire entre presse et gouvernement. Selon moi, il était vital qu'ils sachent d'emblée que ces règles corruptrices, dans ce cas-ci, ne s'appliqueraient pas. Ces articles seraient publiés dans le respect d'un autre ensemble de règles, qui définirait une presse non plus soumise, mais indépendante.

Je trouvai le ton de Janine encourageant : elle était ferme et prête à relever le gant. Elle insista sur le fait que, malgré ses demandes réitérées, ils ne l'avaient nullement éclairée sur les préjudices menaçant la sécurité nationale des États-Unis. Mais elle refusait encore de s'engager à publier dès aujourd'hui. Elle conclut cet appel en ajoutant : «Je vais voir si je peux joindre Alan, et ensuite nous déciderons.»

J'attendis une demi-heure, avant de la relancer sèchement : «Nous publions aujourd'hui ou non? C'est tout ce que je veux savoir.»

Elle éluda la question. Alan était injoignable. Il était clair qu'elle se trouvait dans une situation extrêmement difficile : d'un côté, les autorités américaines l'accusaient catégoriquement d'être une irresponsable; de l'autre, je l'assaillais d'exigences avec de plus en plus d'intransigeance. Et pour couronner le tout, le rédacteur en chef du journal était dans l'avion, ce qui voulait dire que les décisions les plus épineuses et les plus lourdes de conséquences que le journal ait eu à prendre en cent quatre-vingt-treize années d'existence reposaient complètement sur ses épaules à elle.

Tout en restant en ligne avec Janine, je ne cessai de garder David au téléphone. « Il est près de 17 heures, précisa-t-il. C'est l'échéance que tu leur as fixée. Il est temps de prendre une décision. Ils doivent publier maintenant ou tu dois leur dire que tu les lâches. »

Il avait raison, mais j'hésitais. Lâcher le *Guardian* juste avant de rendre publique l'une des plus grosses fuites touchant à la sécurité nationale de l'histoire des États-Unis provoquerait un immense scandale médiatique. Ce serait extrêmement préjudiciable pour le *Guardian*, car j'aurais à fournir une explication publique, qui à leur tour les contraindrait à se défendre, probablement en m'attaquant. Nous serions entraînés dans cette spirale médiatique, un énorme parasitage qui nous causerait du tort à tous. Pis encore, cela détournerait l'attention de ce qui devrait être l'objet principal de toute cette affaire : les révélations relatives à la NSA.

Je dus aussi admettre que j'avais peur, à titre personnel : publier des centaines, si ce n'est des milliers de dossiers ultra-secrets de l'Agence de sécurité nationale américaine serait déjà suffisamment risqué en soi, même dans le cadre d'un grand groupe de presse comme le *Guardian*. Le faire seul, sans protection institutionnelle, le serait encore beaucoup plus. Je gardais en tête l'écho persistant de toutes les mises en garde avisées de mes amis et des avocats que j'avais contactés.

Me sentant hésiter, David insista.

« Tu n'as pas le choix. S'ils ont peur de publier, ce n'est pas le journal qu'il te faut. Tu ne peux pas agir sous le coup de la peur, sinon tu n'arriveras à rien. C'est la leçon que Snowden vient de te donner. »

Ensemble, on élabora la réponse que j'allais transmettre à Janine par messagerie instantanée : « Il est maintenant 17 heures, l'heure limite que je t'avais communiquée. Si nous ne publions pas immédiatement – dans la prochaine demi-heure –, je mets fin par la présente à mon contrat avec le *Guardian*. » Je faillis cliquer sur « Envoyer », mais je me ravisai. Ce mot ressemblait trop à une menace explicite, à la limite de l'ultimatum. Si je quittais le *Guardian* en pareilles circonstances, tout serait rendu public, y compris cette phrase. J'adoucis donc le ton : « Je comprends que tu aies certaines préoccupations et que tu souhaites faire ce que tu crois juste. Pour ma part, je vais aller de l'avant et faire maintenant moi aussi ce que j'estime nécessaire. Je suis désolée que cela n'ait pas abouti. » Et j'appuyai sur « Envoyer ».

Dans les quinze secondes, le téléphone de ma chambre d'hôtel sonna. C'était Janine. « Je te trouve extrêmement injuste », me lança-t-elle, manifestement anéantie. Si je partais, alors l'affaire échappait complètement au *Guardian* – qui ne détenait aucun de ces documents.

« C'est toi qui es injuste, lui rétorquai-je. Je t'ai demandé à plusieurs reprises quand tu avais l'intention de publier, tu refuses de me fournir une réponse et tu ne me sers que des explications évasives.

— Nous allons faire paraître ça aujourd'hui, m'annonça-t-elle. Nous sommes à trente minutes de la décision, au maximum. Nous procédons aux quelques modifications finales, nous travaillons sur les titres et la maquette. Ce sera en ligne au plus tard à 17 h 30.

— D'accord, si c'est votre programme, alors il n'y a plus aucun problème, fis-je. S'il faut patienter une demi-heure, je patiente, évidemment. »

À 17 h 40, Janine m'envoya un message instantané avec un lien, celui que je voulais voir depuis des jours. « C'est en ligne », m'annonça-t-elle.

« La NSA collecte chaque jour les relevés téléphoniques de millions de clients de Verizon », révélait le titre, suivi d'un sous-titre : « Exclusif : un arrêt ultrasecret d'un tribunal obligeant Verizon à transmettre toutes les données d'appels montre l'ampleur de la surveillance intérieure sous la présidence Obama. »

C'était suivi d'un lien vers le texte intégral de l'arrêt de la Cour FISA. Les trois premiers paragraphes de notre article suffisaient à comprendre toute l'affaire :

L'Agence nationale de sécurité collecte actuellement les relevés téléphoniques de millions de clients américains de Verizon, l'un des principaux opérateurs téléphoniques d'Amérique, en application d'un arrêt ultraconfidentiel émis par une cour de justice en avril.

L'ordre, dont le *Guardian* s'est procuré une copie, impose à Verizon « de façon suivie, au jour le jour » de fournir à la NSA des informations sur tous les appels téléphoniques transitant par ses réseaux, tant à l'intérieur des États-Unis qu'entre les États-Unis et d'autres pays.

Pour la première fois, ce document atteste que, sous l'administration Obama, les relevés de télécommunications de millions de citoyens américains sont ainsi collectés en masse et sans aucune discrimination – qu'ils soient ou non suspectés du moindre méfait.

L'impact de l'article fut immense, instantané, bien au-delà de tout ce que j'avais anticipé. Cela devint le sujet principal de tous les journaux d'information des médias audiovisuels de ce soir-là, occupant pratiquement toutes les chaînes de télévision : CNN, MSNBC, NBC, des émissions comme le *Today Show*, *Good Morning America* et quantité d'autres. À Hong Kong, je consacrai de nombreuses heures à m'entretenir avec des interviewers de chaînes de télévision favorablement disposées – une expérience à laquelle ma carrière de chroniqueur politique ne m'avait pas habitué, étant souvent en désaccord avec la presse de l'establishment – qui traitèrent tous le sujet comme un événement majeur et un véritable scandale.

En réaction à notre papier, et comme il était à prévoir, le porte-parole de la Maison-Blanche défendit ce programme de collecte de masse, « un outil essentiel à la protection de la nation américaine contre les menaces terroristes ». La présidente démocrate de la Commission du Sénat sur le Renseignement, Dianne Fenstein, l'un des parlementaires les plus déterminés à soutenir les agences étatiques en charge de la sécurité nationale de manière générale, et plus spécifiquement les moyens de surveillance américains, agitait l'épouvantail habituel du 11-Septembre en expliquant aux journalistes que ce programme était nécessaire, car les «Américains veulent que leur pays soit en sécurité».

Mais personne ou presque ne prit ces arguments au sérieux. La page éditoriale du *New York Times*, ce journal si favorable à Obama, publia une cinglante condamnation de l'administration. Dans un éditorial intitulé «Le coup de filet du président Obama», le journal annonçait : « M. Obama démontre toute la véracité de ce truisme selon lequel l'exécutif utilisera tous les pouvoirs dont il dispose et finira très probablement par en abuser.» Se gaussant du prétexte du «terrorisme» invoqué comme par réflexe pour justifier ce programme, l'éditorial proclamait aussi : «L'administration a maintenant perdu toute crédibilité.» (Quelques heures plus tard et sans autre commentaire, engendrant la controverse, le *New York Times* avait adouci cette dénonciation après sa mise en ligne en ajoutant : «sur cette question».)

Le sénateur démocrate Mark Udall publia une déclaration indiquant que «cette sorte de surveillance à grande échelle devrait tous nous préoccuper et c'est le genre d'intrusion gouvernementale dont j'ai toujours dit qu'elle scandaliserait les Américains». L'ACLU estimait que «du point de vue des libertés civiles, il est difficile d'imaginer programme plus inquiétant […]. C'est digne d'Orwell et pire encore, et cela nous apporte une preuve supplémentaire de ce que les droits démocratiques fondamentaux sont bradés en secret à des exigences d'agences de renseignement qui ne sont tenues de rendre de comptes à personne». L'ancien vice-président Al Gore posta sur Twitter, avec un lien vers notre article : «Suis-je le seul à penser que cette surveillance systématique est un scandale indécent?»

Peu après la parution de l'article, l'Associated Press confirma par l'intermédiaire d'un sénateur demeuré anonyme ce que nous soupçonnions fortement : que ce programme de collecte massive de relevés téléphoniques se poursuivait depuis des années, et qu'il visait les principaux opérateurs téléphoniques américains, et pas seulement Verizon.

Au cours des sept années durant lesquelles j'avais écrit ou pris la parole à propos de la NSA, jamais je n'avais vu de révélation susciter un tel degré d'intérêt et des réactions aussi passionnelles. Ce n'était pas le moment d'analyser pourquoi cette publication avait eu un tel retentissement, attirant autant l'attention et provoquant une telle vague d'indignation; pour l'heure, j'avais plus l'intention de surfer sur cette vague que de chercher à la comprendre.

Après avoir enfin terminé mes interviews télévisées vers midi, heure de Hong Kong, je me rendis directement dans la chambre d'hôtel de Snowden. En entrant dans la pièce, je vis qu'il avait mis CNN. Les invités de l'émission discutaient de la NSA et se disaient scandalisés de l'ampleur de ce programme d'espionnage. Ils étaient furieux que tout cela se soit déroulé en secret. Presque tous les intervenants dénoncèrent cet espionnage intérieur de masse.

« Ils en parlent partout! s'écria Snowden, visiblement électrisé. J'ai regardé toutes vos interviews. Tout le monde a l'air de saisir l'enjeu. »

À cet instant, j'eus réellement l'impression d'avoir accompli quelque chose. Dès le premier jour, sa grande crainte – qu'il ruine toute son existence pour des révélations dont personne ne se soucierait – se révéla infondée : on ne perçut aucun signe d'indifférence ou d'apathie. Laura et moi l'avions aidé à lancer très précisément le débat que nous estimions tous d'une urgente nécessité – et, à cette minute, sous mes yeux, il pouvait en observer tout le déploiement.

Connaissant l'intention de Snowden de révéler son identité après la première semaine de publication, nous savions tous deux qu'il serait privé de liberté à très brève échéance. Pour moi, la certitude déprimante qu'il serait bientôt la cible d'attaques – pourchassé, si ce n'est encagé comme un criminel – planait sur tous nos actes. Cela ne semblait pas l'ennuyer du tout, mais cela me poussa d'autant plus à défendre ses choix, à maximiser la valeur des révélations qu'il avait faites au monde en risquant le tout pour le tout. Nous étions bien partis, et ce n'était que le début.

«Tout le monde s'imagine que cela restera un article unique, un scoop isolé, remarqua-t-il. Personne ne se doute que ce n'est seulement la pointe émergée de l'iceberg, qu'il y a bien d'autres révélations à venir. (Il se tourna vers moi.) Et maintenant, la suite, c'est quoi, et c'est pour quand ?
— PRISM, fis-je. Demain.»

Je regagnai ma chambre d'hôtel et, alors que j'allais entamer ma sixième nuit sans sommeil ou presque, j'étais tout bonnement incapable de dételer. La décharge d'adrénaline était bien trop forte. À 16 h 30, je pris un somnifère, dernier espoir pour rattraper un peu de sommeil, et je réglai le réveil à 19 h 30, heure à laquelle, je le savais, les responsables de la rédaction du *Guardian* de New York seraient en ligne.

Ce jour-là, Janine se connecta tôt. On échangea des félicitations et on s'émerveilla de la réaction face à cet article. Il était tout de suite évident que le ton de nos échanges avait radicalement changé. Nous venions de gérer ensemble un important défi journalistique. Elle était fière de l'article et j'étais fier de sa résistance aux intimidations américaines et de sa décision de publier. Le *Guardian* en ressortait grandi, s'étant comporté de façon admirable, en surmontant ses peurs.

Alors qu'il m'avait semblé sur le moment que l'on accusait un retard substantiel, il était clair, rétrospectivement, que le *Guardian* avait agi avec une rapidité et une intrépidité remarquables : plus encore, j'en étais certain, que n'importe quel autre organe de presse de taille et de stature comparables ne l'aurait fait. Et maintenant, Janine me signifiait clairement que le journal n'avait aucune intention de se reposer sur ses lauriers. «Alan insiste pour que nous fassions paraître PRISM dès aujourd'hui», me confia-t-elle. Je ne pouvais évidemment que m'en féliciter.

Ce qui rendait les révélations PRISM si importantes, c'était que ce programme permettait à la NSA de se procurer à peu près tout ce qu'elle voulait auprès des groupes du secteur Internet, que des centaines de millions de personnes dans le monde utilisent aujourd'hui comme leur principal moyen de communication. Cette décision avait été rendue possible par les lois que le gouvernement américain avait mises en place au lendemain du 11-Septembre, qui dotaient l'agence d'amples capacités de surveiller les Américains, et avec le pouvoir juridictionnel de mener une surveillance de masse, indiscriminée, de populations étrangères entières.

Le FISA Amendments Act de 2008 est la loi qui régit aujourd'hui les opérations de surveillance de la NSA. Elle fut adoptée par les deux partis du Congrès après le scandale des écoutes sans mandat de la NSA sous l'ère Bush, et eut pour résultat capital d'effectivement légaliser le noyau du programme illégal du quarante-troisième président. On révéla alors que Bush avait secrètement autorisé la NSA à écouter les Américains et d'autres habitants des États-Unis, en justifiant cet ordre par le besoin de pister les signes d'activité terroriste. Cette directive passait outre la nécessité d'obtenir des mandats approuvés par un tribunal, d'ordinaire requis pour l'espionnage intérieur, et entraînait la surveillance secrète de milliers de gens au moins rien que sur le territoire américain.

Malgré le tollé provoqué par l'illégalité de ce programme, la nouvelle loi FISA de 2008 visait à institutionnaliser ce dispositif, non à y mettre fin. Le texte repose sur une distinction entre « ressortissants américains » (citoyens américains et personnes résidant légalement sur le sol américain) et tous les autres. Pour viser les appels téléphoniques ou les e-mails d'un ressortissant américain, la NSA doit obtenir un mandat individuel de la cour FISA.

Mais pour tous les autres, où qu'ils soient, aucun mandat individuel n'est requis, *même si ces gens communiquent avec des ressortissants américains*. En application de la Section 702 de la loi de 2008, la NSA a simplement l'obligation de soumettre une fois par an à la cour FISA les orientations générales qui déterminent les cibles de l'année considérée – le critère étant juste que la surveillance « contribuera à légitimer la collecte de renseignement étranger » –, et elle reçoit ensuite une autorisation d'ordre général de procéder. Une fois que la cour FISA appose son tampon «approuvé» sur ces permis, la NSA est alors habilitée à cibler tous les ressortissants étrangers qu'elle souhaite surveiller – et peut obliger les opérateurs téléphoniques et les fournisseurs d'accès Internet à fournir un accès aux communications de n'importe quel non-Américain – fils de discussion sur Facebook, e-mails sur Yahoo, recherches Google. Il n'y a aucune nécessité de convaincre un tribunal que la personne en question est coupable de quoi que ce soit, ou même qu'il y a une raison de considérer la cible avec suspicion, et aucune nécessité d'opérer un filtrage pour en exclure les ressortissants américains qui, dans ce cadre, tomberaient sous le coup de cette surveillance.

Pour les rédacteurs en chef du *Guardian*, la première initiative à l'ordre du jour consistait à prévenir Washington de nos intentions – publier l'article PRISM. Là encore, nous leur accorderions un délai, jusqu'à la fin de l'après-midi, heure de New York. Cela leur laisserait la journée entière pour nous transmettre leurs éventuelles objections et viderait de toute substance leurs plaintes d'avoir été privés de temps pour réagir. Mais il n'était pas moins vital de recueillir les commentaires des entreprises du secteur Internet qui, selon les documents de la NSA, avaient fourni à l'agence un accès direct à leurs serveurs : Facebook, Google, Apple, YouTube, Skype et les autres.

Ayant encore plusieurs heures à attendre, je retournai dans la chambre d'hôtel de Snowden, où Laura travaillait avec lui sur diverses questions. À ce stade des événements, ayant franchi un cap important avec la publication d'une première révélation explosive, Snowden était visiblement de plus en plus vigilant quant à sa sécurité. Après que je fus entré, il cala de nouveau des oreillers contre la porte. En plusieurs occasions, voulant me montrer quelque chose sur son écran d'ordinateur, il se mit une couverture sur la tête pour éviter que des caméras fixées au plafond ne filment ses mots de passe. Quand le téléphone sonna, on se figea : qui pouvait bien appeler ? Il décrocha, très hésitant, au bout de plusieurs sonneries : les femmes de ménage de l'hôtel, voyant qu'il avait accroché l'écriteau « ne pas déranger » à la poignée de sa porte, vérifiaient s'il voulait faire nettoyer sa chambre. « Non, merci », répliqua-t-il sèchement.

Lorsque nous nous retrouvions chez lui, le climat était toujours tendu. Après le début des publications, cette tension ne fit que monter. Nous ne savions pas si la NSA avait identifié la source de ces fuites. Si tel était le cas, savait-elle qui était Snowden ? Les agents de Hong Kong ou de Pékin étaient-ils au courant ? À tout moment, un coup pouvait retentir à sa porte, mettant un terme immédiat à notre travail en commun, et de la façon la plus déplaisante qui soit.

La télévision restait allumée en bruit de fond, et il me semblait qu'on y parlait constamment de la NSA. Après la révélation de l'affaire Verizon, les émissions d'informations n'approfondissaient guère au-delà d'une « collecte massive et systématique d'informations », de « relevés téléphoniques locaux » et de « surveillance abusive ». Tandis que nous discutions de nos articles suivants, Laura et moi observions Snowden qui suivait le déchaînement de frénésie qu'il avait provoqué.

Ensuite, à 2 heures du matin, alors que l'article PRISM était sur le point de paraître, je reçus des nouvelles de Janine.

« Il s'est passé quelque chose d'extrêmement curieux, m'expliqua-t-elle. Tous les groupes de haute technologie nient le contenu des documents de la NSA. Ils soutiennent n'avoir jamais entendu parler de PRISM. »

On se mit à réfléchir aux explications possibles à leurs démentis. Les documents de la NSA exagéraient peut-être les capacités de l'agence. Peut-être ces groupes de haute technologie mentaient-ils tout simplement, ou alors les individus précis interrogés n'avaient pas conscience des accords de leur entreprise avec la NSA. Ou bien encore PRISM n'était qu'un nom de code interne à l'agence, jamais divulgué à ces groupes de haute technologie.

Quelle que soit l'explication, on dut réécrire notre papier, pas seulement pour y inclure ces démentis, mais pour changer l'angle du papier et mettre l'accent sur cette étrange disparité entre les documents de la NSA et la prise de position des groupes de haute technologie.

«Ne prenons pas position sur qui a tort ou raison, rendons juste ce désaccord public, et qu'ils l'aplanissent en public», proposai-je. Notre intention était que l'article pousse à un débat ouvert sur ce que le secteur Internet avait accepté de faire avec les télécommunications de ses abonnés et clients. Si leur version contredisait celle des documents de la NSA, ils allaient devoir résoudre cette contradiction sous les yeux de la planète, comme de juste. Janine accepta et, deux heures plus tard, elle me renvoyait la nouvelle version de l'article PRISM. Le titre annonçait :

> Le programme PRISM de la NSA puise dans les données utilisateurs d'Apple, Google et d'autres groupes.
> • Le programme top-secret PRISM revendique un accès direct aux serveurs d'entreprises comme Google, Apple et Facebook
> • Ces groupes nient avoir eu connaissance du programme entré en vigueur depuis 2007

Après avoir cité les documents de la NSA décrivant PRISM, l'article soulignait : «Bien que ce descriptif affirme que le programme est géré avec l'aide de ces groupes de haute technologie, la totalité de ceux qui ont répondu à l'invitation du *Guardian* à faire leurs commentaires ont nié toute connaissance d'un tel programme.» L'article me paraissait excellent et Janine me promit qu'il paraîtrait d'ici à une demi-heure.

Alors que j'attendais impatiemment que les minutes s'écoulent, j'entendis le carillon signalant l'arrivée d'un courrier dans la messagerie instantanée. J'espérais une confirmation de Janine, m'informant que l'article PRISM était en ligne. Le message émanait bien d'elle, mais ce n'était pas celui que j'espérais.

«Le *Washington Post* vient de publier son article sur PRISM, m'annonça-t-elle.

— Quoi? Pourquoi le *Washington Post* a-t-il subitement modifié son calendrier pour précipiter la publication de leur article, avec trois jours d'avance sur leur timing initial?»

Après que le *Guardian* eut contacté les autorités américaines au sujet du programme PRISM ce matin-là, Laura avait vite appris par l'intermédiaire de Barton Gellman que le *Post* avait eu vent de nos intentions. Sachant que le *Post* travaillait à un article similaire, l'un des responsables américains leur avait transmis la nouvelle de notre propre article sur PRISM. Ensuite, le *Post* accéléra son programme pour éviter de se faire souffler l'exclusivité.

Et, maintenant, tout ce processus de délibération me répugnait encore plus : un haut fonctionnaire de Washington avait exploité cette procédure de prépublication, censément conçue pour protéger la sécurité nationale, à seule fin de s'assurer que le quotidien qui avait sa faveur passerait l'article en premier.

Après avoir digéré cette information, je ne pus que constater l'explosion sur Twitter après l'article du *Post* sur PRISM. Mais je continuai ma lecture. Je remarquai un manque : aucune mention de la divergence entre la version de la NSA et les déclarations des groupes de haute technologie et du secteur Internet.

Sous le titre «Les services de renseignement américains et britanniques utilisent des données de neuf groupes Internet américains dans le cadre d'un vaste programme secret», le papier indiquait que «l'Agence nationale de sécurité et le FBI se connectent directement aux serveurs des neuf plus grands groupes Internet, d'où ils extraient les journaux de messagerie instantanée audio et vidéo, des photographies, des e-mails, des documents et des journaux de connexion qui permettent aux analystes de viser des cibles étrangères». Le plus important, c'était qu'on y prétendait que ces neuf groupes «participaient en toute connaissance de cause aux opérations PRISM».

Notre propre article PRISM fut publié dix minutes plus tard, avec un angle d'attaque un peu différent et un ton plus prudent, mettant en évidence les démentis véhéments des groupes du secteur Internet.

Une fois encore, la réaction fut explosive. Qui plus est, elle revêtit une dimension internationale. À l'inverse des opérateurs téléphoniques comme Verizon, généralement établis dans un seul pays, les géants de l'Internet sont des entreprises planétaires. Dans le monde entier, des milliards d'individus – dans des pays situés sur les cinq continents – utilisent Facebook, Gmail, Skype et Yahoo comme principaux moyens de communication. Apprendre que ces groupes avaient conclu des accords secrets avec la NSA pour fournir un accès aux communications de leurs clients, c'était là un choc à l'échelle de la planète.

Et maintenant les gens commençaient à subodorer que l'article précédent sur Verizon n'avait rien d'un événement unique : les deux révélations indiquaient l'existence d'une fuite importante à la NSA.

Avec la publication de l'article PRISM, il s'écoulerait des mois avant que je puisse un jour à nouveau lire tous les e-mails que je recevais – sans même songer à y répondre. Parcourant ma boîte de réception, je vis défiler les noms de presque tous les plus grands médias de la planète, sollicitant une interview : le débat mondial que Snowden avait voulu déclencher était lancé – deux jours seulement après la parution des articles. Je songeai à l'énorme manne de documents qui restaient à venir, à ce que cela signifierait pour ma vie, à l'impact qu'ils auraient sur le monde, et à la réaction de Washington quand le gouvernement comprendrait ce qui l'attendait.

Simple réédition de la journée précédente, je consacrai les premières heures de la matinée à intervenir dans des émissions de chaînes américaines en *prime time*. Le planning auquel j'allais me tenir durant tout mon séjour à Hong Kong était donc fixé : travailler toute la nuit sur les articles du *Guardian*, donner des interviews aux médias dans la journée, et ensuite rejoindre Laura et Snowden dans sa chambre d'hôtel.

Je prenais fréquemment des taxis dans Hong Kong à 3 ou 4 heures du matin pour me rendre sur des plateaux de télévision, et toujours avec les instructions de «sécurité opérationnelle» de notre ami en tête : ne jamais me séparer de mon ordinateur ou de mes clefs USB remplis de documents pour éviter toute manipulation ou tout risque de vol. Je circulais dans les ruelles borgnes de Hong Kong avec mon sac à dos en permanence sur les épaules, quels que soit l'heure ou l'endroit. Je luttais contre ma paranoïa à chaque pas, mais souvent je me surprenais à regarder par-dessus mon épaule, m'agrippant un peu plus fermement à mon gros sac à dos chaque fois que quelqu'un s'approchait.

Une fois terminée ma tournée d'interviews télévisées, je regagnais la chambre de Snowden, où, avec Laura – et parfois rejoints par MacAskill –, nous continuions notre travail, ne nous interrompant que pour jeter un œil à l'écran de télévision. Nous étions sidérés de toutes ces réactions si positives, de voir les médias s'engager à fond face à ces révélations et de la colère de la plupart des commentateurs : une colère visant non pas tant ceux qui avaient permis pareille transparence, mais l'extraordinaire niveau de surveillance étatique que nous avions révélé.

Je me sentais maintenant en mesure de mettre en œuvre l'une des stratégies prévues – réagir par une attitude de défi et même avec dédain aux tactiques du gouvernement invoquant le 11-Septembre pour justifier cet espionnage. Je commençai par dénoncer ces accusations aussi éculées que prévisibles – nous aurions mis en danger la sécurité nationale, nous aiderions le terrorisme, nous aurions commis un crime en révélant des secrets nationaux.

Cela me donna le courage d'affirmer que c'étaient là les stratégies de manipulation transparentes des responsables gouvernementaux qui avaient été surpris en train de commettre des actes gênants pour eux, écornant leur réputation. De telles attaques ne nous dissuaderaient pas d'informer, de publier de nombreux autres articles à partir de ces documents, en dépit des campagnes de peur et des menaces, en accomplissant notre devoir de journalistes. Je voulais être très clair : ces manœuvres habituelles d'intimidation et de diabolisation seraient vaines. Rien ne nous empêcherait d'informer. Malgré cette posture de défi, la plupart des médias, en ces premières journées, soutinrent notre travail.

Cela me surprit car, surtout depuis le 11-Septembre (mais déjà avant cette date), en règle générale, les médias américains s'étaient montrés très chauvins, d'une loyauté à toute épreuve envers leur gouvernement et par conséquent hostiles, parfois même avec virulence, envers quiconque révélait ses secrets.

Quand WikiLeaks avait entamé ses publications de documents classifiés relatifs à la guerre en Irak ou en Afghanistan, et en particulier les télégrammes diplomatiques, ce sont des journalistes américains qui avaient lancé les appels à des poursuites contre les auteurs de ces fuites, un comportement en soi stupéfiant. C'était le quatrième pouvoir, censé se consacrer à introduire de la transparence dans les actions des puissants, qui non seulement dénonçait mais tentait de transformer en délit l'une des initiatives de transparence les plus importantes jamais lancées depuis des années. Ce qu'avait fait WikiLeaks – recevoir des informations classifiées d'une source au sein du gouvernement américain pour ensuite les révéler au monde –, c'est le lot permanent de tous les organes de presse et de tous les médias.

Je m'étais attendu à devenir l'objet de l'hostilité de l'univers médiatique américain, surtout parce que nous continuions de publier des documents et l'ampleur sans précédent de la fuite apparaissait de plus en plus clairement. Et en tant que critique sévère de l'establishment journalistique et de nombre de ses membres éminents, je ne pouvais que devenir l'aimant naturel d'une telle hostilité, pensais-je. Je comptais peu d'alliés au sein des médias traditionnels. C'était pour la plupart des gens dont j'avais attaqué publiquement le travail, fréquemment, et sans ménagement. Je pensais donc qu'ils allaient se retourner contre moi à la première occasion, or en réalité cette première semaine d'apparitions médiatiques se transforma pour moi en véritable Love Parade, et pas seulement quand j'intervenais en direct.

Le jeudi, cinquième journée à Hong Kong, j'allais rejoindre Snowden dans sa chambre d'hôtel et il m'annonça immédiatement qu'il avait reçu des nouvelles «un peu alarmantes». Un dispositif de sécurité connecté à Internet et installé au domicile qu'il partageait avec sa petite amie de longue date à Hawaii avait détecté que deux individus de la NSA – un responsable des ressources humaines et un «officier de police» de l'agence – étaient venus à leur domicile le chercher.

Il était presque certain que cela signifiait que la NSA l'avait identifié comme la source probable des fuites, crainte que j'accueillis avec scepticisme. «S'ils pensaient que c'était toi qui avais fait ça, ils enverraient des hordes d'agents du FBI avec un mandat d'arrêt et probablement des équipes du SWAT, et pas un simple officier accompagné d'un responsable des ressources humaines.» J'imaginai qu'il s'agissait d'une enquête de routine, une démarche automatique, déclenchée dès qu'un employé de l'agence s'absentait quelques semaines sans explication. Mais il me laissa entendre qu'ils faisaient peut-être profil bas pour éviter d'attirer l'attention des médias ou qu'il s'agissait peut-être d'une tentative de supprimer des pièces à conviction.

Quel que fût le sens de cette nouvelle, elle soulignait la nécessité de vite préparer notre article et la vidéo qui dévoileraient l'identité de Snowden en tant que source de ces révélations. Nous étions déterminés à ce que le monde entende pour la première fois parler de lui, de ses actes et de ses motifs, par la bouche de Snowden en personne, et non à travers une campagne orchestrée par le gouvernement américain alors qu'il se cachait ou qu'il était en garde à vue et incapable de s'exprimer en son nom.

Notre plan prévoyait la parution de deux autres articles, un le vendredi, le lendemain, et un autre après cela, samedi. Ensuite, dimanche, nous publierions un long portrait de Snowden, accompagné d'une interview vidéo et d'un échange de questions-réponses sur support papier dont Ewen se chargerait.

Laura avait consacré les dernières quarante-huit heures à monter les images de mon premier entretien avec lui, mais elle m'expliqua que c'était trop détaillé, trop long et trop fragmenté pour être utilisable. Elle voulait filmer un nouvel entretien, sans attendre, plus concis et plus resserré, et me rédigea une liste d'une vingtaine de questions très spécifiques que je devais lui poser. J'en ajoutai plusieurs de mon cru pendant qu'elle installait sa caméra et qu'elle nous indiquait où nous asseoir.

«Euh, je m'appelle Ed Snowden. (C'est par ces quelques mots que débute cette vidéo désormais passée à la postérité.) J'ai vingt-neuf ans. Je travaille chez Booz Allen Hamilton en tant qu'analyste infrastructure pour la NSA à Hawaii.»

Et il continuait en apportant à chaque question des réponses nettes et précises, à la fois rationnelles et toujours empreintes de ce même stoïcisme : pourquoi avait-il décidé de divulguer ces documents? en quoi était-ce assez important pour justifier le sacrifice de sa liberté? parmi toutes ces révélations, quelles étaient les plus déterminantes? le contenu de ces documents comportait-il quoi que ce soit de criminel ou d'illégal? qu'allait-il lui arriver, selon lui?

Plus il apportait d'exemples de surveillance illégale ou intrusive, plus il se montrait animé et passionné. Mais c'est seulement quand je lui demandai s'il s'attendait à des répercussions qu'il laissa entrevoir son désarroi, craignant que le gouvernement ne vise sa famille ou sa petite amie, à titre de représailles. Afin de réduire ce risque, il éviterait de les contacter disait-il, mais il savait qu'il ne pourrait complètement les protéger. «C'est la chose qui m'empêche de dormir la nuit, ce qui risque de leur arriver», avouait-il, et ses yeux s'embuaient. Ce fut la première et unique fois que je le vis dans cet état.

Pendant que Laura travaillait au montage de la vidéo, Ewen et moi finalisions nos deux prochains articles. Le premier révélait une directive présidentielle ultraconfidentielle signée par le président Obama en novembre 2012 ordonnant au Pentagone et aux agences qui lui sont liées de préparer à travers le monde une offensive d'opérations de cyber-sécurité très agressives. «De hauts responsables de la sécurité nationale et du renseignement, affirmait le premier paragraphe, ont été priés de dresser une liste de cibles potentielles situées à l'étranger des cyber-attaques américaines, ce que révèle une directive présidentielle ultraconfidentielle que le *Guardian* a pu se procurer.»

Le quatrième article, paru comme prévu le samedi, traitait de «BOUNDLESS INFORMANT», le programme de traçage de données de la NSA et décrivait les rapports montrant que la NSA collectait, analysait et stockait des *milliards* d'appels téléphoniques et d'e-mails qui transitaient par le réseau de télécommunications des États-Unis. Il soulevait aussi la question de savoir si des responsables de la NSA avaient menti au Congrès lorsqu'ils avaient refusé de répondre à des sénateurs au sujet du nombre de communications intérieures interceptées, en prétendant ne pas conserver de tels relevés et ne pas pouvoir réunir de telles données.

Après la publication de l'article BOUNDLESS INFORMANT, Laura et moi devions nous retrouver à l'hôtel de Snowden. Mais avant de quitter ma chambre, j'étais assis sur mon lit, et là, un souvenir resurgit de nulle part, celui de Cincinnatus, mon correspondant anonyme, l'auteur de ces e-mails reçus six mois plus tôt, qui m'avait bombardé de messages où il me priait instamment d'installer le cryptage PGP, afin qu'il puisse me communiquer d'importantes informations. Au milieu de la tension électrique née de tout ce qui s'était passé, je me dis qu'il avait peut-être lui aussi la matière d'un article important à me fournir. Incapable de me remémorer le nom de son compte, je finis par retrouver l'un de ses anciens e-mails, après une recherche par mots-clefs.

«Salut, bonne nouvelle, écrivis-je, il m'a fallu un peu de temps, mais j'utilise enfin le client e-mail PGP. Je suis donc prêt, n'importe quand, si cela t'intéresse encore.» Et je cliquai sur «Envoyer».

Peu après, j'arrivai dans la chambre de Snowden. «Au fait, me lança-t-il avec une nuance de moquerie plus que perceptible, ce Cincinnatus à qui tu viens d'envoyer un e-mail, c'est moi.»

Il me fallut quelques instants pour comprendre et me ressaisir. Cet anonyme qui, bien des mois auparavant, avait désespérément essayé de me pousser à utiliser le cryptage des e-mails… c'était Snowden. Mon premier contact avec lui n'avait donc pas eu lieu en mai, quatre semaines plus tôt, mais plusieurs mois auparavant. Avant de contacter Laura au sujet des fuites, avant de contacter quiconque, il avait déjà essayé de m'approcher.

Chaque jour qui s'écoulait, les heures et les heures que nous passions tous les trois ensemble créaient un lien plus étroit. Le malaise et la tension de notre rencontre initiale s'étaient vite transformés en une relation de collaboration, de confiance, autour d'un but commun. Nous savions que nous nous étions embarqués ensemble dans l'un des événements les plus marquants de nos existences.

Pourtant, une fois franchi le cap de l'article BOUNDLESS INFORMANT, le climat relativement plus léger que nous avions réussi à maintenir au cours de ces quelques derniers jours céda de nouveau la place à une anxiété palpable : nous étions à moins de vingt-quatre heures de révéler l'identité de Snowden, en sachant que cela changerait entièrement la donne, surtout pour lui. Nous avions vécu tous les trois une expérience brève, mais d'une intensité exceptionnelle, et très enrichissante. L'un de nous trois, Snowden, serait bientôt contraint de quitter notre groupe, probablement pour une longue période de détention – une menace déprimante qui planait dans l'air depuis le début, refroidissant l'atmosphère, du moins pour moi. Seul Snowden paraissait indifférent à cette perspective. Et maintenant, l'ombre du gibet planait sur tous nos échanges.

«À Gitmo [Guantanamo], je réserve la couchette du bas», ironisait-il en réfléchissant aux perspectives qui s'offraient à nous. Lorsque nous évoquions nos articles futurs, il lançait des réflexions de ce style : «Cela va déboucher sur une inculpation. La seule question est de savoir de qui : toi ou moi.» La plupart du temps, il restait d'un calme inconcevable. Même à présent, alors que la pendule égrenait les heures de liberté qui lui restaient à vivre, il allait toujours se coucher à 22 h 30, comme tous les soirs depuis que j'étais à Hong Kong. Alors que j'arrivais tout juste à enchaîner deux heures de sommeil, il conservait des horaires constants. «Bon, je vais me pieuter», annonçait-il avec nonchalance tous les soirs avant de se retirer pour 7 h 30 d'un sommeil de plomb, apparaissant complètement frais et dispos le lendemain.

Quand nous le questionnions sur son aptitude à si bien dormir en de telles circonstances, il répondait qu'il se sentait profondément en paix avec ses décisions et donc les nuits étaient faciles. « J'imagine qu'il me reste encore quelques jours avec un oreiller confortable, plaisantait-il, alors autant en profiter. »

Le samedi après-midi, heure de Hong Kong, Ewen et moi mettions la touche finale à l'article qui présentait Snowden au monde pendant que Laura achevait le montage de sa vidéo. Je parlai à Janine, qui entamait sa session de *chat* alors que la matinée commençait à New York, de l'importance particulière qu'il y avait à manier cette nouvelle avec précaution et le sentiment d'obligation personnelle que j'éprouvais envers Snowden de devoir rendre justice à ses choix. J'avais fini par faire de plus en plus confiance à mes collègues du *Guardian*, tant au plan éditorial que pour leur bravoure. Mais en ce cas-ci, je voulais valider tous les amendements, les grosses corrections comme les petites, apportés au papier qui révélerait Snowden au monde.

Tard dans l'après-midi, à Hong Kong, Laura vint dans ma chambre d'hôtel nous montrer la vidéo, à Ewen et moi. On la regarda tous trois en silence. Laura avait fait un travail brillant – la vidéo était sobre et le montage superbe –, mais le pouvoir de la chose résidait surtout dans le fait d'entendre Snowden se présenter. Il savait transmettre de façon très convaincante la fermeté, la passion et la force de son engagement, qui l'avaient poussé à agir. L'audace avec laquelle il s'était avancé pour affirmer ce qu'il avait fait et endosser la responsabilité de ses actes, son refus de se cacher et de vivre traqué, inspireraient des millions de gens, je le savais.

Ce que je voulais plus que tout, c'était que le monde constate et découvre l'absence totale de crainte de sa part. Le gouvernement américain avait travaillé d'arrache-pied depuis dix ans à faire étalage d'une puissance illimitée. Il avait entamé des guerres, torturé et emprisonné des citoyens en l'absence de toute charge pesant contre eux, fait bombarder des cibles par des drones, se livrant ainsi à de véritables tueries extrajudiciaires. Et les messagers n'étaient nullement immunisés : des lanceurs d'alerte avaient été maltraités et poursuivis, des journalistes avaient été menacés de la prison. À travers des manœuvres d'intimidation soigneusement orchestrées contre quiconque envisageait de défier son autorité de façon marquante, ce gouvernement s'était démené pour montrer à son peuple que son pouvoir n'était pas soumis aux contraintes de la loi, de l'éthique, de la moralité ou de la Constitution : *Voyez ce que nous sommes capables de faire et que nous n'hésiterons pas à faire à ceux qui entravent notre volonté.*

Snowden avait défié ces manœuvres d'intimidation, de la manière la plus frontale possible. Le courage est contagieux. Je savais qu'il pouvait inciter quantité d'autres gens à en faire autant.

À 14 heures, heure de New York, le dimanche 9 juin, le *Guardian* publiait l'article qui révélait son existence au monde : «Edward Snowden : le lanceur d'alerte derrière les révélations sur la surveillance de la NSA.» En tête de l'article figurait la vidéo de douze minutes de Laura; la première phrase était ainsi rédigée : «L'individu responsable d'une des fuites les plus importantes de l'histoire politique américaine s'appelle Edward Snowden. Âgé de vingt-neuf ans, cet ancien assistant technique de la CIA est actuellement employé par une entreprise sous-traitante de la défense, Booz Allen Hamilton.» L'article racontait son histoire, exposait ses motifs et proclamait que «Snowden entrera dans l'histoire comme l'un des lanceurs d'alerte les plus importants d'Amérique, avec Daniel Ellsberg et Bradley Manning». Nous citions le contenu d'un de ses tout premiers messages à Laura et moi : «Je sais qu'on me fera payer mes actes [...] Si la coalition d'une justice secrète, de l'inégalité face au pardon et de pouvoirs exécutifs dominateurs qui régentent le monde que j'aime est révéléé au grand jour, ne serait-ce que l'espace d'un instant, je serais satisfait.»

Les réactions à ce nouvel article et à la vidéo furent plus virulentes que tout ce que j'avais pu connaître lors de mes propres publications. Ellsberg lui-même proclamait le lendemain dans le *Guardian* qu'«il n'y a pas eu dans l'histoire américaine de fuites plus importantes que la publication par Edward Snowden de documents de la NSA – y compris celle des Pentagon Papers il y a de cela quarante ans».

Dès les premiers jours, plusieurs centaines de milliers de personnes postèrent le lien sur leur page Facebook. Presque trois millions de personnes visionnèrent l'interview sur You-Tube. Beaucoup d'autres la virent sur le site du *Guardian*. C'était une réaction écrasante, scandalisée, et en même temps inspirée par le courage de Snowden.

Laura, Snowden et moi suivîmes ensemble la réaction à la révélation de son identité, et en même temps je débattais avec deux stratèges médias du *Guardian* des interviews télévisées que je devais ou non accepter, lundi matin. On retint *Morning Joe* sur MSNBC, suivi de *The Today Show* sur NBC – les deux émissions les plus matinales, qui orienteraient toute la couverture médiatique de Snowden au long de cette journée.

Mais avant que je puisse donner ces interviews, un coup de téléphone fit diversion, à 5 heures du matin – quelques heures à peine après la parution de l'article Snowden. Il émanait d'un de mes lecteurs de longue date, qui vit à Hong Kong et avec lequel j'avais périodiquement communiqué tout au long de la semaine. Lors de cet appel matinal, il releva que le monde entier allait bientôt se lancer à la recherche de Snowden à Hong Kong, et insista pour m'expliquer que ce dernier avait un besoin urgent de s'appuyer sur des avocats bien introduits, dans cette ville. Il avait avec lui deux des meilleurs spécialistes des droits de l'homme qui n'attendaient qu'une chose : le défendre. Pouvaient-ils venir tous les trois à mon hôtel, tout de suite?

On convint de se retrouver un peu plus tard, vers 8 heures. Je dormis deux heures, jusqu'à ce qu'il me rappelle, avec une heure d'avance, à 7 heures.

«Nous sommes déjà là, me dit-il. En bas de votre hôtel. J'ai les deux avocats avec moi. La réception est remplie de caméras et de reporters. Les médias cherchent l'hôtel de Snowden et ils vont le trouver, d'un instant à l'autre, et d'après les avocats, il est vital qu'ils entrent en contact avec lui avant que les médias ne le trouvent.»

À peine réveillé, j'enfilai les premiers vêtements sur lesquels je pus mettre la main et je me dirigeai vers la porte en titubant. Aussitôt ouverte, les flashes d'une forêt d'appareils photo et de caméras me crépitèrent à la figure. La horde des médias avait manifestement payé un employé de l'hôtel pour obtenir mon numéro de chambre. Deux femmes se présentèrent comme des correspondantes du *Wall Street Journal* à Hong Kong ; d'autres correspondants, dont un muni d'une grosse caméra, étaient d'Associated Press.

Ils m'assaillirent de questions et formèrent un cercle autour de moi en m'emboîtant le pas tandis que je me dirigeais vers l'ascenseur. Ils s'y engouffrèrent avec moi, en me bombardant de questions, et je leur fis des réponses brèves, sèches et les moins éclairantes possibles.

En bas, à la réception, un nouvel essaim d'objectifs et de journalistes se joignit à la meute. J'essayai de repérer mon lecteur et ses avocats, mais je ne pouvais faire deux pas sans qu'on me barre le chemin.

Je craignais tout particulièrement que cet essaim ne tente de me suivre et n'empêche les avocats d'arriver jusqu'à Snowden. Je décidai finalement de tenir une conférence de presse improvisée, à la réception, en répondant aux questions pour qu'ensuite les journalistes s'en aillent. Au bout d'une quinzaine de minutes, la plupart d'entre eux se dispersèrent.

Je fus ensuite soulagé de tomber sur Gill Phillips, la responsable juridique du *Guardian*, qui avait fait escale à Hong Kong en se rendant d'Australie à Londres, pour nous prodiguer ses conseils juridiques, à Ewen et moi. Elle me dit qu'elle avait l'intention d'explorer tous les moyens possibles pour le *Guardian* de protéger Snowden. «Alan est catégorique, il faut lui apporter tout le soutien juridique que nous pourrons», me dit-elle. On essaya de se parler mais, guettés par les derniers journalistes, nous n'étions pas tranquilles.

Je finis par retrouver mon lecteur, avec les deux avocats de Hong Kong qu'il avait amenés avec lui. On réfléchit à un moyen de se parler sans être suivis, et on décampa tous pour la chambre de Gill. Encore suivis à la trace par une poignée de reporters, nous leur avons fermé la porte au nez.

On se mit tout de suite au travail. Les avocats voulaient parler à Snowden de toute urgence, pour obtenir son autorisation formelle de le représenter, stade à partir duquel ils auraient capacité à agir en son nom.

Alors que Gill téléphonait pour se renseigner au sujet de ces deux avocats que nous venions tout juste de rencontrer avant de leur confier Snowden, elle fut en mesure de déterminer qu'ils s'agissait effectivement de spécialistes bien établis des questions liées aux droits de l'homme et au milieu des demandeurs d'asile, et qu'ils semblaient avoir de solides réseaux politiques à Hong Kong. Pendant qu'elle procédait à ce travail impromptu de vérification élémentaire, j'ouvris une session dans le programme de *chat* en ligne. Snowden et Laura étaient en ligne.

Laura, qui était maintenant descendue au même hôtel que Snowden, était convaincue que ce ne serait plus qu'une question de temps avant que les journalistes ne découvrent où ils se trouvaient. Snowden était clairement impatient de vider les lieux. Je lui parlai des avocats, qui étaient prêts à monter dans sa chambre. Il me dit qu'ils allaient devoir venir le chercher, et le conduire en lieu sûr. «Il est temps, ajouta-t-il, de passer à la partie de notre plan où je demande au monde protection et justice.

Mais il faut que je sorte de cet hôtel sans être reconnu par les journalistes, insista-t-il. Sans quoi, ils vont me suivre partout où je vais.»

Je fis part des préoccupations de Snowden aux avocats.

«A-t-il une idée pour éviter ça?» demanda l'un d'eux.

Je transmis la question à l'intéressé.

« Je suis en train de m'occuper de changer d'apparence, me confirma-t-il, ayant manifestement réfléchi au problème en amont. Je peux me rendre méconnaissable. »

À ce stade, j'estimai que les avocats allaient devoir lui parler directement. Avant d'être en position de le faire, ils avaient besoin qu'il répète après eux la phrase formalisée par laquelle il leur confiait ses intérêts. J'envoyai à Snowden cette phrase rituelle et il me la renvoya. Les avocats prirent alors l'ordinateur et entamèrent le dialogue avec lui.

Au bout de dix minutes, les deux juristes annoncèrent qu'ils se rendaient immédiatement à son hôtel pour le rencontrer, tandis qu'il tâchait de sortir de l'établissement sans se faire repérer.

« Que comptez-vous faire de lui, après cela ? » demandai-je.

Ils le conduiraient vraisemblablement à la mission des Nations unies à Hong Kong et demanderaient officiellement la protection de l'ONU, pour le mettre à l'abri du gouvernement des États-Unis, au motif qu'il était réfugié demandeur d'asile. Ou, disaient-ils, ils tenteraient de lui organiser un « lieu sûr ».

Mais ensuite, comment faire ressortir ce trio d'avocats de l'hôtel sans qu'ils soient suivis ? On échafauda un plan : je sortirais de la chambre d'hôtel avec Gill et je descendrais à la réception pour attirer les journalistes, toujours en faction devant la porte, pour qu'ils me suivent. Les avocats attendraient ensuite quelques minutes et se faufileraient hors de l'hôtel, en espérant que personne ne les remarquerait.

Ce stratagème fonctionna. Au bout d'une demi-heure de discussion avec Gill dans une galerie marchande attenante à l'hôtel, je retournai dans ma chambre et c'est non sans anxiété que je téléphonai à l'un des avocats sur son téléphone portable.

« Il a pu sortir juste avant que la meute des journalistes ne commence à envahir l'étage, m'expliqua-t-il. Nous l'avons retrouvé à son hôtel, devant la salle de conférences à l'alligator du troisième étage – celle où nous l'avions rencontré le premier jour avec Laura, appris-je plus tard – et nous avons ensuite franchi une passerelle menant à la galerie marchande attenante, jusqu'à notre voiture qui nous attendait. Il est avec nous, maintenant.»

Où l'emmenaient-ils?

«Il vaut mieux ne pas parler de ça au téléphone, me répondit l'avocat. Il sera en sécurité, pour le moment.»

J'étais extrêmement soulagé de le savoir entre de bonnes mains, mais nous savions qu'il y avait de fortes chances pour que nous ne puissions plus jamais le revoir ou lui parler, du moins pas en homme libre. La prochaine fois que nous le verrions, pensai-je, ce serait vraisemblablement à la télévision, vêtu de la combinaison orange des prisonniers et des chaînes aux pieds, dans une salle d'audience d'un tribunal américain, traduit en justice pour faits d'espionnage.

J'en étais encore à digérer cette nouvelle quand on frappa à la porte. C'était le directeur de l'hôtel, venu me dire qu'au standard mon numéro de chambre sonnait sans interruption (j'avais donné instruction à la réception de bloquer tous les appels). Des meutes de journalistes, de photographes et cameramen étaient en bas à l'accueil, attendant que je fasse une apparition.

«Si vous voulez, proposa-t-il, nous pouvons vous conduire à un monte-charge et à une sortie qui passera inaperçue. Et l'avocat du *Guardian* a effectué une réservation pour vous dans un autre hôtel sous un autre nom, si cela peut vous convenir.»

Dans son langage de directeur d'hôtel, c'était manifestement une invitation à peine voilée pour me signifier : *Nous aimerions que vous partiez, à cause du grabuge que vous créez.* Quoi qu'il en soit, je savais que c'était une bonne idée : j'avais envie de continuer de travailler avec un peu de tranquillité, et j'espérais encore maintenir le contact avec Snowden. Je bouclai mes bagages, suivis le directeur par la porte de derrière, retrouvai Ewen dans une voiture qui attendait, avant de descendre dans un autre établissement sous le nom de l'avocat du *Guardian*.

J'ouvris immédiatement une session sur Internet en espérant avoir des nouvelles de Snowden. Quelques longues minutes plus tard, il vint en ligne.

«Je vais bien, me dit-il. Pour le moment, je suis dans un lieu sécurisé. Mais je n'ai aucune idée du degré de protection de l'endroit, et de combien de temps je vais rester. Je vais devoir bouger d'un lieu à un autre, et mon accès Internet n'est pas fiable, je ne sais pas quand je serai en ligne ou à quelle fréquence.»

À l'évidence, il répugnait à fournir le moindre détail sur sa localisation et je n'en réclamais pas. Je savais que la possibilité que je sois informé de sa retraite était très faible. C'était désormais l'homme le plus recherché par le gouvernement le plus puissant de la planète. Les États-Unis avaient déjà demandé aux autorités de Hong Kong de l'arrêter et de le leur livrer.

On se parla donc brièvement, échangeant quelques propos vagues, en exprimant mutuellement l'espoir de pouvoir rester en contact. Je lui dis de veiller sur lui.

Quand j'entrai enfin en studio donner des interviews pour *Morning Joe* et *The Today Show*, je remarquai immédiatement que le ton des questions avait nettement changé. Au lieu de s'adresser à moi comme à un journaliste, le présentateur préférait s'attaquer à une nouvelle cible : Snowden en personne, désormais une figure de l'ombre quelque part dans Hong Kong. Beaucoup de journalistes américains renouèrent avec leur rôle habituel de serviteurs du gouvernement. L'enjeu du débat n'était plus que des journalistes aient révélé de graves abus de la part de la NSA, mais qu'un Américain travaillant pour le gouvernement ait «trahi» ses obligations, commis des crimes et «fui en Chine».

Mes interviews avec les deux présentateurs, Mika Brzezinski et Savannah Guthrie, se déroulèrent sur un ton acerbe et plein d'acrimonie. Cela faisait une semaine entière que j'étais privé de sommeil, et je n'étais guère disposé à tolérer les critiques contre Snowden que recelaient leurs questions : à mes yeux, les journalistes auraient dû encenser et non diaboliser un individu qui avait introduit plus de transparence dans l'État de la sécurité nationale que quiconque depuis des années.

Après quelques journées supplémentaires d'interviews, je décidai qu'il était temps de quitter Hong Kong. Il serait évidemment impossible désormais de revoir Snowden ou de l'aider à quitter la ville et, à ce stade j'étais totalement épuisé, physiquement, émotionnellement et psychologiquement. J'étais impatient de rentrer à Rio.

Je pensais prendre un vol qui fasse escale à New York, m'arrêter une journée pour accorder d'autres interviews – juste pour marquer le coup, et bien faire comprendre que j'en avais la faculté et la volonté. Mais un avocat me le déconseilla, en m'exposant que courir de tels risques juridiques n'aurait guère de sens, tant que nous ne savions pas comment Washington entendait réagir. «Vous venez de permettre la plus grosse fuite de sécurité de l'histoire américaine et vous êtes passé sur toutes les chaînes de télévision avec le plus grand message de défi qui soit, m'expliqua-t-il. Un voyage aux États-Unis n'aurait de sens qu'une fois que nous aurons une idée de la réaction du département de la Justice.»

Je n'étais pas d'accord : je croyais extrêmement improbable que l'administration Obama arrête un journaliste au beau milieu d'un reportage aussi médiatisé. Mais j'étais trop vidé pour discuter ou courir ce risque. Je demandai donc au *Guardian* de me réserver un vol de retour pour Rio via Dubaï, en évitant soigneusement les États-Unis. Pour le moment, estimais-je, j'en avais assez fait.

3.

Tout collecter

« Qu'est-ce qui nous empêche de collecter
tous les signaux, tout le temps ? »

Général Keith Alexander

Les archives de documents réunies par Snowden se révélèrent impressionnantes, tant par leur volume que par leur ampleur. Même pour quelqu'un comme moi qui avais passé des années à écrire sur les dangers des opérations de surveillance secrète conduites par les États-Unis, je trouvais l'immensité de ce système d'espionnage effarante, et d'autant plus du fait qu'il ait été manifestement instauré quasi hors de tout impératif de responsabilité ou de transparence, et sans limite aucune.

Ceux qui ont mis en œuvre ces milliers de programmes de surveillance discrète décrits dans ces documents Snowden n'avaient jamais prévu qu'ils soient dévoilés à l'opinion publique. Nombre de ces programmes visaient la population américaine, mais des dizaines de pays du globe étaient aussi les cibles d'une surveillance massive et systématique – y compris des démocraties considérées comme des alliées des

États-Unis, notamment la France, le Brésil, l'Inde, l'Allemagne.

Les dossiers Snowden étaient élégamment organisés, mais leur taille et leur complexité rendaient leur analyse extrêmement difficile. Les milliers de documents de la NSA qu'ils contenaient émanaient de presque toutes les unités et subdivisions de cette agence aux ramifications tentaculaires, et ils comportaient aussi des fichiers d'organes de renseignement extérieurs aux États-Unis, étroitement alignés sur Washington. Ces documents étaient étonnamment récents, presque tous datés de 2011 et 2012, et pour une bonne part de 2013, quelques-uns même de mars et avril, deux petits mois avant notre rencontre avec lui à Hong Kong.

La vaste majorité des fichiers de ces archives portaient la mention «FVEY», signifiant qu'ils étaient approuvés pour une distribution limitée aux quatre plus proches alliés de la NSA en matière de surveillance : la Grande-Bretagne, le Canada, l'Australie et la Nouvelle-Zélande, l'alliance anglophone des Five Eyes, les «cinq yeux». D'autres étaient exclusivement réservés à l'usage de personnels autorisés américains (marqués «NOFORN», acronyme de «No Foreigner», «aucune diffusion étrangère»). Certains documents, comme l'arrêt de la cour FISA validant la collecte des registres d'appels téléphoniques et la directive du président Obama autorisant la préparation d'opérations cybernétiques offensives, comptaient parmi les secrets les plus étroitement gardés du gouvernement des États-Unis.

Déchiffrer les archives et le langage de la NSA imposait un travail d'apprentissage des plus ardus. Dans sa communication interne et avec ses partenaires, l'agence emploie un langage qui lui est propre, c'est-à-dire à la fois bureaucratique et guindé, mais aussi empreint ici et là d'un ton supérieur et même de cynisme. La plupart des documents étaient très techniques, remplis d'acronymes et de noms de codes rébarbatifs, requérant parfois la lecture préalable d'autres documents avant de pouvoir être compris. Mais Snowden avait anticipé le problème en nous fournissant des glossaires d'acronymes et de noms de programmes, ainsi que des dictionnaires internes de l'agence reprenant la terminologie du métier. À la première, à la deuxième ou même à la troisième lecture, le contenu de certaines de ces pièces restait impénétrable : leur signification s'éclairait seulement une fois que j'avais pu reconstituer d'autres parties d'autres documents et, après consultation des experts mondiaux les plus éminents, dans les domaines de la surveillance, de la cryptographie, du hacking, des spécialistes de l'histoire de la NSA et du cadre juridique où s'inscrivait l'espionnage américain.

Pour aggraver la difficulté, ces montagnes de documents étaient souvent organisées non par sujets mais en fonction des branches de l'agence qui en étaient la source, et des révélations dramatiques étaient mélangées avec de grandes quantités d'autres pièces, soit très banales, soit très techniques. Le *Guardian* avait eu beau concevoir un dispositif de recherche de ces fichiers par mot-clef, ce qui s'avérait d'une grande aide, ce système de classement était loin d'être complet. Le processus d'assimilation de ces archives était donc d'une lenteur laborieuse et, bien des mois après leur réception, certains termes et certains programmes requéraient encore davantage d'investigation avant de pouvoir être divulgués en toute sécurité et en toute cohérence.

Pourtant, en dépit de telles difficultés, les fichiers Snowden avaient indiscutablement mis à nu un réseau complexe de surveillance visant des citoyens américains (qui ne sont explicitement pas censés être la cible de la mission fondatrice de la NSA) ainsi que des non-Américains. Ces archives révélaient les moyens techniques utilisés pour intercepter les communications : la mise sur écoute des serveurs Internet, des satellites, des câbles optiques sous-marins, des réseaux téléphoniques sur le territoire américain et à l'étranger ainsi que des ordinateurs personnels. Elles identifiaient les individus ciblés par des formes d'espionnage extrêmement invasives, une liste qui allait de terroristes présumés et de suspects d'actes criminels à des dirigeants démocratiquement élus de nations alliées, jusques et y compris des citoyens américains ordinaires. Et elle mettait en lumière l'ensemble des stratégies et des objectifs de la NSA.

Snowden avait placé en tête de ses archives les documents capitaux, d'application générale, en signalant leur importance toute particulière. Ces fichiers révélaient l'ampleur extraordinaire des capacités d'intervention de l'agence, ainsi que l'étendue de sa duplicité et de sa criminalité. Le programme BOUNDLESS INFORMANT, figurant parmi ces premières révélations, montrait que la NSA décompte tous les appels téléphoniques et tous les e-mails collectés chaque jour partout dans le monde avec une exactitude mathématique. Si Edward Snowden avait mis ces documents en évidence, c'était non seulement parce qu'ils quantifiaient le volume des appels et des e-mails recueillis et conservés par la NSA – littéralement des milliards par jour –, mais aussi parce qu'ils suffisaient à prouver que le chef de la NSA, le général Keith Alexander, ainsi que d'autres hauts responsables avaient menti au Congrès. À maintes reprises, des responsables de la NSA avaient prétendu qu'ils étaient incapables de fournir des chiffres précis – et pourtant BOUNDLESS INFORMANT avait été conçu précisément pour rassembler ces données.

Ainsi, par exemple, sur une période d'un mois débutant le 8 mars 2013, une diapositive BOUNDLESS INFORMANT montrait qu'une seule unité de la NSA, la Global Access Operations, avait récolté des données sur plus de 3 milliards d'appels téléphoniques et d'e-mails qui avaient transité par le système de télécommunications américain. (Les DNR, ou « Reconnaissances de numéros d'appel », désignent les appels téléphoniques ; les DNI, ou « Intelligence des réseaux de données », désignent les communications sur Internet, comme les e-mails.) Cela dépassait le volume récolté dans chacun des réseaux de télécommunications de Russie, du Mexique et de pratiquement tous les pays d'Europe, et représentait à peu près l'équivalent de la collecte de données réalisée en Chine. Au total, en tout juste trente jours, cette unité de la NSA avait collecté les données de plus de 97 milliards d'e-mails et 124 milliards d'appels téléphoniques émanant du

monde entier. Un autre document BOUNDLESS INFOR-
MANT détaillait les données internationales collectées en une
seule période de trente jours depuis l'Allemagne (500 millions), le Brésil (2,3 milliards) et l'Inde (13,5 milliards). Et
en même temps d'autres fichiers montraient une collecte de
métadonnées en coopération avec les gouvernements français
(70 millions), espagnol (60 millions), italien (47 millions),
néerlandais (1,8 million), norvégien (33 millions) et danois
(23 millions).

1. Vue d'ensemble. 2. Total DNI [intelligence des réseaux de données] : 97 111 188 358.
3. Total DNR [reconnaissance de numéros d'appel] : 124 808 692 959 4. SIGADS
[SIGINT *Activity Designator*, indicateur alphanumérique identifiant une station d'écoute
électronique] : 504. 5. Notations de cas : 27 798. 6. Systèmes de traitement : 2 431.
7. États-Unis : 3 095 533 478

Bien que l'objet de la NSA soit statutairement de se
centrer sur le «renseignement étranger», ces documents
confirmaient que le public américain constituait une cible
non moins importante de cette surveillance secrète. Rien
ne l'indiquait plus clairement que l'ordre ultraconfidentiel
du 25 avril 2013 de la cour FISA obligeant Verizon à lui
remettre toute information sur les appels téléphoniques de
ses clients américains, les «métadonnées téléphoniques». Sous
la classification «NOFORN», cet ordre emploie un langage
aussi clair qu'irréfutable :

> Par la présente, ordre est donné que le Responsable de
> ces Relevés produise à l'Agence nationale de sécurité (NSA)
> en application de cet Ordre, et continue de produire par la suite
> de façon quotidienne pour la durée d'application de cet Ordre,

et sauf décision contraire de la Cour, une copie électronique des pièces matérielles suivantes : les relevés détaillés de tous les appels, ou «métadonnées téléphoniques» créés par Verizon relatifs aux communications (i) entre les États-Unis et l'étranger; et (ii) la totalité des communications intérieures au territoire américain, y compris les appels téléphoniques locaux.

Les métadonnées téléphoniques incluent des informations complètes sur l'acheminement des communications, notamment mais pas seulement les informations d'identification de session (par exemple les numéros de téléphone de l'émetteur et du destinataire, l'IMSI (numéro d'identité mobile international de l'abonné), l'IMEI (l'identité internationale d'équipement mobile), etc.), l'identifiant du préfixe local, les numéros de carte d'appel ainsi que l'heure et la durée de la communication.

Ce système de collecte téléphonique en vrac constituait l'une des découvertes les plus importantes au milieu d'une masse d'archives regorgeant de toutes sortes de programmes de surveillance clandestine – depuis le dispositif à grande échelle PRISM (comportant la collecte de données directement auprès des serveurs des plus grandes sociétés du secteur Internet de la planète) et le PROJECT BULLRUN (une initiative conjointe de la NSA et de son homologue britannique GCHQ[1] de cassage des formes de cryptage les plus courantes servant à protéger les transactions en ligne) jusqu'à des programmes de plus petite dimension dont les noms reflètent un état d'esprit de suprématie, avec la tonalité méprisante et les airs supérieurs dont ils sont empreints : EGOTISTICAL GIRAFFE [Girafe égoïste], qui cible le navigateur Tor, conçu pour permettre l'anonymat de la navigation en ligne, MUSCULAR, un moyen d'investir les réseaux privés de Google et Yahoo, et OLYMPIA, un programme de surveillance du ministère brésilien des Mines et de l'Énergie, piloté par le Canada.

1. Le *Government Communications Headquarters* est le service de renseignement électronique du gouvernement britannique. Sous la responsabilité du secrétaire d'État britannique aux Affaires étrangères et du Commonwealth, il fournit au gouvernement et aux forces armées britanniques les informations collectées grâce aux techniques de renseignement d'origine électromagnétique.

Une partie de cette surveillance était apparemment consacrée aux individus soupçonnés de terrorisme. Mais de nombreux programmes étaient manifestement dénués de tout rapport avec la sécurité nationale. Au vu de ces documents, le doute n'était plus permis : la NSA était impliquée dans l'espionnage économique, diplomatique, ainsi que dans la surveillance de populations entières, et ce en l'absence de tout soupçon.

Prises dans leur intégralité, les archives Snowden conduisaient à une conclusion fort simple : le gouvernement américain avait bâti un système qui s'était fixé pour objectif l'élimination complète, à l'échelle planétaire, de toute vie privée électronique. Loin de toute hyperbole, c'est au sens propre du terme l'objectif, explicitement formulé, de l'État de surveillance : s'assurer que toute communication par voie électronique entre les habitants de la planète soit collectée, conservée, contrôlée et analysée. L'agence se consacre à une mission primordiale : empêcher au moindre élément de communication électronique d'échapper à son emprise systémique.

Cette obligation impérieuse qu'elle s'impose à elle-même requiert une expansion sans fin du périmètre d'action de l'agence. Tous les jours, la NSA travaille à identifier des communications électroniques qui ne sont ni collectées ni conservées, puis elle développe de nouvelles technologies et de nouvelles méthodes afin de remédier à cette carence. L'agence elle-même considère qu'elle n'a besoin d'aucune justification spécifique pour récolter quelques communications électroniques que ce soit, et d'aucun motif pour traiter ses cibles avec suspicion. Ce que la NSA appelle «SIGINT» – l'intelligence de tous les signaux –, voilà sa cible. Et le fait même de s'être dotée de la capacité de récolter ces communications est devenu une raison supplémentaire de cette entreprise pharaonique.

Branche militaire du Pentagone, la NSA est la plus grande agence de renseignement du monde. Elle mène la majorité de son travail de surveillance dans le cadre de l'alliance des Five Eyes. Quand la controverse autour des révélations de Snowden gagna en intensité, l'agence avait à sa tête le général quatre étoiles Keith B. Alexander, qui en dirigeait les opérations depuis neuf ans : durant son mandat, il en avait élargi le périmètre et renforcé l'influence avec une remarquable agressivité. Ce faisant, Alexander devint l'homme que le journaliste James Bamford qualifia un jour de « chef du renseignement le plus puissant de l'histoire américaine ».

Lors de la prise de fonction d'Alexander, la NSA était « déjà un Léviathan de données, remarquait Shane Harris, journaliste de la revue *Foreign Policy*, mais sous son autorité, l'ampleur, l'échelle et l'ambition de sa mission ont dépassé tout ce que ses prédécesseurs avaient pu envisager ». Jamais auparavant « une agence du gouvernement américain n'avait eu la capacité, ainsi que le pouvoir juridique, de collecter et de conserver autant d'informations électroniques ». Un ancien responsable de l'administration américaine, qui travaillait auprès du chef de la NSA, expliqua à Shane Harris que « la stratégie d'Alexander » était claire : « Il me faut la totalité des données. » Et Harris d'ajouter : « Et il entend s'y tenir aussi longtemps que cela lui sera possible. »

La devise personnelle d'Alexander – « Tout collecter » –, traduit parfaitement l'objectif central de la NSA. Il commença par mettre cette philosophie en pratique en 2005 en Irak, où il organisa la collecte des signaux de renseignement en relation avec l'occupation américaine. Ainsi que l'exposait le *Washington Post* dans un article de 2013, le général Alexander était de plus en plus insatisfait des limites du champ d'action du renseignement militaire américain, qui ne visait que les individus suspects d'être des insurgés et d'autres types de menaces contre les forces américaines, une approche que le nouveau chef de la NSA, récemment nommé, jugeait trop contraignante. « Il voulait tout : tous les SMS des Irakiens, tous leurs coups de téléphone et la totalité des e-mails que les puissants ordinateurs de l'agence pourraient avaler. » C'est ce qui amena le gouvernement des États-Unis à déployer des moyens technologiques permettant de récolter de manière indiscriminée, systématique, toutes les données de communications de la totalité de la population irakienne.

Keith Alexander conçut ensuite un moyen d'appliquer ce système omniprésent de surveillance – créé à l'origine contre une population étrangère dans une zone de guerre active –, aux citoyens américains. «Et, comme il l'a fait en Irak, il a fortement insisté pour obtenir tout ce qui lui était possible : les outils, les ressources et le pouvoir juridique de collecter et de stocker de vastes quantités d'information brute concernant aussi bien les communications entre Américains qu'avec des étrangers», rapportait le *Washington Post*. En conséquence, «en ses huit années à la barre de l'agence de surveillance électronique du pays, le général Alexander, âgé de soixante et un ans, a discrètement révolutionné les capacités du gouvernement à récolter des informations, le tout au nom de la sécurité nationale».

La réputation d'extrémiste de la surveillance d'Alexander est dûment attestée. En décrivant son «initiative tous azimuts et à la limite de la légalité pour bâtir un appareil d'espionnage hors pair», la revue *Foreign Policy* le surnomma «le cowboy de la NSA». Toujours selon cette revue, les conceptions d'Alexander, où tous les coups sont permis, donnèrent même souvent des «aigreurs d'estomac» au chef de la CIA et de la NSA de l'époque Bush, le général Michael Hayden – qui supervisa lui-même la mise en place du programme d'écoutes sans mandat de la présidence Bush et qui est aussi réputé pour son militarisme agressif. Un ancien responsable du renseignement caractérisa la vision du directeur de l'agence en ces termes : «Ne nous soucions pas des lois. Contentons-nous de nous doter des moyens d'exécuter le travail.» Le *Washington Post* notait pareillement que «ses défenseurs admettent eux-mêmes que l'agressivité d'Alexander l'a parfois conduit à frôler la limite de son pouvoir juridique».

Bien que certaines des déclarations les plus excessives d'Alexander – comme par exemple cette question abrupte : «Qu'est-ce qui nous empêche de collecter tous les signaux, tout le temps?» qu'il aurait posée en 2008 lors d'une visite au GCHQ britannique – aient été minimisées par le porte-parole de l'agence et qualifiées de simples plaisanteries un peu légères sorties de leur contexte, certains documents internes de la NSA démontrent qu'il ne plaisantait pas. En 2011, une présentation ultrasecrète faite lors de la conférence annuelle de l'alliance Five Eyes attestait que la NSA avait explicitement repris à son compte la devise d'omniscience d'Alexander, devenue son objectif central :

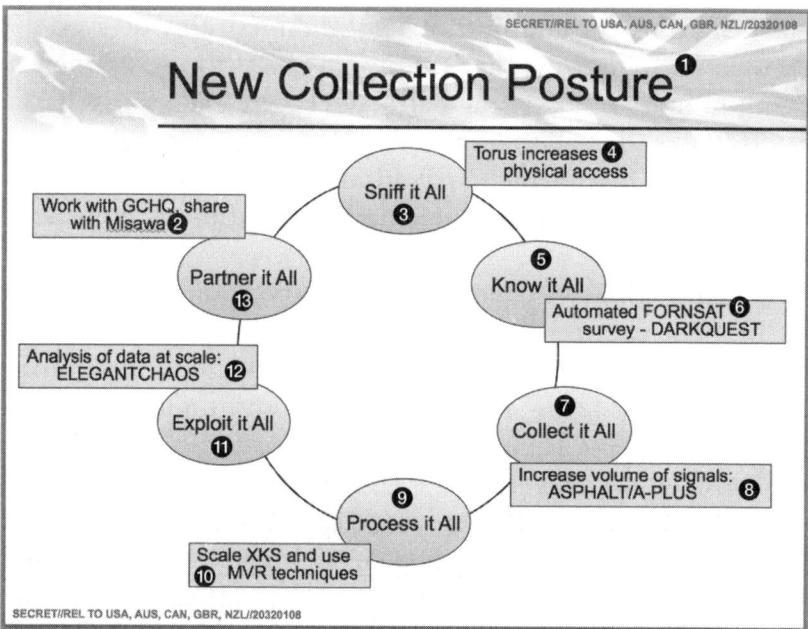

1. Collecte de données – Nouvelle posture. 2. Travailler avec le GCHQ, action commune avec Misawa. 3. Tout renifler. 4. Torus renforce l'accès physique. 5. Tout savoir. 6. Enquête FORNSAT automatisée – DARKQUEST. 7. Tout collecter. 8. Augmenter le volume de signaux : ASPHALT/A-PLUS. 9. Tout traiter. 10. Développer XKS et utiliser les techniques MVR[1]. 11. Tout exploiter. 12. Analyse de données à l'échelle : ELEGANT CHAOS. 13. Tout en partenariat.

---

1. XKS : Acronyme du programme X-Keyscore. MVR (*massive volume reduction*) : avec ce procédé, l'information est réduite à des individus précis, des adresses mail ou des numéros de téléphone.

Un document de 2010 présenté par le GCHQ lors de la conférence Five Eyes – se référant à son programme en cours d'interception des communications satellite, sous le nom de code TARMAC – stipulait clairement que le service de renseignement britannique se servait aussi de cette formule pour décrire sa mission.

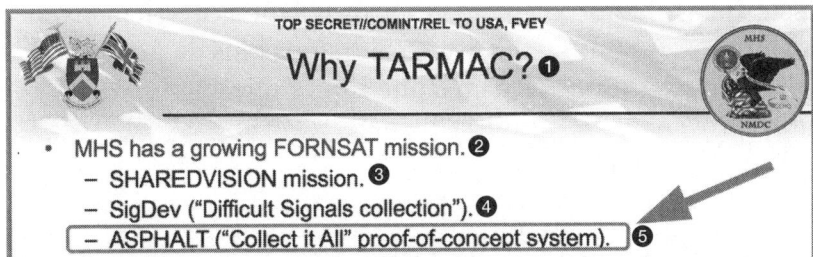

TOP SECRET//COMINT/REL TO USA, FVEY

Why TARMAC? ❶

- MHS has a growing FORNSAT mission. ❷
  - SHAREDVISION mission. ❸
  - SigDev ("Difficult Signals collection"). ❹
  - ASPHALT ("Collect it All" proof-of-concept system). ❺

1. Pourquoi TARMAC? 2. Le MHS a une mission FORNSAT en pleine croissance. 3. Mission SHAREDIVISION. 4. SigDEV («collecte de Signaux Complexe»). 5. ASPHALT (système preuve-de-concept de «Collecte totale»).

Même des mémos internes de la NSA de pure routine invoquent ce slogan pour justifier ses capacités en expansion. Un mémo du directeur technique des Opérations de mission de la NSA vante par exemple les récentes améliorations apportées sur le site de collecte de renseignements de Misawa, au Japon :

Projets futurs (IJ)

(TS[1]//SI[2]//REL) À l'avenir, le MSOC [Misawa Security Operations Center] espère accroître le nombre de plates-formes WORDGOPHER afin de permettre la démodulation de milliers d'opérateurs supplémentaires à faible débit.

Ces cibles sont idéalement adaptées pour la démodulation logicielle. En outre, le MSOC a mis au point une capacité de scanner et démoduler des signaux dès qu'ils sont activés sur les satellites. Il y a des multitudes de possibilités, qui rapprochent notre projet d'un pas supplémentaire vers la «collecte totale».

---

1. TS : *Top Secret*.
2. SI : *Sensitive Information*, information confidentielle.

Loin d'être un trait d'esprit superficiel, le mot d'ordre du
« tout collecter » définit les aspirations de la NSA, et c'est un
objectif que l'agence est de plus en plus près d'atteindre. La
quantité d'appels téléphoniques, d'e-mails, de *chats* en ligne,
d'activités sur le Net et de métadonnées téléphoniques qu'elle
collecte en une journée est vertigineuse. En fait, fréquemment, comme le note un document de 2012, la NSA « collecte bien plus de contenu qu'il n'en faut généralement aux
analystes ». À la mi-2012, l'agence traitait plus de 20 milliards
de communications (tant téléphoniques que sur Internet) *par
jour,* provenant de toute la planète :

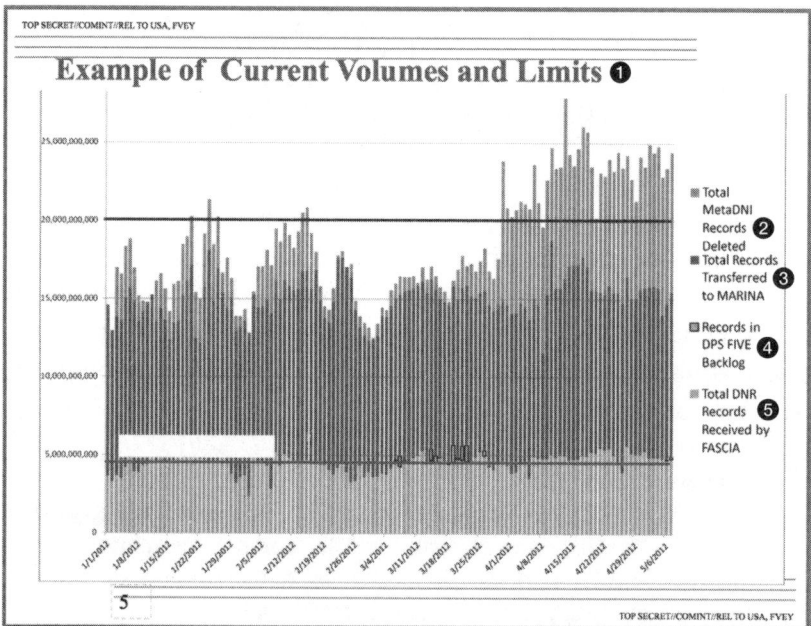

1. Exemple des volumes et des limites actuels. 2. Total des relevés MetaDNI supprimés.
3. Total des relevés transférés à MARINA. 4. Relevés en DPS FIVE en suspens. 5. Total
des relevés DNR reçus par FASCIA.

Pour chaque pays pris individuellement, la NSA produit aussi une ventilation quotidienne détaillée quantifiant le nombre d'appels et d'e-mails recueillis : le graphique ci-dessous, pour la Pologne, indique pour certains jours plus de 3 millions d'appels téléphoniques, soit un total de 71 millions sur une période de trente jours.

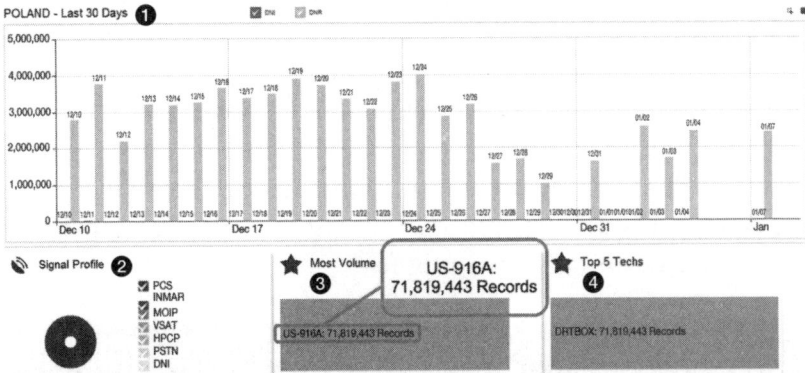

1. Pologne – 30 derniers jours. 2. Profil de signal. 3. Volume principal : US-916A : 71 819 443 relevés. 4. 5 premières techniques, DTRBOX : 71 819 443 relevés.

Le total recueilli sur le territoire américain n'est pas moins stupéfiant. Avant même les révélations de Snowden, le *Washington Post* signalait qu'en 2010 « tous les jours, les systèmes de collecte de l'Agence nationale de sécurité interceptaient et stockaient 1,7 milliard d'e-mails, d'appels téléphoniques et d'autres types de communications » émanant d'Américains. William Binney, un mathématicien qui a travaillé trente ans pour la NSA, avant de démissionner au lendemain du 11-Septembre en signe de protestation contre la focalisation croissante des missions de l'agence sur le territoire intérieur des États-Unis, publia de nombreuses déclarations illustrant les quantités de données collectées. Dans une interview à *Democracy Now* en 2012, il indiquait qu'« ils ont rassemblé de l'ordre de 20 trillions d'échanges concernant des citoyens américains avec d'autres citoyens américains ».

Après les révélations de Snowden, le *Wall Street Journal* nous apprenait qu'au total, le système d'interception de la NSA « a la capacité, dans sa chasse au renseignement étranger, d'atteindre à peu près 75 % de tout le trafic Internet des États-Unis, y compris un vaste spectre de communications émanant de ressortissants étrangers autant que d'Américains ». S'exprimant de façon anonyme, d'anciens et d'actuels responsables de la NSA déclaraient au *Wall Street Journal* que, dans certains cas, la NSA « conserve les contenus écrits des e-mails échangés entre citoyens sur le territoire américain, mais filtre aussi les appels téléphoniques passés via la technologie Internet ».

Le GCHQ britannique recueille également une si grande quantité de données de communications qu'il arrive à peine à stocker ce qu'il amasse. Un document de 2011 préparé par les Britanniques le souligne :

UK TOP SECRET STRAP 1 COMINT REL TO UK/US/AUS/CAN/NZ EYES ONLY ❶

Knowing what we have - Guiding Light ❷

- **GCHQ has massive access to international** ❸ **internet communications**

- **We receive upwards of 50 *Billion* events *per day*** ❹ **(...and growing)**

1. UK Top Secret STRAP [*Strategic Action Plan*] 1 COMINT REL. À UK/US/AUS/ CAN/NZ [accès restreint]. 2. Savoir ce dont nous disposons – mesures de référence. 3. Le GCHQ dispose d'un accès complet aux communications Internet mondiales. 4. Nous recevons jusqu'à 50 milliards de résultats par jour (… en hausse constante).

La NSA est tellement obsédée par son idée de collecte totale que les archives Snowden sont émaillées de mémos internes d'autocongratulation annonçant tel ou tel élément nouveau dans le cadre de cette collecte. Cette entrée de décembre 2012 d'un forum de messagerie interne proclame ainsi fièrement que le programme SHELLTRUMPET venait de traiter son trillionnième relevé :

(S//SI/REL A USA, FVEY) SHELLTRUMPET traite son trillion-nième relevé de métadonnées

Par ███████████ le 31-12-2012 0738

(S//SI//REL A USA, FVEY) Le 21 décembre 2012, SHELL-TRUMPET a traité son trillionnième relevé de métadonnées. SHELLTRUMPET a débuté en tant qu'analyseur de métadonnées en quasi-temps réel le 8 décembre 2007, dans le cadre d'un système de collecte CLASSIC. Au cours de ses cinq années d'existence, de nombreux autres systèmes de l'Agence ont eu l'occasion d'utiliser les capacités de traitement de SHELL-TRUMPET pour monitoring à haute performance de notification directe d'alertes sur e-mails, alerte TRAFFICTHIEF et filtrage et absorption des Passerelles d'accès régionaux en temps réel (RTRG). Même s'il a fallu cinq ans pour franchir le cap du trillion, c'est <u>presque la moitié de ce volume qui a été traitée au cours de cette année calendaire, et la moitié de ce volume provenait du DANCINGOASIS du SSO. SHELLTRUMPET traite actuellement deux milliards de données d'appel/jour</u> à partir de certains systèmes précis de Seconde Partie du SSO (sys-tèmes basés sur Ram. M., OAKSTAR, MYSTIC et WCSC). En 2013, nous l'étendrons à d'autres systèmes SSO. Le trillion de relevés traités a donné lieu à 35 millions de notifications à TRAFFICCHIEF.

Pour collecter une telle quantité de communications, la NSA s'appuie sur une multitude de méthodes. Cela inclut la pose de dispositifs d'écoute sur les lignes internationales à fibre optique servant à la transmission des télécommunications (y compris les câbles sous-marins), le réacheminement des messages vers ses dépôts quand ils traversent le réseau américain (comme c'est le cas de la plupart des communications mondiales) et la coopération avec divers services de renseignement dans d'autres pays pour leur collecte. De plus en plus souvent, l'agence s'appuie aussi sur les fournisseurs d'accès Internet et les opérateurs téléphoniques, qui lui retransmettent les informations indispensables collectées sur leurs propres abonnés.

Alors que l'agence est officiellement un organisme public, elle s'appuie sur d'innombrables partenariats croisés avec des entreprises du secteur privé, et nombre de ses fonctions essentielles ont été confiées en sous-traitance. La NSA proprement dite emploie à peu près 30 000 personnes, mais elle a aussi passé des contrats avec quelque 60 000 employés d'entreprises privées, qui lui fournissent des services essentiels. Snowden lui-même était employé en réalité par Dell et par Booz, Allen, Hamilton, une grande entreprise du secteur de la défense. Pourtant, comme beaucoup d'autres sous-traitants privés, il travaillait dans les locaux de l'agence, sur ses fonctions centrales et avec un plein accès à ses secrets.

Selon Tim Shorrock, qui tient depuis longtemps la chronique des relations NSA-entreprises, «70 % de notre budget national du renseignement sont dépensés dans le secteur privé». Quand Michael Hayden expliquait que «la plus forte concentration de cyber-pouvoir de la planète se situe au carrefour de Baltimore Parkway et de la route 32 de l'État du Maryland», Shorrock précisait qu'«il ne se référait pas au siège de la NSA proprement dite, mais au parc d'activités situé à un peu moins de deux kilomètres de l'édifice noir gigantesque qui abrite le quartier général de l'agence à Fort Meade, dans le Maryland. C'est là que tous les principaux sous-traitants, de Booz à SAIC ou Northrop Grumman se chargent d'opérations de surveillance et de renseignement pour l'agence».

Ces partenariats d'entreprise s'étendent au-delà de la nébuleuse des sous-traitants du renseignement et de la défense pour englober les plus grands groupes mondiaux du secteur Internet et téléphonique, précisément ceux qui transmettent et traitent la grosse masse des télécommunications de la planète et peuvent faciliter l'accès aux communications privées.

Après avoir décrit les missions de «Défense (Protection des Télécommunications et des Systèmes Informatiques contre toute Exploitation)» et d'«Attaque (Interception et Exploitation des Signaux Étrangers)», un document de la NSA énumère les services fournis par de telles entreprises :

NSA Strategic Partnerships ❶

Alliances with over 80 Major Global Corporations Supporting both Missions ❷

- Telecommunications & Network Service Providers ❸
- Network Infrastructure ❹
- Hardware Platforms Desktops/Servers ❺
- Operating Systems ❻
- Applications Software ❼
- Security Hardware & Software ❽
- System Integrators ❾

EDS AT&T Qwest H-P Motorola CISCO Qualcomm Oracle IBM Intel Microsoft Verizon

TOP SECRET//COMINT//X1

1. Partenariat stratégique de la NSA. 2. Alliances avec plus de 80 entreprises mondiales de premier plan apportant leur soutien à ces deux missions. 3. Opérateurs Télécom & prestataires de services réseaux. 4. Infrastructures réseau. 5. Plates-formes matérielles, postes de travail / serveurs. 6. Systèmes d'exploitation. 7. Applications logicielles. 8. Matériel et logiciel de sécurité. 9. Intégrateurs systèmes.

Ces partenariats d'entreprises, qui fournissent les systèmes et les accès dont dépend l'agence, sont gérés par l'unité très secrète de ses Special Source Operations. Snowden décrivait le SSO comme le « fleuron » de l'organisation.

BLARNEY, FAIRVIEW, OAKSTAR et STORMBREW sont quelques-uns des programmes supervisés par le SSO au sein de son portefeuille CPA (Corporate Partner Access).

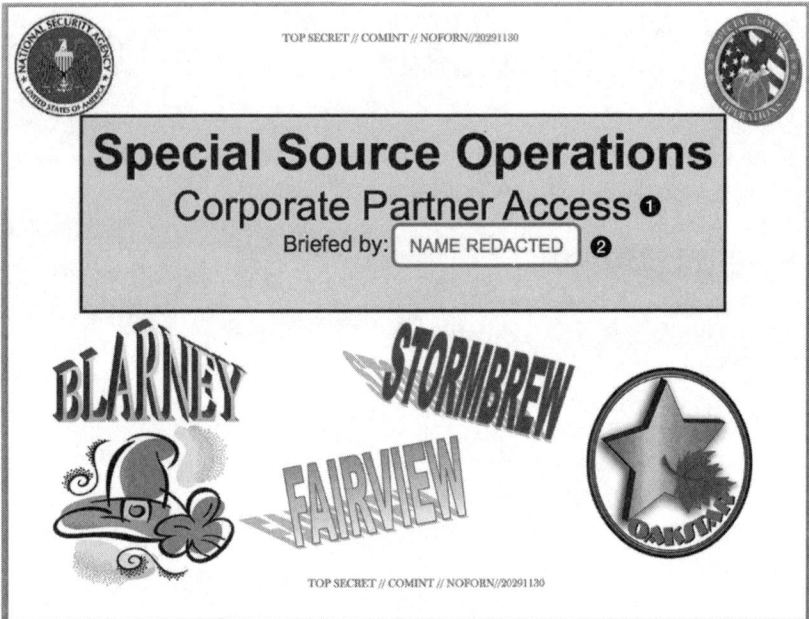

TOP SECRET // COMINT // NOFORN//20291130

Special Source Operations
Corporate Partner Access ❶
Briefed by: NAME REDACTED ❷

BLARNEY   STORMBREW
FAIRVIEW   OAKSTAR

TOP SECRET // COMINT // NOFORN//20291130

1. Accès Partenaire Entreprises. 2. Présenté par [nom censuré].

Dans le cadre de ces programmes, la NSA exploite l'accès dont disposent certains opérateurs de télécoms américains à des réseaux internationaux en concluant des contrats avec d'autres opérateurs à l'étranger pour bâtir, entretenir et améliorer ces réseaux. Les entreprises américaines redirigent ensuite les données de communications ciblées du pays concerné vers les dépôts de stockage de l'agence.

L'objectif central de BLARNEY est décrit dans un briefing interne :

TOP SECRET // COMINT // NOFORN//20291130

Relationships & Authorities ❶

• Leverage unique key corporate partnerships to gain access to high-capacity international fiber-optic cables, switches and/or routers throughout the world ❷

1. Réseaux de Relations & Réseaux de pouvoirs. 2. Nouer des partenariats-clefs avec des entreprises privilégiées pour avoir accès aux câbles de fibre optique internationaux à haute capacité, aux commutateurs et/ou routeurs du monde entier.

Le programme BLARNEY reposait sur l'une de ces relations en particulier – un partenariat instauré de longue date avec AT&T, selon un article du *Wall Street Journal* consacré à ce programme. Selon les propres fichiers de l'agence, en 2010, la liste des pays visés par BLARNEY comprenait le Brésil, la France, l'Allemagne, la Grèce, Israël, l'Italie, le Japon, le Mexique, la Corée du Sud et le Venezuela, ainsi que l'Union européenne et les Nations unies.

FAIRVIEW, un autre programme du SSO, collecte aussi ce que la NSA présente comme d'«énormes masses de données» en provenance du monde entier. Et ce programme repose également sur un seul «partenaire entreprise» et, en particulier, sur l'accès de ce partenaire aux réseaux de télécommunications de nations étrangères. Le résumé interne de la NSA sur FAIRVIEW est simple et clair :

TOP SECRET//COMINT//NOFORN

Unique Aspects ❶

Access to massive amounts of data ❷

Controlled by variety of legal authorities ❸

Most accesses are controlled by partner ❹

1. Aspects Remarquables. 2. Accès à d'énormes masses de données. 3. Contrôlé par diverses autorités judiciaires. 4. La quasi-totalité des accès sont contrôlés par le partenaire.

1. (TS/SI) US-990 (PDDG-UY)[1] – partenaire entreprise-clef avec accès aux câbles, routeurs et commutateurs internationaux. 2. (TS/SI) Cibles clefs : mondiales.

Selon ces documents de la NSA, FAIRVIEW se «situe généralement dans les cinq premières sources de collecte de données pour production sérialisée» – en d'autres termes, pour une surveillance ininterrompue – tout en étant «l'un des plus gros fournisseurs de métadonnées». Cette dépendance écrasante vis-à-vis d'un opérateur télécom transparaît à travers l'affirmation selon laquelle «approximativement 75 % des rapports émanent d'une source unifiée, reflétant l'accès incomparable dont bénéficie le programme à une grande variété de communications cibles». Bien que cet opérateur ne soit pas identifié, un descriptif FAIRVIEW de ce partenaire met en lumière l'empressement de ce dernier à coopérer :

> FAIRVIEW – Partenaire entrep. depuis 1985 avec accès aux câbles, routeurs et commutateurs intern. Ce partenaire opère aux États-Unis, mais il a accès à l'information qui transite par le territoire américain et, à travers ses liens entreprises, fournit un accès unique à d'autres opérateurs télécoms et fournisseurs d'accès Internet. Agressivement impliqué dans la formation du trafic afin de transmettre des signaux dignes d'intérêt vers nos dispositifs de surveillance.

Grâce à une telle coopération, FAIRVIEW collecte de vastes quantités d'informations sur les appels téléphoniques. Un graphique, qui couvre une période de trente jours débu-

1. PDDG ou *Producer Disegnator Digraph* : Digraphe du code du producteur.

tant le 10 décembre 2012, montre que ce programme était à lui seul responsable de la collecte de quelque 200 millions de relevés par jour – soit un total de 6 milliards de relevés ce mois-là. Les barres claires correspondent aux collectes «DNR» (appels téléphoniques) et les barres foncées reprennent les DNI (activité Internet)) :

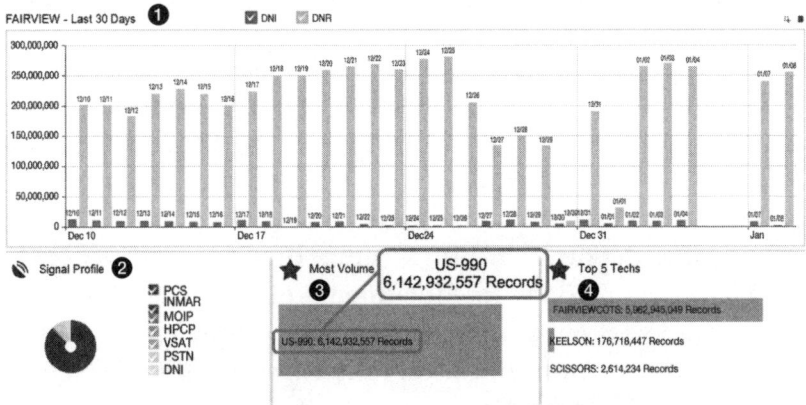

FAIRVIEW – 30 derniers jours. 2 Profil de signal. 3. Volume Total : US-990 6 142 932 557 relevés. 4. 5 Techniques principales : FAIRVIEWCOTS : 5 962 942 049 relevés, KEELSON : 176 718 447 relevés, SCISSORS : 2 614 234 relevés.

Pour collecter ces milliards de relevés, le SSO collabore à la fois avec les partenaires entreprises de la NSA ainsi qu'avec les services de renseignement étrangers – par exemple, les services polonais :

(TS//SI/NF[1]) ORANGECRUSH, qui fait partie du programme OAKSTAR au sein du portefeuille entreprises du SSO, a commencé la retransmission de métadonnées émanant d'un site partenaire de tierce partie (Pologne) vers les dépôts de la NSA à partir du 3 mars dernier et des contenus à compter du 25 mars. Ce programme est le fruit d'une collaboration entre SSO, NCSC [National Computer Security Center], ETC, FAD [Foreign Affairs Directorate, Direction des Affaires étrangères], un Partenaire Entreprise de la NSA et un service central de l'État polonais. ORANGECRUSH n'est connu des

1. NF : *No Foreign*, accès interdit à des interlocuteurs non Américains.

Polonais que sous l'appellation BUFFALOGREEN. Ce partenariat multigroupe a débuté en mai 2009 et incorporera le projet OAKSTAR d'ORANGEBLOSSOM et ses capacités DNR. Le nouvel accès fournira du SIGINT à partir de liens commerciaux gérés par le Partenaire Entreprise de la NSA et il est prévu qu'il inclue des communications de l'Armée nationale afghane, du Moyen-Orient, d'une partie du continent africain et d'Europe. Une notification a été envoyée à SPRINGRAY et cette collecte est disponible aux partenaires de Deuxième Partie via TICKETWINDOW.

De même, le programme OAKSTAR exploite l'accès d'un de ces « partenaires » entreprises de l'agence (baptisé STEELKNIGHT) aux réseaux de télécommunications étrangers en utilisant ces accès pour rediriger les données vers ses propres dépôts. Un autre (nom de code : SILVERZEPHYR) apparaît dans un document du 11 novembre 2009 décrivant le travail accompli par cette compagnie pour se procurer des « communications internes » en provenance du Brésil et de Colombie :

SILVERZEPHYR Accès FAA [FISA Amendment Act] DNI lancé à NSAW (TS//SI//NF)
Par ███████ le 06-11-2009 0918
(TS//SI//NF) Jeudi 05/11/09, l'accès SSO-OAKSTAR SILVERZEPHYR a commencé de retransmettre des relevés DNI FAA au NSAW via le système WealthyCluster2/Tellurian FAA installé sur le site du partenaire. Le SSO s'est coordonné avec le Data Flow Office [Bureau de flux de données] et a retransmis de nombreux fichiers d'échantillon vers une partition test pour validation, essai totalement réussi. Le SSO continuera de surveiller ce flux et cette collecte pour s'assurer d'identifier toute anomalie éventuelle, et les rectifier en cas de nécessité. SILVERZEPHYR continuera de fournir aux clients les collectes de DNR de transit autorisées. Le SSO travaille avec le partenaire pour avoir accès à 80 Gbs de données DNI supplémentaires sur son réseau d'échange de trafic, groupés par tranches de 10 Gbs. Avec le soutien de NSAT [NSA Texas] et du GNDA, l'équipe OAKSTAR vient d'achever une enquête SIGINT de 12 jours sur site, qui a permis d'identifier plus de 200 nouveaux liens. Au cours de cette étude, le GNDA a travaillé avec le partenaire pour tester

le rendement de ses systèmes ACS (Serveurs dédiés de contrôle d'accès). OAKSTAR travaille aussi avec NSAT pour examiner des prélèvements instantanés effectués par le partenaire au Brésil et en Colombie, qui peuvent tous deux contenir des communications intérieures de ces deux pays.

De son côté, le programme STORMBREW, mené en « étroite association avec le FBI », fournit à la NSA un accès au trafic Internet et téléphone qui pénètre sur le sol américain en divers points, ou « goulots d'étranglement ». Ce programme exploite le fait qu'à un endroit ou à un autre, la vaste majorité du trafic Internet mondial transite par l'infrastructure de communications américaine, conséquence indirecte du rôle central qu'ont joué les États-Unis dans le développement du World Wide Web. Certains de ces goulots d'étranglement désignés sont identifiés par des appellations confidentielles :

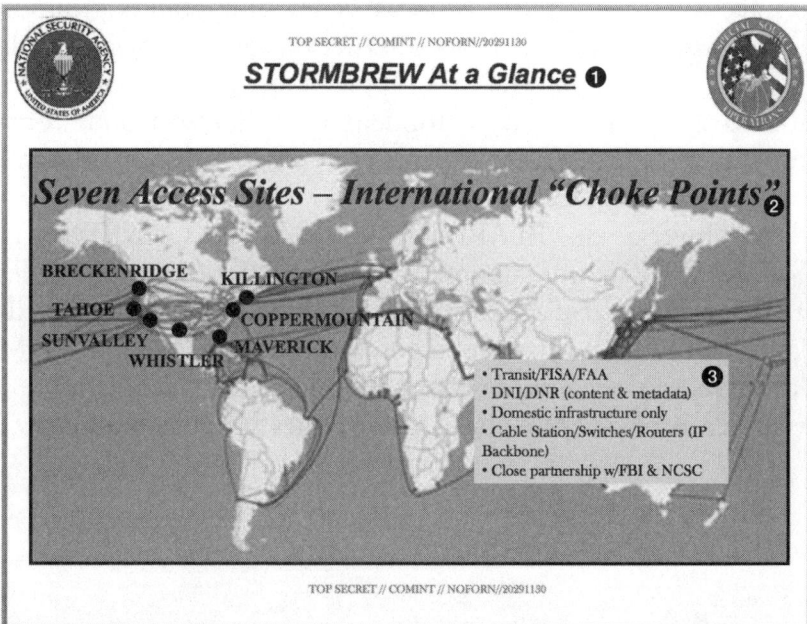

1. STORMBREW d'un coup d'œil. 2. Sept sites d'accès – « Goulots d'étranglement » internationaux. 3. Transit FISA/FAA – DNI/DNR (contenus & métadonnées) – Infrastructure intérieure uniquement – Stations câbles/commutateurs/routeurs (réseau IP) – Partenariat étroit avec FBI & NCSC.

Selon la NSA, STORMBREW «recouvre actuellement des relations très sensibles avec deux opérateurs téléphoniques américains (sous les noms de code d'ARTIFICE et de WOLFPOINT)». Au-delà de son accès à des goulets d'étranglement établis aux États-Unis, «le programme STORMBREW gère aussi des sites d'accès terrestres de câbles sous-marins; un sur la côte Ouest des États-Unis (nom de code BRECKENRIDGE) et l'autre sur la côte Est (nom de code QUAILCREEK)».

Comme l'atteste la profusion d'appellations codées, l'identité de ces partenaires entreprises est l'un des secrets les mieux gardés de l'agence. Les documents contenant la clef de ces noms de code font l'objet d'une protection vigilante, et Snowden a été incapable de s'en procurer un bon nombre. Néanmoins, ses révélations dévoilaient bien le nom de certaines des entreprises qui coopèrent avec l'agence. Mais ses archives comprennent les documents PRISM qui détaillaient les accords secrets entre la NSA et les plus grands groupes, fournisseurs d'accès, portails Internet ou réseaux sociaux de la planète – Facebook, Yahoo!, Apple, Google –, ainsi que les initiatives déployées en profondeur par Microsoft pour fournir un accès à ses plates-formes de communication, notamment Skype et Outlook.

À l'inverse de BLARNEY, FAIRVIEW, OAKSTAR et STORMBREW, qui supposent de mettre sur écoute les câbles à fibre optique et d'autres formes d'infrastructures (ou surveillance «en amont», dans le jargon interne de la NSA), PRISM lui permet de récolter des données directement depuis les serveurs de neuf des principales compagnies Internet mondiales :

1. (TS//SI//NF) Opérations FAA702 - Deux types de collecte. 2. En amont : Collecte de communications sur câbles à fibre optique et sur infrastructure au fur et à mesure du flux de données (FAIRVIEW, STORMBIEW, BLARNEY et OAKSTAR). 3. PRISM : Collecte directe depuis les serveurs des prestataires de service américains suivants : Microsoft, Yahoo, Google, Facebook, PalTalk, AOL, Skype, YouTube, Apple. 4. Vous devriez utiliser les deux.

Toutefois, les compagnies reprises sur cette diapositive PRISM ont nié avoir ouvert à la NSA un accès illimité à leurs serveurs. Facebook et Google soutinrent par exemple qu'ils n'envoyaient à la NSA que des informations pour lesquelles l'agence disposait d'un mandat et cherchèrent à présenter PRISM comme un simple détail technique : un système de livraison un peu amélioré au moyen duquel l'agence reçoit dans une «lockbox», un réceptacle électronique sécurisé, les données que ces compagnies sont légalement tenues de communiquer.

Mais leur argumentation est invalidée, et à plusieurs titres. Premièrement, nous savons que Yahoo combattit vigoureusement, devant les tribunaux, les efforts déployés pour contraindre le portail Internet à rejoindre PRISM – efforts que la NSA n'aurait pas déployés si ce programme avait constitué un changement marginal apporté à un banal système de communication amélioré. (Les revendications de Yahoo furent rejetées par la cour FISA, et le portail reçut ordre de participer à PRISM.) Deuxièmement, ayant essuyé de vives critiques pour avoir «exagéré» l'impact de PRISM, Bart Gellman, du *Washington Post*, refit une enquête sur ce programme et réaffirma la principale conclusion du grand quotidien : «Depuis leurs postes de travail n'importe où dans le monde, les employés du gouvernement américain habilités PRISM ont pu mettre le système "en charge" – c'est-à-dire lancer une recherche – et recevoir des résultats d'une compagnie du secteur Internet sans plus d'intervention auprès du personnel de ce fournisseur d'accès.»

Troisièmement, les démentis des groupes Internet étaient aussi formulés de façon évasive et sur une tonalité très légaliste, s'apparentant souvent plus à des faux-fuyants qu'à des explications. Par exemple, Facebook prétendait n'avoir pas fourni d'«accès direct», alors que Google niait avoir créé ce qu'on appelle une «porte dérobée» pour la NSA. Mais comme Chris Soghoian, l'expert technique de l'ACLU, le déclara à *Foreign Policy*, c'étaient là des terminologies très techniques dénotant des moyens bien spécifiques pour se procurer ces informations. Au bout du compte, ces compagnies ne contestaient pas d'avoir travaillé avec la NSA à la mise en place d'un système lui offrant un accès direct aux données de leurs clients.

Enfin, l'agence a elle-même régulièrement fait l'éloge des capacités de collecte uniques de PRISM, et noté que le programme a été vital pour cette surveillance accrue. Une diapositive d'une présentation interne détaille les pouvoirs de surveillance spécifiques de PRISM :

	PRISM	Upstream ⓭
DNI Selectors ❷	9 U.S. based service providers ❾ ✓	Worldwide ⓮ sources ✓
DNR Selectors ❸	⊘ Coming soon ❿	Worldwide ⓯ sources ✓
Access to Stored Communications (Search) ❹	✓	⊘
Real-Time Collection (Surveillance) ❺	✓	✓
"Abouts" Collection ❻	⊘	✓
Voice Collection ❼	✓ Voice over IP ⓫	✓
Direct Relationship with Comms Providers ❽	⊘ Only through FBI ⓬	✓

1. (TS//SI//NF) Opérations FFA702 - Pourquoi utiliser les deux : PRISM *versus* Amont. 2. Sélecteurs DNI. 3. Sélecteurs DNR. 4. Accès aux communications stockées (recherche). 5. Collecte en temps réel (surveillance). 6. Collecte « sur ». 7. Collecte vocale. 8. Relations directes avec prestataires comms. 9. 9 fournisseurs d'accès basés aux USA. 10. Prochainement. 11. Voix sur IP. 12. Uniquement à travers le FBI. 13. Amont. 14. Sources mondiales. 15. Idem.

Une autre détaille la vaste panoplie de communications auxquelles PRISM permet à la NSA d'accéder :

1. PRISM Informations détaillées sur le mode de collecte. 2. Fournisseurs actuels. 3. Ce que la collecte vous apportera (communications de surveillance et communications stockées). Cela varie selon le fournisseur. En général. 4. E-mail, chat – vidéo, voix, vidéos, photos, données stockées, VoIP, transferts de fichiers, vidéoconférence, Notification d'activité cible – logins, etc., informations sur les réseaux en ligne, requêtes spéciales. 5. Liste complète et informations sur la page Internet de PRISM : Allez à PRISMFAA.

Une autre de ces diapositives précise de quelle manière le programme PRISM put régulièrement et substantiellement élargir cette collecte :

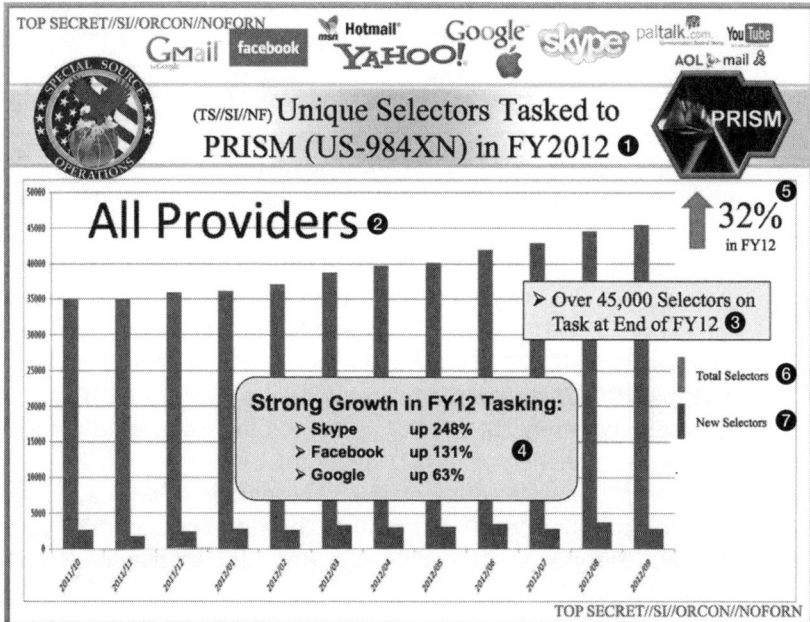

1. (TS//SI//NF) Sélecteurs uniques interventions dans PRISM (US-984XN) pour l'année fiscale 2012. 2. Tous fournisseurs d'accès. . Plus de 45 000 sélecteurs en intervention fin année fiscale 2012. 4. Forte croissance des interventions année fiscale 2012 : Skype +248 %, Facebook +131 %, Google +63 %. 5. +32 % pour l'année fiscale 2012. 6. Total des sélecteurs. 7. Nouveaux sélecteurs.

Dans ses forums de messagerie internes, la division Special Source Operations se félicita fréquemment de la valeur de cette collecte massive PRISM. Le 19 novembre 2012, l'un de ces messages était intitulé «PRISM étend son impact : chiffres année fiscale 2012» :

(TS//SI//NF) PRISM (US-984XN) a étendu son impact sur la mission d'observation de la NSA pour l'année fiscale 2012 en accroissant ses contributions, sa collecte et ses optimisations opérationnelles. Voici certains points forts du programme PRISM Année fiscale 2012 :
PRISM est la source de collecte la plus souvent citée dans les rapports sur produits finaux d'intervenants de première

partie de l'Agence. Au cours de l'année fiscale 2012, il y a eu plus de rapports relatifs à des produits de la NSA sur PRISM que sur tous les autres SIGAD de tous les autres rapports d'intervenants primaires NSA : cité dans 15,1% du total des rapports (hausse de 14% par rapport à l'année fiscale 2011), PRISM a été cité dans 13% de tous les intervenants de 1re, 2e ou 3e partie de la NSA.

Le nombre de rapports produit final sur base PRISM publiés pour l'année fiscale 2012 : 24096, hausse de 27% par rapport à l'année fiscale 2011

Pourcentage de rapports de source unique années fiscales 2012 et 2011 : 74%

Nombre de rapports produit tirés de la collecte PRISM et cités comme sources dans des articles du Briefing Présidentiel Quotidien [PDB] Année fiscale 2012 : 1477 (18% de tous les rapports SIGINT cités comme sources d'articles PDB – le principal SIGAD de la NSA). Année fiscale 2011 : 1152 (15% du total des rapports SIGINT cités comme sources d'articles du PDB – le principal SIGAD de la NSA)

Nombre d'Éléments d'information essentiels (EEI) apportés pour l'Année fiscale 2012 : 4186 (32% de tous les EEI pour tous les Besoins en Information); 220 EEI transmis uniquement par PRISM

Interventions : nombre de contributions de sélecteurs Année fiscale 2012 : hausse de 32% pour l'année fiscale 2012 à 45406 en septembre 2012

Grand succès de la collecte et du traitement Skype; cibles uniques de grande valeur acquises

Contribution des domaines e-mail à PRISM en augmentation de 40 unités seulement, à 22000

De telles déclarations d'autosatisfaction ne valident guère l'idée que PRISM n'aurait été qu'un banal ajustement technique et démentent les dénégations de toute coopération émanant de la Silicon Valley. En fait, dans un article sur le programme PRISM, après les révélations de Snowden, le *New York Times* décrivait toute une série de négociations secrètes entre la NSA et la Silicon Valley sur un libre accès aux systèmes de ces compagnies. «Lorsque les responsables gouvernementaux se sont présentés dans la Silicon Valley pour exiger que les plus grandes compagnies du secteur Internet mettent en place des moyens facilitant la transmission des données d'utilisateurs dans le cadre d'un programme secret de surveillance, ces grands groupes se sont cabrés, écrivait le quotidien [...], mais en fin de compte, ils ont été nombreux à coopérer, ne serait-ce que dans une mesure limitée.» En particulier :

> Twitter a refusé de faciliter cet accès au gouvernement. Mais selon des sources informées de ces négociations, d'autres compagnies se sont montrées plus dociles. Elles ont engagé avec des responsables de la sécurité nationale des discussions sur le développement de méthodes techniques de partage de données personnelles d'usagers étrangers plus efficaces et plus sécurisées, en réponse à des requêtes gouvernementales juridiquement fondées. Et, dans certains cas, pour s'y conformer, elles ont modifié leurs systèmes informatiques.

Ces négociations, soulignait le *New York Times*, «illustrent l'étroitesse de la collaboration entre le gouvernement américain et les groupes du secteur Internet et la profondeur de leurs échanges en coulisse». L'article contestait aussi les affirmations de ces groupes selon lesquelles ils n'auraient fourni d'accès à la NSA qu'en cas d'obligation juridique, en soulignant : «Alors que la remise de données en réponse à une requête légitime de la cour FISA est une obligation légale, faciliter l'obtention d'informations au gouvernement ne l'est pas, et c'est pourquoi Twitter a pu y opposer un refus.»

Et l'affirmation des groupes du secteur Internet qui n'auraient remis à la NSA que des informations qu'ils sont tenus de fournir de par la loi n'a guère de sens non plus. En effet, quand la NSA veut cibler spécifiquement un ressortissant américain, il lui suffit d'obtenir un mandat individuel. Aucune autorisation spéciale de ce type n'est requise pour lui permettre d'obtenir les données des communications de non-Américains sur le sol de pays étrangers, *même quand l'individu en question communique avec des Américains*. Au contraire, en application de la section 702 de la loi FISA de 2008, l'agence se rend simplement à la cour FISA une fois par an, soumet ses orientations générales déterminant ses cibles de l'année – le critère étant simplement que la surveillance «aidera à la collecte de renseignements légitimes» – avant de recevoir une autorisation générique de procéder. Armée de ce permis à l'objet large, la NSA peut ensuite contraindre les opérateurs télécoms et les fournisseurs d'accès Internet à fournir un accès aux communications personnelles de n'importe quel citoyen non-Américain – siphonnant ainsi ses appels téléphoniques, ses fils de discussion sur Facebook, ses recherches Google, ses e-mails sur Yahoo, et ainsi de suite. De la même manière, il n'y a ni contrôle ni limite imposés à la masse de la collecte de métadonnées de l'agence, du fait même de la lecture que fait Washington du Patriot Act, une interprétation si large que les auteurs d'origine du texte ont eux-mêmes été choqués d'apprendre l'usage qui en était fait.

L'étroite collaboration entre la NSA et les entreprises privées est peut-être surtout perceptible dans les documents relatifs à Microsoft, qui révèlent les efforts énergiques du géant du logiciel pour procurer à l'agence un accès à plusieurs de ses services en ligne les plus fréquentés, parmi lesquels Sky-Drive, Skype et Outlook.com.

SkyDrive, qui permet aux usagers de stocker leurs fichiers en ligne et d'y accéder à partir de divers terminaux et périphériques, compte plus de 250 millions d'utilisateurs dans le monde. «Nous croyons qu'il est important que vous exerciez un contrôle sur qui peut et ne peut pas accéder à vos données personnelles sur le Cloud», affirme le site Microsoft américain de SkyDrive. Pourtant, un document de la NSA explique en détail que Microsoft a consacré de «nombreux mois» à œuvrer pour fournir au gouvernement des États-Unis un accès facilité à ces données :

```
(TS//SI//NF) Temps fort SSO - La collecte Skydrive Microsoft
fait maintenant partie de la Collecte de communications stan-
dard stockées par PRISM
Par ████████████, le 8-03-2013  1500
Depuis le 7 mars 2013, PRISM collecte désormais des données
Skydrive Microsoft dans le cadre du programme de Collecte de
communications standard stockées par PRISM pour un sélecteur
```

sollicité dans le cadre de la Section 702 du texte de l'amendement FISA (FAA702). Cela signifie que les analystes n'auront plus à déposer de requête spécifique à cet effet devant le SSO – une étape du processus dont beaucoup d'analystes ignoraient peut-être tout. Cette nouvelle latitude aura pour conséquence de favoriser une réponse bien plus complète et en temps opportun à la demande de collecte auprès de nos Partenaires entreprises. Ce succès est le résultat d'un travail de plusieurs mois du FBI avec Microsoft pour obtenir la mise en place de cette solution d'intervention et de collecte. «Skydrive est un service du Cloud qui permet aux utilisateurs de stocker leurs fichiers et d'y accéder depuis toute une série de périphériques. Cet utilitaire inclut aussi une application Internet de support gratuit en ligne pour les programmes bureautiques de Microsoft, de sorte que l'utilisateur est en mesure de créer, d'éditer et de visionner des fichiers Word, PowerPoint et Excel sans avoir installé MS Office dans son terminal.» (source : S314 wiki)

Fin 2011, Microsoft rachetait Skype, le service de téléphonie et de *chat* Internet utilisé par plus de 663 millions d'utilisateurs inscrits. À l'époque de ce rachat, le géant de Redmond assurait à ses usagers que «Skype s'engage à respecter votre vie privée et la confidentialité de vos données personnelles, de votre trafic et du contenu de vos communications». Or, dans les faits, Microsoft travaillait avec la NSA pour fournir à l'agence un accès à ces services et devait savoir que ces données étaient elles aussi facilement accessibles aux services gouvernementaux. Début 2013, de multiples messages internes de la NSA se félicitaient de l'amélioration constante de l'accès aux communications des usagers Skype :

(TS//SI//NF) Le SSO élargit les capacités de ciblage Skype de PRISM
Par ▇▇▇▇▇▇▇▇, le 03-04-2013   0629
(TS//SI//NF) Le 15 mars 2013, le programme PRISM du SSO a commencé à faire intervenir tous les sélecteurs PRISM de Microsoft sur Skype parce que Skype permet à ses utilisateurs d'ouvrir une session en utilisant des identifiants de compte en plus des noms d'utilisateurs Skype. Quand un utilisateur ouvrait une session en utilisant une adresse e-mail à partir de n'importe quel domaine dans le monde, PRISM ne collectait aucune

donnée Skype. Actuellement, l'UTT [Unified Target Tool, ou Outil de ciblage unifié] ne permet pas d'intervenir sur ces tâches d'adresses e-mail non-Microsoft dans PRISM, toutefois, le SSO a l'intention de régler ce problème d'ici l'été. Dans l'intervalle, ces six derniers mois, la NSA, le FBI et le département de la Justice se sont coordonnés pour obtenir l'approbation PRINTAURA d'envoyer tous les sélecteurs Microsoft actuels et à venir à Skype. Résultat, environ 9 000 sélecteurs ont été envoyés à Skype, ce qui a permis une collecte qui sans cela n'aurait pas été possible.

Non seulement toute cette collaboration se menait sans aucune transparence, mais son existence contredisait les déclarations publiques de Skype. Chris Soghoian, l'expert en technologies de l'ACLU, estimait que ces révélations surprendraient beaucoup de clients de Skype. « Dans le passé, Skype avait multiplié les promesses formelles à ses utilisateurs concernant l'impossibilité du fournisseur d'accès à mettre en place des écoutes, expliquait-il. Il est difficile de faire cadrer la collaboration secrète de Microsoft avec la NSA et les efforts qu'elle met en avant pour concurrencer Google sur le plan de la protection de la vie privée. »

En 2012, Microsoft entamait la modernisation de son portail e-mail, Outlook.com, pour fusionner tous ses services de communications – y compris Hotmail, toujours très largement utilisé – en un seul programme central. La compagnie vantait les mérites du nouvel Outlook en promettant de hauts niveaux de cryptage pour la protection de la vie privée, et en lançant des campagnes autour de slogans comme « votre vie privée, notre priorité ». La NSA redoutait de plus en plus que le cryptage qu'offrait Microsoft aux clients Outlook ne prive l'agence de ses capacités d'espionnage de leurs communications. Un mémo du SSO daté du 22 août 2012 s'inquiète de ce que « l'utilisation de ce portail ne signifie que les e-mails qui en sortent ne soient cryptés avec ce réglage par défaut », et que les « sessions de *chat* conduites à l'intérieur de ce portail ne soient aussi cryptées quand les deux communicants utilisent un client de *chat* Microsoft crypté ».

Mais ces craintes furent éphémères. En l'espace de quelques mois, les deux entités se rencontrèrent et mirent au point des méthodes permettant à la NSA de contourner les protections de cryptage que Microsoft annonçait publiquement comme étant vitales à la garantie de la vie privée :

> (TS//SI//NF) Microsoft lance un nouveau service qui affecte la collecte FAA702
> Par ████████████, le 26-12-2012 0811
> (TS//SI//NF) Le 31 juillet, Microsoft (MS) a lancé un *chat* Internet crypté avec introduction du nouveau service Outlook.com. Ce nouveau cryptage par Secure Socket Layer (SSL, couche de socket sécurisée) empêche efficacement la collecte de ce nouveau service dans le cadre de FAA 702 et probablement de 12333 (dans une certaine mesure), au profit de la Communauté du Renseignement (IC). <u>En travaillant avec le FBI, MS a développé une capacité de surveillance pour traiter le nouvel SSL. Ces solutions ont été testées avec succès et ont été activées le 12 décembre 2012.</u> La solution SSL a été appliquée à toutes les requêtes FISA et 702/PRISM actuelles. Aucun changement aux procédures de tâches de l'UTT n'a été nécessaire. La solution SSL ne collecte pas de voix/vidéo ou de transferts de fichiers sur serveur. Pour collecter la voix/vidéo et les transferts de fichiers, le système de collecte MS traditionnel restera en place. En conséquence, à partir du nouveau système et du système traditionnel, il y aura quelques doublons de collecte de textes de *chats*, problème qui sera réglé à une date ultérieure. Grâce à cette solution, un accroissement du volume de la collecte a déjà été constaté par le CES [Services de crypto-analyse et d'exploitation].

Un autre document décrit plus en détail la collaboration entre Microsoft et le FBI, le Bureau cherchant aussi à faire en sorte que les nouvelles fonctions d'Outlook n'interfèrent dans ses habitudes de surveillance : « L'équipe de l'Unité technologique d'interception de données du FBI (DITU) travaille avec Microsoft pour comprendre une fonction additionnelle d'Outlook. com qui permet aux utilisateurs de créer des alias d'e-mail, ce qui peut affecter le processus d'intervention. [...] Des activités compartimentées et autres sont en cours pour atténuer ces problèmes. »

Dans les documents internes de la NSA que contiennent
les archives de Snowden, cette mention de la surveillance
menée par le FBI n'était pas une occurrence isolée. La totalité de la communauté du renseignement est capable d'accéder àl'information que collecte l'agence : celle-ci partage
régulièrement son énorme manne de données avec d'autres
entités, parmi lesquelles le FBI et la CIA. L'un des objectifs
principaux de cette collecte de données tous azimuts était
précisément d'élargir le spectre des informations ainsi ras-
semblées. En fait, la quasi-totalité des documents relatifs à
ces divers programmes de collecte mentionne cette participa-
tion d'autres unités de renseignement. Cette entrée de 2012
de l'unité SSO de la NSA, touchant aux données PRISM,
proclame que « PRISM est un sport d'équipe ! » :

(TS//SI//NF)
Expansion du partage de PRISM avec le FBI et la CIA
Par ███████████, le 31-08-2012   0947
Les Special Source Operations (SSO) ont récemment étendu leur
partage de données sur les opérations PRISM au Bureau Fédéral d'Investigation (FNI) et à l'Agence Centrale de Renseignement (CIA), avec deux projets. À travers ces initiatives, sur les
opérations PRISM, le SSO a créé un environnement de partage
et de collaboration à travers toute la Communauté du renseignement. Tout d'abord, l'équipe PRINTAURA de PRISM a résolu
un problème pour la Direction du renseignement d'origine
éléctromagnétique[1] (SID) en écrivant un logiciel capable toutes
les deux semaines de collationner automatiquement une liste
de sélecteurs PRISM chargés d'intervention à communiquer au
FBI et à la CIA. Cela permet à nos partenaires de voir quels
sélecteurs l'Agence nationale de sécurité (NSA) a liés à PRISM.
Le FBI et la CIA peuvent ensuite demander un exemplaire de
la collecte PRISM de n'importe quel sélecteur, comme autorisé
en application des amendements de 2008 à la loi Foreign Intelligence Surveillance Act [Loi sur le Renseignement et la Surveillance Extérieurs, ou FISA]. Avant l'opération PRINTAURA,
le SID avait fourni au FBI et à la CIA des listes incomplètes

---

1. Le renseignement d'origine électromagnétique ou ROEM (en anglais : *SIGnals INTelligence* ou SIGINT) a pour sources d'information les signaux électromagnétiques.

ou inexactes, empêchant nos partenaires de faire pleinement usage du programme PRISM. PRINTAURA s'est proposé de réunir les données détaillées relatives à chaque sélecteur à partir de multiples localisations et de les rassembler sous une forme utilisable. Dans le deuxième projet, le directeur de mission du programme PRISM (MPM) a récemment commencé à envoyer des informations et des orientations opérationnelles PRISM au FBI et à la CIA pour que leurs analystes puissent correctement utiliser le système PRISM, avoir connaissance des interruptions de service et des changements, et optimiser leur emploi de PRISM. Le MPM a coordonné un accord à partir de l'équipe du SID [Foreign Intelligence Surveillance Act (FAA)] afin de partager ces informations hebdomadairement, ce qui a été bien perçu et apprécié. <u>Ces deux activités soulignent à quel point PRISM est un sport d'équipe!</u>

La collecte en amont (à partir des câbles à fibre optique) et la collecte directe à partir des serveurs des groupes du secteur Internet (PRISM) constituent la plus grosse part des relevés réunis par la NSA. En plus de cette surveillance à large spectre, l'agence procède aussi à ce qu'elle appelle une Exploitation de réseau internet (CNE), en plaçant des malwares[1] dans des ordinateurs individuels pour surveiller leurs utilisateurs. Quand elle réussit à insérer de tels malwares, elle est en position, selon sa propre terminologie, de «prendre possession» de l'ordinateur : autrement dit, de voir les frappes de clavier saisies et tous les écrans concernés. La division Tailored Access Operations (Opérations d'accès sur mesure, TAO), responsable de ces opérations, constitue, dans les faits, l'unité «maison» de piratage informatique de la NSA.

Cette pratique du hacking est en soi très répandue : un document interne de l'agence indique qu'elle a réussi à infecter au moins 50 000 ordinateurs individuels avec un type de malware baptisé «Quantum Insertion». Une carte montre les emplacements où ont été exécutées de telles opérations et le nombre d'insertions réussies :

---

1. Logiciel malveillant développé dans le but de nuire à un système informatique.

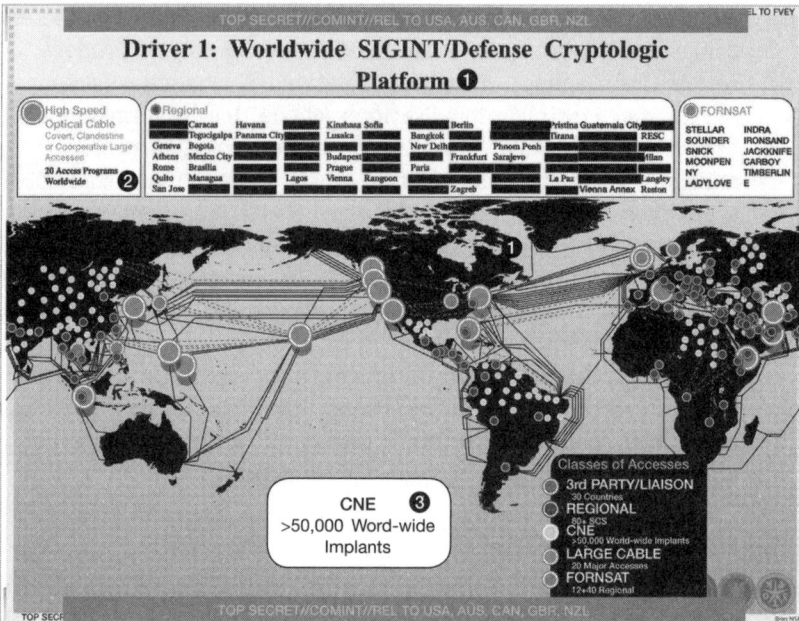

1. Pilote 1 : SIGINT/Plate-forme de défense cryptologique à l'échelle mondiale. 2. Réseau câble optique à grande vitesse, 20 programmes d'accès mondiaux. 3. CNE > 50 000 implants dans le monde. 4. Classe d'accès - Tierce partie/Liaison : 30 pays – Régional : 80 + SCS – CNE : > 50 000 implants dans le monde - Grand réseau câble : 20 accès principaux – FORNSAT : 12 + 40 Régional.

En s'appuyant sur les documents Snowden, le *New York Times* fut en mesure de préciser que la NSA avait en fait implanté ce logiciel précis «dans près de 100 000 ordinateurs d'un bout à l'autre de la planète». Bien que ces malwares soient d'ordinaire installés pour «s'ouvrir un accès aux réseaux informatiques, l'agence avait de plus en plus eu recours à une technologie secrète lui permettant de pénétrer et de modifier des données dans des ordinateurs même s'ils ne sont pas connectés à Internet».

Au-delà de son travail avec des entreprises dociles du secteur des télécoms et d'Internet, la NSA a aussi fait cause commune avec des gouvernements de pays étrangers pour édifier ce système de surveillance tentaculaire. Généralement parlant, l'agence entretient trois catégories différentes de relations extérieures : la première avec son groupe Five Eyes ;

les États-Unis espionnent en collaboration avec ces pays, mais rarement contre eux, sauf en cas de demande émanant des dirigeants de ces pays eux-mêmes. Le deuxième niveau implique des pays avec lesquels la NSA travaille sur des projets de surveillance spécifiques tout en les espionnant en profondeur ; le troisième groupe est composé de nations que les États-Unis espionnent constamment, mais avec lesquels ils ne coopèrent pratiquement jamais.

Au sein du groupe Five Eyes, le plus proche allié de la NSA est le GCHQ britannique. Comme le signalait le *Guardian*, sur la base de documents fournis par Snowden, «ces trois dernières années, le gouvernement des États-Unis a versé au moins 100 millions de livres aux services de renseignement du GCHQ britannique pour s'assurer un accès aux programmes de collecte de renseignement de la Grande-Bretagne et exercer son influence en ce domaine». Ces versements étaient un moyen d'inciter le GCHQ a soutenir les projets de surveillance de la NSA. «Le GCHQ doit peser et être perçu comme pesant de tout son poids», stipulait une note de stratégie.

Les membres des Five Eyes partagent presque toutes leurs activités de surveillance et se rencontrent chaque année lors de la conférence Signals Development, où ils font étalage de leur expansion et de leurs succès de l'année écoulée. Le directeur adjoint de la NSA, John Inglis, dit des membres de l'alliance Five Eyes qu'à bien des égards ils pratiquent le renseignement de manière combinée – essentiellement en nous assurant de tirer parti de nos capacités respectives pour notre bénéfice mutuel.»

Quantité de programmes de surveillance parmi les plus invasifs sont gérés par des partenaires des Five Eyes, et un nombre important d'entre eux impliquent le GCHQ.

Il convient de mentionner en particulier les efforts conjoints des services britanniques et de la NSA pour casser les techniques de cryptage courantes utilisées protégeant les transactions personnelles sur Internet, comme la banque en ligne et la consultation des dossiers médicaux. Le succès de ces deux agences dans la mise en place d'accès par des «portes dérobées» à ces dispositifs de cryptage leur permettait non seulement de s'immiscer dans des affaires privées des gens, mais affaiblissait aussi ces systèmes en les rendant plus vulnérables à des hackers très mal intentionnés et à d'autres agences de renseignement étrangères.

Le GCHQ mena aussi des interceptions de masse des données de communications transitant par les câbles sous-marins à fibre optique. Dans le cadre du programme Tempora, le service britannique développa une «capacité de puiser dans d'énormes volumes de données extraits des réseaux de câbles à fibre optique et d'en stocker l'équivalent de trente jours de données pour avoir le temps de les trier et de les analyser», expliquait le *Guardian*, et le «GCHQ et la NSA sont par conséquent capables d'accéder à de vastes volumes de communications entre individus totalement innocents de tout délit et de les traiter». Les données interceptées comprennent toutes formes d'activités en ligne, notamment les «enregistrements d'appels téléphoniques, le contenu des e-mails, les statuts sur Facebook et l'historique d'accès aux sites Internet de tous les internautes».

Les activités de surveillance du GCHQ sont en tous points aussi exhaustives – et elles aussi peu contrôlées – que celles de la NSA. Comme le relevait le *Guardian* :

> L'ampleur même de l'ambition de cette agence se reflète dans les intitulés de ses deux principales composantes : Maîtriser l'Internet et l'Exploitation Mondiale des Télécoms, visant à récolter autant de trafic Internet et téléphonique que possible. Tout cela s'effectue sans aucune forme de reconnaissance officielle ou de débat public.

Le Canada est aussi un partenaire très actif de la NSA et une force puissante, protagoniste à part entière de cette surveillance. Lors de la Conférence SigDev de 2012, le Communications Services Establishment Canada (CSEC) se vanta d'avoir ciblé le ministère brésilien des Mines et de l'Énergie, département qui réglemente une industrie du plus haut intérêt pour les entreprises canadiennes :

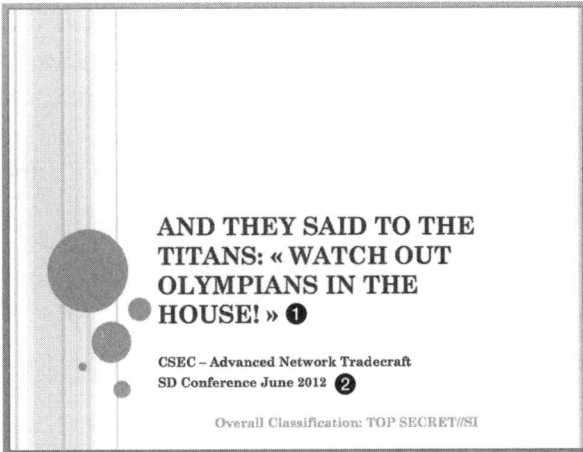

AND THEY SAID TO THE
TITANS: « WATCH OUT
OLYMPIANS IN THE
HOUSE! » ❶

CSEC – Advanced Network Tradecraft
SD Conference June 2012 ❷

Overall Classification: TOP SECRET//SI

1. Et ils dirent aux Titans : «Surveillez les Olympiens dans votre propre maison[1] ! » 2. CSEC – Techniques de réseau avancées Conférence SD Juin 2012.

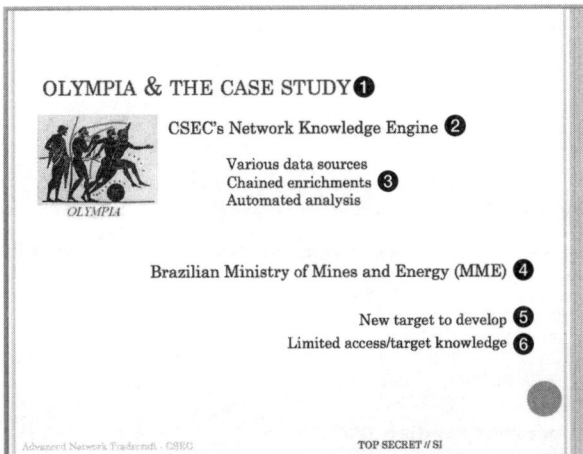

OLYMPIA & THE CASE STUDY ❶

CSEC's Network Knowledge Engine ❷

Various data sources
Chained enrichments ❸
Automated analysis

OLYMPIA

Brazilian Ministry of Mines and Energy (MME) ❹

New target to develop ❺
Limited access/target knowledge ❻

Advanced Network Tradecraft - CSEC   TOP SECRET // SI

1. Olympie & l'étude de cas. 2. Moteur de connaissance des réseaux du CSEC. 3. Source de données diverses, Chaînes de valeur, Analyse automatisée. 4. Ministère brésilien des Mines et de l'Énergie (MME). 5. Nouvelle cible à développer. 6. Accès limité/connaissance ciblée.

---

1. Référence cryptée à la Titanomachie, le combat œdipien entre les Titans et les dieux. Le Titan Cronos tue son père Ouranos, puis est vaincu par son fils, Zeus. Dans la présentation du CSEC, les Titans désigneraient « Olympie », le logiciel Canadian Network Knowledge Engine (Moteur de connaissance du réseau canadien), sujet de la communication. Si les Canadiens sont les Olympiens, les Titans seraient les Américains.

Tout démontre une vaste coopération CSEC/NSA, y compris les efforts du Canada destinés à monter des relais d'espionnage pour la surveillance des communications dans le monde entier, au nom et au profit de la NSA, et l'espionnage de partenaires commerciaux ciblés par l'agence américaine.

TOP SECRET//SI//REL USA, FVEY

National Security Agency/   3 April 2013
Central Security Service

Information Paper

Subject: **(U//FOUO) NSA Intelligence Relationship with Canada's Communications Security Establishment Canada (CSEC)**

TOP SECRET//SI//REL TO USA, CAN

(U) What NSA provides to the partner:

(S//SI//REL TO USA, CAN) SIGINT: NSA and CSEC cooperate in targeting approximately 20 high-priority countries ███████████████████████████ NSA shares technological developments, cryptologic capabilities, software and resources for state-of-the-art collection, processing and analytic efforts, and IA capabilities. The intelligence exchange with CSEC covers worldwide national and transnational targets. No Consolidated Cryptologic Program (CCP) money is allocated to CSEC, but NSA at times pays R&D and technology costs on shared projects with CSEC.

(U) What the partner provides to NSA:

(TS//SI///REL TO USA, CAN) CSEC offers resources for advanced collection, processing and analysis, and has opened covert sites at the request of NSA. CSEC shares with NSA their unique geographic access to areas unavailable to the U.S. ████████████████████and provides cryptographic products, cryptanalysis, technology, and software. CSEC has increased its investment in R&D projects of mutual interest. ❶

1. TOP SECRET//SI//REL USA, FVEY
Agence nationale de sécurité/Service central de sécurité
3 avril 2013
Document d'information
Sujet : (u//FOUO) Relations de la NSA dans le domaine du renseignement avec le Centre de la Sécurité des Télécommunications du Canada (CSEC)
(U) Ce que la NSA fournit au partenaire
(S//SI//REL. A USA, CAN) SIGINT : La NSA et le CSEC coopèrent dans le ciblage d'approximativement vingt pays de haute priorité. La NSA partage des évolutions

technologiques, des capacités de cryptologie, des logiciels et ressources pour une collecte de pointe, des moyens de traitement et d'analyse et des capacités en architecture informatique. L'échange de renseignements avec le CSEC couvre des cibles mondiales, nationales et internationales. Aucun financement du Programme Consolidé de Cryptologie (CCP) n'est alloué au CSEC, mais la NSA couvre parfois les coûts de R & D et de technologie sur des projets communs avec le CSEC.

(U) Ce que le partenaire fournit à la NSA :
(S//SI//REL A USA, CAN) Le CSEC offre des ressources de collecte avancée, de traitement et d'analyse, et a ouvert des sites secrets à la demande de la NSA. Le CSEC partage avec la NSA un accès géographique unique à des zones inaccessibles aux États-Unis et fournit des produits de cryptographie, de crypto-analyse, de haute technologie et des logiciels. Le CSEC a renforcé ses investissements dans des projets de R & D d'intérêt mutuel.

Au sein de Five Eyes, les relations sont si étroites que les gouvernements membres placent les souhaits de la NSA au-dessus du respect de la vie privée de leurs propres citoyens. Ainsi, le *Guardian* publia une note de 2007 décrivant un accord «permettant à l'agence de "dévoiler" et de détenir des données personnelles, concernant les Britanniques, qui en étaient auparavant totalement exclues». En outre, en 2007, les règles furent modifiées «pour permettre à la NSA d'analyser et de conserver les numéros de téléphone et de télécopieur, les e-mails et les adresses IP de tous les citoyens britanniques qu'elle avait pu lever dans ses filets». En 2011, franchissant un pas supplémentaire, le gouvernement australien priait explicitement la NSA d'«étendre» leur partenariat et de soumettre ses propres citoyens à une surveillance accrue. Dans une lettre du 21 février, le directeur adjoint par intérim de la Direction du Defence Signals Directorate, service de renseignement de la défense australienne, écrivait à son homologue de la Direction Renseignement électromagnétique de la NSA, en lui certifiant que l'Australie était «désormais confrontée à une menace redoutable d'extrémistes "de l'intérieur" particulièrement déterminés, actifs à la fois à l'étranger et sur le territoire australien». Il demandait une surveillance accrue des communications des citoyens australiens jugés suspects par son gouvernement :

Alors que nous avons consenti des efforts importants d'analyse et de collecte pour repérer et exploiter ces communications, les difficultés auxquelles nous sommes confrontés pour obtenir un accès fiable et régulier à de telles transmissions pèsent sur notre aptitude à détecter et à prévenir les actes terroristes et réduisent notre capacité à protéger la vie et la sécurité des citoyens australiens et celles de nos amis et proches alliés.

Nous avons bénéficié de longue date d'un partenariat très productif avec la NSA pour obtenir un accès restreint à la collecte sous mandat des États-Unis contre des cibles terroristes du plus haut intérêt en Indonésie. Cet accès a été crucial dans le cadre des efforts du DSD pour contrer et démanteler les capacités opérationnelles des terroristes dans notre région, tels que mis en évidence par l'arrestation récente d'Umar Patek, auteur en fuite de plusieurs attentats à la bombe.

Nous serions très heureux d'avoir l'opportunité d'élargir ce partenariat avec la NSA afin qu'il couvre le nombre croissant d'Australiens impliqués dans des activités terroristes internationales – en particulier des ressortissants australiens impliqués dans l'AQPA [Al-Qaïda dans la péninsule Arabique].

Au-delà des partenaires « Five Eyes », le degré suivant de coopération de la NSA concerne ses alliés de « Niveau B » : des pays qui se livrent à une coopération limitée avec l'Agence et sont eux aussi la cible d'une surveillance agressive et non sollicitée. La NSA a clairement délimité ces deux niveaux d'alliance :

CONFIDENTIAL//NOFORN//20291123

TIER A Comprehensive Cooperation	Australia Canada New Zealand United Kingdom

TIER B **Focused Cooperation**	Austria Belgium Czech Republic Denmark Germany Greece Hungary Iceland Italy Japan Luxemberg Netherlands Norway Poland Portugal South Korea Spain Sweden Switzerland Turkey

1. Niveau A : coopération complète (Australie, Canada, Nouvelle-Zélande, Royaume-Uni). 2. Niveau B : coopération ciblée (Autriche, Belgique, République Tchèque, Danemark, Allemagne, Grèce, Hongrie, Islande, Italie, Japon, Luxembourg, Pays-Bas, Norvège, Pologne, Portugal, Corée-du-Sud, Espagne, Suède, Suisse, Turquie).

Employant des désignations diverses (en évoquant le Niveau B en tant que «Tierces parties»), un document plus récent de la NSA «Bilan des partenaires étrangers», daté de l'année fiscale 2013, reprend une liste en continuelle expansion de partenaires de la NSA, incluant des organisations internationales comme l'OTAN :

TOP SECRET// COMINT //REL USA, AUS, CAN, GBR, NZL

Approved SIGINT Partners ❶

Second Parties ❷	Third Parties ❸		
Australia	Algeria	Israel	Spain
Canada	Austria	Italy	Sweden
New Zealand	Belgium	Japan	Taiwan
United Kingdom	Croatia	Jordan	Thailand
	Czech Republic	Korea	Tunisia
	Denmark	Macedonia	Turkey
	Ethiopia	Netherlands	UAE
Coalitions/Multi-lats	Finland	Norway	
❹	France	Pakistan	
AFSC	Germany	Poland	
NATO	Greece	Romania	
SSEUR	Hungary	Saudi Arabia	
SSPAC	India	Singapore	

1. Partenaires SIGINT approuvés. 2. Deuxièmes parties (Australie, Canada, Nouvelle-Zélande, Royaume-Uni. 3. Tierces parties (Algérie, Autriche, Belgique, Croatie, République tchèque, Danemark, Éthiopie, Finlande, France, Allemagne, Grèce, Hongrie, Inde, Israël, Italie, Japon, Jordanie, Corée, Macédoine, Pays-Bas, Norvège, Pakistan, Pologne, Roumanie, Arabie Saoudite, Singapour, Espagne, Suède, Taïwan, Thaïlande, Tunisie, Turquie, EAU). 4. Coalitions/Multilats (AFSC, OTAN, SSEUR [Sigint Seniors Europe], SSPAC.

Comme avec le GCHQ, la NSA entretient souvent ces partenariats en payant son partenaire pour qu'il développe certaines technologies et s'engage dans la surveillance, ce qui lui permet ainsi de diriger la manière dont s'opère cet espionnage. Pour l'année fiscale 2012, le «Bilan Partenaires Étrangers» fait état de nombreux pays qui ont reçu de tels paiements, dont le Canada, Israël, le Japon, le Pakistan, Taiwan et la Thaïlande :

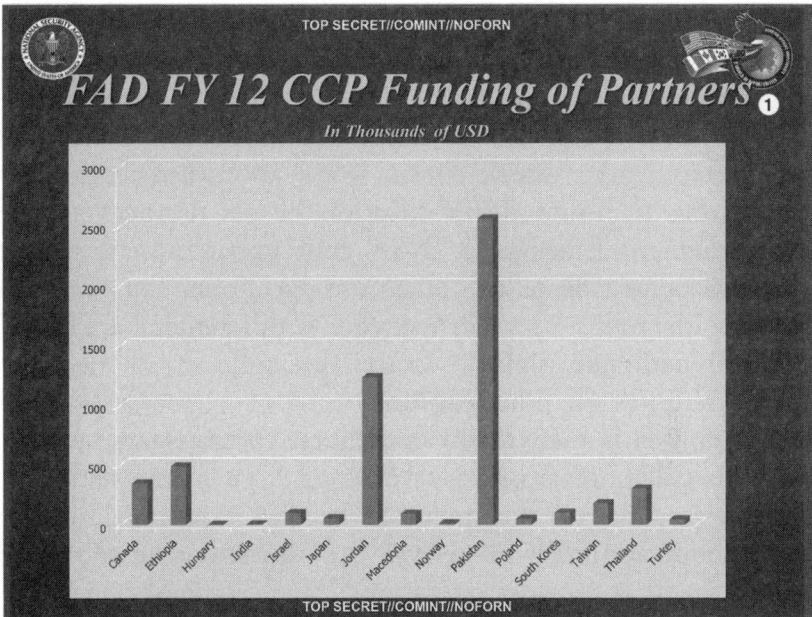

1. FAD Année fiscale 2012 – CCP (Programme de cryptologie consolidée) Financement des partenaires (en milliers de dollars).

En particulier, la NSA entretient avec Israël une relation de surveillance qui comporte souvent une coopération aussi étroite que le partenariat Five Eyes, si ce n'est parfois plus étroite. Un « protocole d'accord » entre la NSA et les services de renseignement israéliens montre les États-Unis entreprenant la démarche inhabituelle de partager régulièrement avec l'État hébreu des renseignements bruts contenant les communications de citoyens américains. Parmi les données fournies à Israël figurent des « transcriptions, résumés, fax, télex, des contenus vocaux et des métadonnées et des contenus d'Intelligence des réseaux de données (DNI) ».

Ce qui rend ce partage particulièrement extrême, c'est que les contenus transmis à Israël n'ont été soumis à aucune procédure de « minimisation », comme il serait normalement requis. Ces procédures de « minimisation » sont censées veiller à ce que, lorsque la surveillance en vrac de la NSA balaie des données de communications dont même les lignes directrices élargies de l'agence n'autorisent pas la collecte, ces informations sont détruites, dès que possible, sans autre diffusion ultérieure. Telle qu'est rédigée la loi, ces impératifs de minimisation sont déjà truffés de lacunes, notamment d'exemptions pour les « informations importantes relatives au renseignement extérieur » ou toute « preuve d'acte criminel ». Mais s'agissant de la diffusion de ces données vers le renseignement israélien, la NSA était apparemment totalement dispensée de telles obligations juridiques. La note stipule froidement : « La NSA envoie régulièrement à l'ISNU [l'Unité nationale Sigint d'Israël] des collectes de données brutes réduites ou non réduites. »

Mettant en lumière de quelle manière certains pays peuvent à la fois collaborer à cette surveillance et en même temps en devenir la cible, un document de la NSA exposant l'histoire de la coopération d'Israël relevait des « questions de confiance qui tournent autour des opérations ISR précédentes » et identifiait en Israël l'un des services de surveillance les plus agressifs à opérer contre les États-Unis :

> (TSI//SI//REL) Il y a aussi quelques surprises. [...] La France cible le département de la Défense à travers une collecte de renseignements techniques, et Israël nous cible aussi. D'un côté, les Israéliens sont pour nous d'exceptionnels partenaires de SIGINT, mais de l'autre, ils nous ciblent pour connaître nos positions sur les problèmes du Moyen-Orient. Une NIE[1] [Estimation du renseignement national] les <u>classait au rang de troisième service de renseignement le plus agressif contre les États-Unis</u>.

Le même rapport observait que, malgré la relation étroite entre les agences de renseignement américaines et israéliennes, les informations très complètes fournies à Israël par les États-Unis produisaient peu de résultats en retour. Le renseignement israélien ne s'intéressait qu'à la collecte de données qui lui était utile. Ainsi que s'en plaignait la NSA, ce partenariat était « presque totalement » orienté vers les besoins d'Israël.

---

1. Les *National Intelligence Estimates* (NIE) sont des notes officielles émises par le directeur du renseignement national (DNI) sur des thématiques de renseignement relevant de la sécurité nationale.

Équilibrer les échanges SIGINT entre les besoins des États-Unis et ceux d'Israël a toujours représenté un défi constant. Au cours de la dernière décennie, la balance a <u>sans conteste penché du côté des préoccupations de sécurité des Israéliens</u>. Le 11-Septembre est passé par là, et l'unique relation de Tierce Partie en matière de contre-terrorisme <u>a été presque entièrement alimentée par les besoins du partenaire</u>.

Un rang plus bas, au-dessous des partenaires «Five Eyes» et des pays du «deuxième niveau» comme Israël, le troisième niveau est composé de pays qui sont souvent des cibles mais jamais des partenaires des programmes d'espionnage de Washington. Sans surprise, ceux-ci incluent des gouvernements considérés comme des adversaires, notamment la Chine, la Russie, l'Iran, le Venezuela et la Syrie. Mais ce troisième niveau comprend aussi des nations dont le pedigree s'échelonne généralement de l'amical au neutre, comme le Brésil, le Mexique, l'Argentine, l'Indonésie, le Kenya et l'Afrique du Sud.

Dès le début des révélations relatives à la NSA, le gouvernement américain tenta de défendre ses actes en soutenant qu'à l'inverse des ressortissants étrangers, les citoyens américains sont protégés contre la surveillance sans mandat de la NSA. Le 18 juin 2013, le président Obama déclarait lors d'un entretien spécial à la Maison-Blanche avec Charlie Rose, présentateur vedette de CBS : «Ce que je peux affirmer sans équivoque, c'est que si vous êtes citoyen américain, la NSA ne peut pas écouter vos appels téléphoniques... en application de la loi et des réglementations en vigueur, et à moins que l'agence ne s'adresse à un tribunal, n'obtienne un mandat et ne recherche un motif de suspicion légitime, il en a toujours été ainsi.» Pour sa part, le président républicain de la commission du Renseignement à la Chambre des représentants, Mike Rogers, déclarait également à CNN que la NSA «n'écoute pas les [appels téléphoniques des] Américains. Si elle le faisait, ce serait illégal. Ce serait enfreindre la loi».

C'était là une ligne de défense plutôt curieuse : en effet, cela revenait à déclarer au reste du monde que la NSA s'attaque bel et bien à la vie privée des non-Américains. Apparemment, la protection de la vie privée ne s'applique qu'aux citoyens américains. Cette conception suscita une telle indignation au plan international que même le PDG de Facebook, Mark Zuckerberg, qui n'a pas précisément la réputation d'être un défenseur véhément de la vie privée, se plaignit de ce que Washington se soit montré aussi «foireux» dans sa réponse au scandale de la NSA, en compromettant les intérêts de groupes de dimensions mondiales du secteur Internet : «Le gouvernement nous a dit, ne vous inquiétez pas, nous n'espionnons aucun Américain. Merveilleux, cela rend vraiment service aux entreprises qui s'efforcent de travailler avec des gens du monde entier. Merci de vous être prononcé et de l'avoir fait en toute clarté. À mon avis, cela aurait difficilement pu être pire.»

Mis à part le caractère étrange de cette stratégie, cette affirmation est aussi manifestement mensongère. En fait, à l'opposé des démentis répétés du président Obama et de ses hauts responsables, la NSA n'a pas cessé d'intercepter le contenu des communications des citoyens américains, sans mandat individuel excipant d'une «présomption raisonnable» (*probable cause*) justifiant cette surveillance. C'est en effet parce que, comme évoqué plus haut, la loi FISA de 2008 l'autorise à contrôler le contenu des communications des Américains – sans aucun mandat individuel –, pourvu qu'elles s'inscrivent dans un échange avec un ressortissant étranger cible. L'Agence catalogue cette intervention sous l'appellation de collecte «incidente», comme si l'espionnage des Américains auquel elle se livre sans aucune permission se résumait en quelque sorte à un accident mineur. Mais la portée du propos est trompeuse. Comme l'expliquait Jameel Jaffer, le directeur juridique adjoint de l'ACLU :

> Le gouvernement soutient fréquemment que cette surveillance des communications d'Américains est «incidente», ce qui donne l'impression que la surveillance des appels téléphoniques

et des e-mails d'Américains par la NSA surviendrait par inad-
vertance et que ce serait là un écart regrettable, du point de
vue même du gouvernement.

Mais quand des responsables de l'administration Bush deman-
dèrent au Congrès qu'il leur accorde ce nouveau pouvoir de
surveillance, ils précisèrent clairement que les communications
des Américains étaient celles qui les intéressaient le plus. Voyez,
par exemple, pour la loi FISA dans sa version XXIe siècle, lors
de l'audition devant la sous-commission des Affaires judiciaires,
sous la législature du 109e Congrès (2006), la déclaration de
Michael Hayden, selon qui certaines communications impliquant «au moins un correspondant aux États-Unis sont celles
qui pour nous revêtent le plus d'importance».

Le principal objectif de la loi de 2008 était de permettre au
gouvernement de collecter les communications internationales
des *Américains* – et de collecter ces communications hors de
toute considération du caractère illégal ou non des agissements
de telle ou telle partie. Une bonne part de la ligne de défense
du gouvernement est conçue pour masquer ce fait, or il s'agit là
d'un aspect crucial : le gouvernement n'a pas besoin de «cibler»
des citoyens américains pour collecter d'énormes volumes de
leurs communications.

Jack Balkin, professeur à la faculté de droit de Yale,
confirme que la loi FISA de 2008 confère en effet au président tout pouvoir de lancer un programme «similaire dans
les faits au programme de surveillance sans mandat» secrètement mis en œuvre par le président Bush. «Ces programmes
peuvent inévitablement inclure de nombreux appels téléphoniques concernant des Américains, qui n'auront absolument
aucun rapport avec le terrorisme ou Al-Qaïda.»

La posture servile de la cour FISA, qui donne son aval
à presque toutes les requêtes déposées par l'agence, vient
encore un peu plus discréditer les propos rassurants d'Obama.
Les défenseurs de la NSA mettent fréquemment en avant
le processus judiciaire de la cour FISA comme preuve de
la supervision efficace à laquelle l'Agence serait soumise. Or

la cour n'a pas été mise en place comme une authentique instance de contrôle du pouvoir gouvernemental, mais plutôt comme une mesure cosmétique, ne fournissant qu'une apparence de réforme destinée à apaiser la colère de l'opinion contre les opérations de surveillance abusive révélées dans les années 1970.

L'inutilité de cette cour de justice en tant que véritable instance de vérification de toute surveillance abusive est évidente, puisque cette instance est pratiquement privée de tous les attributs que la société occidentale confère, a minima, à tout système judiciaire. Elle se réunit dans le plus grand secret. Seule l'une des parties concernées – le gouvernement – est autorisée à comparaître et à plaider son dossier, et ses arrêts sont automatiquement étiquetés «ultraconfidentiel». Signe éloquent, depuis des années, elle a élu domicile dans les locaux du ministère de la Justice, ce qui traduit clairement son rôle de rouage de la branche exécutive plutôt que son statut de cour judiciaire indépendante investie d'une véritable autorité de supervision.

Et les résultats ont été exactement ce qu'on était en droit d'en attendre : la cour ne rejette presque aucune des demandes spécifiques déposées par la NSA relatives à la surveillance de citoyens américains. D'emblée, elle n'a été qu'une chambre d'enregistrement. Durant ses vingt-quatre premières années d'existence, de 1978 à 2002, la cour FISA n'a rejeté *aucune* demande gouvernementale, et en a approuvé des milliers. Au cours de la décennie suivante, jusqu'en 2012, elle n'a rejeté que 11 dossiers de demandes de l'exécutif. Au total, elle aura approuvé plus de 20 000 requêtes.

L'une des dispositions de la loi FISA requiert que le pouvoir exécutif indique chaque année au Congrès le nombre de demandes d'écoutes que reçoit la cour avant de les approuver, de les modifier ou de les rejeter. Pour l'année 2012, le nombre communiqué montrait que l'institution avait approuvé la totalité des 1 788 requêtes de surveillance électronique qu'elle avait examinées, en n'en «modifiant» que 40 – c'est-à-dire en restreignant la portée de l'ordre –, soit moins de 3 %.

Demandes déposées devant la cour de surveillance du Renseignement étranger (FISC) au cours de l'année calendaire 2012 (section 107 de la Loi 50 U.S.C. § 1807)
Au cours de l'année calendaire 2012, le gouvernement a déposé 1 856 demandes devant la cour de surveillance du Renseignement étranger (la «FISC») pour obtenir le droit de se livrer à une surveillance électronique et/ou à des fouilles physiques pour des motifs de renseignement extérieur. Ces 1 856 demandes comprennent des dossiers déposés seulement pour surveillance électronique, des applications requises seulement pour des fouilles physiques, et des requêtes combinées. Sur ce total, 1 789 dossiers comportaient des demandes d'autorisation de procéder à une surveillance électronique.
Sur ces 1 789 dossiers, une seule a été retirée par le gouvernement. La FISC n'a refusé aucune requête, que ce soit en totalité ou en partie.

Il en fut à peu près de même en 2011, quand la NSA déposa 1 676 dossiers et la cour FISA, tout en en modifiant 30, «ne refusa aucune demande, que ce soit en totalité ou en partie».

D'autres statistiques attestent de la soumission de la cour aux desiderata de la NSA. On lira ci-dessous, par exemple, la réaction de la juridiction FISA, ces six dernières années, à des requêtes diverses de l'agence pour obtenir la communication de pièces à caractère professionnel – relevés téléphoniques, dossiers financiers ou médicaux – touchant des citoyens américains :

[@matthewkeyslive]

Gov't surveillance requests to FISA court ❶

Year	Number of business records requests made by U.S. Gov't ❷	Number of requests rejected by FISA court ❸
2005	155	0
2006	43	0
2007	17	0
2008	13	0
2009	21	0
2010	96	0
2011	205	0

[Source: Documents released by ODNI, 18/Nov/2013] ❹

1. Requêtes de surveillance du gouvernement auprès de la cour FISA. 2. Nombre de demandes de dossiers professionnels introduites par le gouvernement des États-Unis 3. Nombre de demandes rejetées par la cour FISA. 4. Source : Documents publiés par l'ODNI [Directeur du renseignement national], 18/Nov/2013.

Par conséquent, même dans les rares cas où l'approbation de la cour FISA est nécessaire pour cibler les communications d'un individu, la procédure ressemble plus à une pantomime dénuée de substance qu'à un contrôle véritablement significatif qui s'exercerait sur la NSA.

L'autre niveau de supervision serait prétendument assuré par les commissions parlementaires en charge du Renseignement, également créées au lendemain des scandales qui éclatèrent autour des questions de surveillance dans les années 1970, mais elles font preuve d'encore plus d'apathie que la cour FISA. Censément conçues pour imposer une «supervision législative vigilante» à la communauté du renseignement, ces commissions sont en fait actuellement dirigées par certains des fidèles de la NSA parmi les plus loyalistes qui se puissent trouver à Washington : la démocrate Dianne Feinstein au Sénat et le républicain Mike Rogers à la Chambre des représentants. Au lieu d'offrir un quelconque contrôle contradictoire des opérations de la NSA, les commissions présidées par Mme Feinstein et M. Rogers sont surtout là pour défendre et justifier tout ce que fera l'agence.

Comme l'écrivait Ryan Lizza dans un article de décembre 2011 pour le magazine *New Yorker*, «au lieu de se livrer à une supervision, la Commission du Sénat traite le plus souvent [...] les responsables du renseignement comme des stars de cinéma». Les observateurs des auditions de la commission sénatoriale sur les activités de la NSA ont été choqués de la manière dont les sénateurs «questionnaient» les cadres de la NSA qui comparaissaient devant eux. Ces «questions» ne donnaient généralement lieu qu'à de longs monologues de sénateurs ressassant leurs souvenirs des attaques du 11-Septembre et insistant sur la nécessité vitale d'empêcher d'autres attaques futures. Les membres de ces commissions écartaient ainsi toute opportunité d'interroger ces responsables et d'exercer leurs responsabilités de supervision, préférant faire de la propagande pour défendre la NSA. Cette scène résumait parfaitement ce qu'a été la véritable fonction de cette commission, durant la décennie écoulée.

En fait, les présidents de ces commissions de contrôle parlementaire défendaient la NSA encore plus vigoureusement que les responsables de l'agence eux-mêmes. À un certain stade, en août 2013, deux membres du Congrès – le démocrate Alan Grayson de Floride et le républicain Morgan Griffith de Virginie – m'approchèrent, séparément, pour se plaindre de ce que la Commission permanente d'enquête parlementaire sur le Renseignement les empêchait, eux-mêmes et d'autres membres, d'accéder à des informations élémentaires sur la NSA. Ils me remirent l'un et l'autre des lettres qu'ils avaient écrites au cabinet du président Rogers, réclamant des informations sur les programmes de la NSA évoqués dans les médias. Ces requêtes furent inlassablement écartées.

Au lendemain de nos articles Snowden, un groupe de sénateurs des deux partis, depuis longtemps soucieux des questions de surveillance abusives, s'attela à rédiger une législation qui imposerait de réelles limites aux pouvoirs de l'agence. Mais ces réformateurs, conduits par le sénateur démocrate Ron Wyden, élu de l'Oregon, se heurtèrent immédiatement à un barrage : une série de contre-manœuvres de défenseurs de la NSA au Sénat, visant à rédiger une législation projetant de fournir un banal semblant de réforme, alors qu'en réalité elle maintenait ou même accroissait les pouvoirs de l'Agence. Ainsi que le rapportait Dave Weigel pour le magazine en ligne *Slate* en novembre :

> Les détracteurs de la NSA et de la collecte de données en masse ou des programmes de surveillance auxquels elle se livre ne se sont jamais inquiétés de l'inaction parlementaire. Ils attendaient du Congrès qu'il propose quelque chose qui ressemble à une réforme. Or, en réalité, les élus de la nation ont codifié et excusé ces pratiques, qui venaient pourtant d'être révélées et d'être clouées au pilori. Il en a toujours été ainsi – chacun de ces amendements ou chacune de ces revalidations du Patriot Act de 2001 ont ouvert davantage de portes dérobées qu'ils n'ont édifié de barrières.
>
> «Nous allons devoir affronter "l'armée du statu quo" – composée de membres influents de la direction du renseignement, de leurs alliés dans les *think tank* et les universités, d'anciens hauts fonctionnaires à la retraite et de législateurs favorablement disposés –, avertissait le sénateur Ron Snyden, de l'Oregon, le mois dernier. Leur objectif ultime consiste à s'assurer que toute réforme de la surveillance reste superficielle. [...] Les protections de la vie privée qui, en réalité, ne protègent pas la vie privée ne valent même pas le papier sur lequel elles sont imprimées.»

La faction de la «vraie-fausse réforme» était conduite par Dianne Feinstein, ce même sénateur démocrate chargée d'exercer un certain contrôle élémentaire sur les agissements de la NSA. Mme Feinstein est depuis longtemps une partisane dévouée des intérêts de l'industrie de la sécurité nationale américaine, depuis son soutien véhément à la guerre en Irak jusqu'à son appui indéfectible aux programmes de la NSA de l'ère Bush. (Pour sa part, son mari détient de fortes participations dans diverses entreprises du secteur de la défense.) Manifestement, Mme Feinstein constituait tout naturellement le choix idéal pour diriger une commission qui prétend mener un travail de supervision de la communauté du renseignement – mais qui, dans les faits, et depuis des années, remplit une fonction exactement inverse.

En dépit de tous les démentis gouvernementaux, la NSA n'est soumise à aucune contrainte officielle concernant ceux qu'elle peut surveiller et comment elle les surveille. Même quand de telles contraintes existent au plan formel – dans les cas où des Américains sont la cible de cette surveillance –, la procédure est à peu près vidée de son sens. La NSA est devenue l'archétype de l'agence incontrôlable : investie du pouvoir d'agir comme bon lui semble, soumise à très peu d'obligations de contrôle, de transparence ou de rendre des comptes.

En résumé, et de manière générale, l'Agence nationale de sécurité collecte deux types d'informations : des contenus et des métadonnées. Le «contenu» désigne ici l'écoute effective des appels téléphoniques, ou la lecture d'e-mails et *chats* en ligne, ainsi que l'examen de toutes sortes d'activités Internet comme les historiques de navigation et de recherche. En revanche, la collecte de «métadonnées» concerne la compilation des données *relatives* à ces communications. Évoquant ces dernières, la NSA parle d'«information sur les contenus (distincte du contenu proprement dit)».

Les métadonnées des e-mails indiquent par exemple l'identité de l'émetteur et du récepteur, quand le message a été expédié, ainsi que la localisation de l'expéditeur. S'agissant des appels téléphoniques, l'information inclut les numéros de téléphone de l'appelant et de l'appelé, la durée et l'objet de leur conversation, et souvent leur localisation et le type de terminaux utilisés pour communiquer. Dans un document traitant des appels téléphoniques, la NSA définissait le périmètre des métadonnées auxquelles elle accède et qu'elle stocke :

Communications Metadata Fields in ICREACH ❶

(S//NF) NSA populates these fields in PROTON:
- Called & calling numbers, date, time & duration of call ❷

(S//SI//REL) ICREACH users will see telephony metadata* in the following fields: ❸

DATE & TIME	IMEI – International Mobile Equipment
DURATION – Length of Call	Identifier
CALLED NUMBER	MSISDN – Mobile Subscriber Integrated
CALLING NUMBER	Services Digital Network
CALLED FAX (CSI) – Called Subscriber	MDN – Mobile Dialed Number
ID	CLI – Call Line Identifier (Caller ID)
TRANSMITTING FAX (TSI) –	DSME – Destination Short Message
Transmitting Subscriber ID	Entity
IMSI – International Mobile Subscriber	OSME – Originating Short Message
Identifier	Entity
TMSI – Temporary Mobile Subscriber	VLR – Visitor Location Register
Identifier	

1. Champs de métadonnées de communications dans le cadre d'ICREACH. 2. (S//NF) La NSA charge ces champs dans PROTON : numéros appelants & appelés, date, heure & durée de l'appel. 3. (S//SI//REL) Les utilisateurs ICREACH verront les métadonnées téléphonie dans les champs suivants : date & heure, durée – longueur de l'appel, numéro appelé, numéro appelant, fax appelé (CSI) – ID de l'abonné appelé, fax en transmission (TSI) – ID de l'abonné qui transmet, IMSI – Identifiant abonné mobile international, TMSI – Identifiant temporaire abonné mobile, IMEI – Identifiant de l'équipement mobile international, MSISDN – Réseau numérique à intégration de services de l'abonné mobile, MDN – Identifiant de la ligne d'appel (ID de l'appelant), DSME – Entité de destination de message court, OSME – Entité d'origine de message court, VLR – Registre de localisation visiteurs.

Le gouvernement américain répéta avec insistance que la plupart des opérations de surveillance révélées par les archives Snowden concernent la collecte de « métadonnées, et non celle des contenus », en s'efforçant de faire croire que cette sorte d'espionnage ne serait pas intrusive, du moins pas au même degré que l'interception de contenus. Dianne Feinstein argumenta explicitement en ce sens dans le quotidien *USA Today*, en affirmant que la collecte de métadonnées des « relevés téléphoniques » de tous les Américains « n'est pas de la surveillance » du tout parce qu'« on ne collecte le contenu d'aucune communication ».

Ces arguments insincères masquent le fait que la surveillance des métadonnées peut souvent se révéler au moins aussi intrusive que l'interception de contenu, sinon davantage. Quand le gouvernement sait tout de qui vous appelez et de qui vous appelle, ainsi que la longueur exacte de toutes ces conversations téléphoniques ; quand il dresse la liste de tous les correspondants de vos e-mails, de tous les endroits depuis lesquels ces mails ont été envoyés, cela peut suffire à dresser un tableau remarquablement exhaustif du contenu de votre existence, de vos liens et de vos activités, y compris de certaines de vos informations les plus intimes et les plus privées.

Dans une déclaration écrite sous serment introduite par l'ACLU remettant en question la légalité du programme de collecte de métadonnées de la NSA, Edward Felten, professeur de science informatique à Princeton, expliquait pourquoi la surveillance des métadonnées peut être particulièrement révélatrice :

> Prenez l'exemple suivant, de pure hypothèse : une jeune femme appelle son gynécologue ; ensuite, elle appelle immédiatement sa mère, puis un homme avec lequel, ces derniers mois, elle a déjà parlé à plusieurs reprises au téléphone, après 23 heures ; et ces appels sont suivis d'un coup de fil à un centre de planning familial également chargé de pratiquer des avortements. Il ressort de tout ceci un scénario de probabilités qui n'aurait rien d'aussi évident au vu du relevé d'un unique appel téléphonique.

Même pour un simple coup de téléphone, les métadonnées peuvent être plus éclairantes que le contenu de l'appel. Écouter l'appel téléphonique d'une femme à un centre d'IVG ne révélera peut-être rien de plus qu'une confirmation de rendez-vous avec un établissement en apparence banal (« East Side Clinic » ou « cabinet du Dr Jones »). Mais les métadonnées en dévoileraient bien davantage : elles révéleraient l'identité des interlocuteurs contactés.

Il en est de même d'un appel pour prendre rendez-vous dans un centre de traitement du sida, à un centre gay-lesbien, à une clinique de désintoxication, à un spécialiste du sida ou vers une ligne de prévention du suicide. Les métadonnées dévoileront une conversation entre un militant des droits de l'homme et un informateur dans un régime répressif, ou le fait qu'une source confidentielle appelle un journaliste pour dénoncer des agissements criminels commis au plus haut niveau. Et si vous composez fréquemment le numéro d'une personne qui n'est pas votre époux(se), les métadonnées l'indiqueront aussi. Qui plus est, elles enregistreront non seulement tous les gens avec qui vous communiquez et à quelle fréquence, mais aussi tous ceux avec qui vos amis et vos associés communiquent, retraçant un tableau exhaustif de votre réseau de contacts.

En effet, souligne le professeur Felten, la mise sur écoute des appels peut se révéler très difficile en raison des différences de langues, de conversations pleines de circonlocutions et de détours, de l'emploi de l'argot ou de codes et d'autres attributs qui, soit par nature soit par accident, en noient la signification. « Le contenu des appels est bien plus compliqué à analyser de manière automatisée en raison de leur nature déstructurée », exposait-il. En revanche, les métadonnées sont mathématiques : propres, précises, et par conséquent faciles à analyser, elles offrent souvent, souligne Felten, « une bonne approximation du contenu ».

> [...] les métadonnées de téléphonie peuvent [...] révéler une quantité de choses extraordinaire à propos de nos habitudes et de nos relations. La structure des appels peut révéler à quels moments nous sommes éveillés et à quels moments nous dormons ; ou notre religion, selon qu'une personne s'abstiendra régulièrement de passer des appels lors du Shabbath ou qu'elle en passera un grand nombre le jour de Noël ; nos habitudes de travail et nos aptitudes sociales ; le nombre d'amis que nous avons et même nos affiliations civiles et politiques.

En résumé, écrit-il encore, « cette collecte massive ne permet pas seulement au gouvernement d'amasser des informations sur davantage de gens, mais elle lui permet aussi de recueillir des faits nouveaux, privés, qu'il n'aurait pu apprendre» simplement en «collectant des renseignements relatifs à quelques individus spécifiques».

Les inquiétudes concernant les nombreuses utilisations que le gouvernement américain pouvait trouver à ce type d'informations sensibles sont particulièrement justifiées par le fait que, contrairement aux affirmations répétées du président Obama et de la NSA, il est déjà clair qu'un nombre conséquent d'activités de l'agence n'a rien à voir avec la lutte antiterroriste ou même avec la sécurité nationale. Une bonne part des archives Snowden révéla aussi ce que l'on ne peut présenter autrement que comme de l'espionnage économique : écoutes et interception d'e-mails chez le géant brésilien du pétrole Petrobras, de conférences sur l'économie en Amérique latine, de groupes énergétiques au Venezuela et au Mexique, ou l'espionnage auquel se livrent des alliés de la NSA (parmi lesquels le Canada, la Norvège et la Suède) touchant le ministère brésilien des Mines et de l'Énergie et des entreprises du secteur de l'énergie dans plusieurs autres pays.

Un document remarquable, présenté par la NSA et le GCHQ, détaillait de nombreuses cibles de surveillance manifestement de nature économique : Petrobras, l'infrastructure de Google, le système de transferts interbancaires SWIFT et, en Russie, le groupe pétrolier Gazprom ainsi que la compagnie aérienne russe Aeroflot.

1. Les réseaux privés sont importants. 2. De nombreuses cibles utilisent des réseaux privés. (Infrastructure Google : [censuré] / [censuré] / Aeroflot / Ministère français des Affaires étrangères, Warid Telecom / [censuré]. Réseau SWIFT : [censuré] / Gazprom / [censuré] / [censuré] / Petrobas / [censuré].). 3. Démonstration de l'étude : 30 à 40 % du trafic BLACKPEARL touche au moins un interlocuteur final privé.

Depuis des années, le président des États-Unis et les plus hauts responsables de son administration dénoncent avec véhémence l'emploi que fait la Chine de ses capacités de surveillance pour en retirer un avantage économique, tout en affirmant que les États-Unis et leurs alliés ne commettent rien de tel. Le *Washington Post* cita un porte-parole de la NSA déclarant que le département de la Défense, dont l'agence fait partie, « "se livre bel et bien" à de l'exploitation de réseaux Internet », mais « ne se livre ***pas*** à de l'espionnage économique, dans aucun domaine, y compris le "cyber-espionnage" » [les astérisques sont dans la citation d'origine].

Que la NSA espionne précisément pour les motifs économiques qu'elle niait poursuivre, ses documents internes l'attestent. Elle agit au bénéfice de ce qu'elle appelle ses « clients », qui incluent non seulement la Maison-Blanche, le département d'État et la CIA, mais aussi des services et agences à caractère essentiellement économique, comme le Bureau du Représentant américain du Commerce et les départements de l'Agriculture, du Trésor et du Commerce :

1. Au service de nos clients. 2. Principaux producteurs finaux du renseignement : CIA, DIA [*Defense intelligence agency*], État / INR [*Bureau of Intelligence and research*, organe d'analyse de l'information du Département d'État], NGA [*National geospatial-intelligence agency*, agence de renseignement géospatial du min. de la Défense], Conseil national du renseignement. 3. Décideurs politiques / Maintien de l'ordre : Maison-Blanche, Cabinets, Directeur du renseignement central, Ambassadeurs des États-Unis, Bureau du Représentant américain du Commerce, Congrès, Départements - **Agriculture, Justice, Trésor, Commerce**, Énergie, Département d'État, Sécurité Intérieure. 4. Armée / Forces tactiques : État-major des armées (JCS), CINC [Commandant en chef], Forces d'intervention, Commandements forces tactiques, Tous services des armées, Département de la Défense, Alliances, Forces de l'ONU, OTAN.

Dans son descriptif du programme BLARNEY, la NSA dresse la liste des types d'information qu'elle est censée fournir à ses «clients», selon qu'elles ont trait au «contre-terrorisme», à la «diplomatie» et au domaine «économique».

TOP SECRET // COMINT // NOFORN//20291130

BLARNEY AT A GLANCE
Why: Started in 1978 to provide FISA authorized access to communications of
foreign establishments, agents of foreign powers, and terrorists ❶

External Customers (Who) ❷	Information Requirements (What) ❸	Collection Access and Techniques (How) ❹
Department of State	Counter Proliferation	DNI Strong Selectors
Central Intelligence Agency	Counter Terrorism	DNR Strong Selectors
United States UN Mission	Diplomatic	DNI Circuits
White House	Economic	DNR Circuits
Defense Intelligence Agency	Military	Mobile Wireless
National Counterterrorism Center	Political/Intention of Nations	

1. BLARNEY – Vue d'ensemble – Pourquoi : lancé en 1978 pour fournir un accès autorisé FISA aux communications d'institutions étrangères, d'agents de puissances étrangères et de terroristes. 2. Clients externes (Qui) : Département d'État, Agence centrale de renseignement (CIA), Mission des États-Unis à l'ONU, Maison-Blanche, Agence de renseignement de la Défense (DIA), Centre national du contre-terrorisme (NCC). 3. Demandes d'informations (Quoi) : Contre-prolifération, Contre-terrorisme, Diplomatie, Économie, Armée, Politique/Intention des nations concernées. 4. Accès et techniques de collecte (Comment) : Sélecteurs forts DNI, Sélecteurs forts DNR, Circuits DNI, Circuits DNR, Mobile sans fil.

TOP SECRET//COMINT//NOFORN

US-984 BLARNEY

(TS//SI) US-984 (PDDG: AX) – provides collection against DNR and DNI FISA Court Order authorized communications. ❶

(TS//SI) Key Targets: Diplomatic establishment, counterterrorism, Foreign Government, Economic ❷

1. (TS//SI) US-984 (PDDG : AX) - fournit collecte DNI et DNR sur communications autorisées par ordonnance de la cour FISA. 2. (TS//SI) Cibles clefs : institutions diplomatiques, contre-terrorisme, gouvernements étrangers, économiques.

D'autres preuves de cet intérêt de la NSA pour le domaine de l'économie figurent dans un document PRISM reprenant un «échantillon» de «Thèmes de Rapports» pour la semaine du 2 au 8 février 2013. Une liste des types d'informations récoltées dans divers pays inclut manifestement des catégories économiques et financières, parmi lesquelles l'«énergie» et le «pétrole».

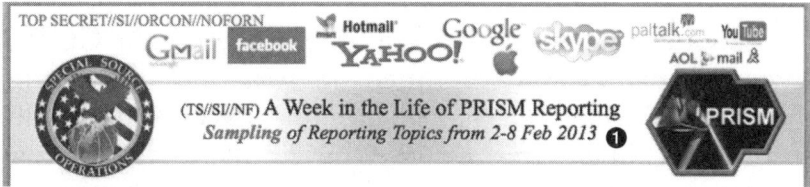

1. (TS//SI//NF) Une semaine d'activité PRISM – Rapport. Échantillon de thèmes de rapport du 2-8 fév. 2013. 2. Mexique : narcotiques, énergie, sécurité intérieure, affaires politiques. 3. Japon : commerce, Israël. 4. Venezuela : acquisitions de matériels militaires, pétrole.

Un mémorandum de 2006 émanant du directeur des Capacités monde de la mission Questions de sécurité internationale de l'agence (ISI) présente l'espionnage en matière économique et commerciale de la NSA – dirigé contre des pays aussi divers que la Belgique, le Japon, le Brésil et l'Allemagne – en des termes sans détour :

(U) Mission Washington NSA
(U) Régional
(TS//SI) L'ISI est responsable de 13 États nations distincts, sur trois continents. Un point commun significatif relie tous ces pays, leur importance dans les domaines de l'économie, des échanges commerciaux et de la défense des États-Unis. La Division Partenariats Stratégiques et Europe de l'Ouest se concentre essentiellement sur la politique étrangère et les activités commerciales de la Belgique, de la France, de l'Allemagne, de l'Italie et de l'Espagne, ainsi que du Brésil, du Japon et du Mexique.
(TS//SI) La branche Énergie et Ressources fournit des renseignements sans équivalent sur la production et le développement énergétique de niveau mondial dans des pays vitaux qui affectent l'économie mondiale. Les cibles actuellement les plus suivies sont ▮▮▮▮, ▮▮▮, ▮▮▮▮▮ et ▮▮▮▮▮▮▮▮▮▮▮, ▮▮▮▮ et ▮▮▮▮▮. Les rapports comprennent le suivi des flux d'investissements internationaux dans les secteurs de l'énergie

des pays cibles, le secteur de l'électricité, les mises à niveau du Contrôle de Supervision et d'acquisition des données (SCADA) et la conception assisté par ordinateur des projets énergétiques.

Dans un article sur une série de documents du GCHQ divulgués par Edward Snowden, le *New York Times* relevait que les cibles de surveillance incluaient souvent des institutions financières et les « dirigeants d'organisations d'aide internationale, des groupes étrangers du secteur énergétique et un haut responsable de l'Union européenne engagé dans des batailles anti-trust contre des entreprises américaines du secteur des hautes technologies ». L'article ajoutait que les agences de renseignement américaines et britanniques « surveillaient les communications des dirigeants de l'Union européenne au plus haut niveau, de dirigeants étrangers parmi lesquels des chefs d'État africains et parfois des membres de leur famille, de directeurs des Nations unies et d'autres programmes d'aide humanitaire [comme l'UNICEF], et de responsables en charge de ministères du Pétrole et des Finances ».

Les raisons de cet espionnage économique sont assez claires. Quand les États-Unis utilisent la NSA pour surveiller les stratégies de planification d'autres pays dans le cadre de négociations commerciales et économiques, ils peuvent procurer un énorme avantage concurrentiel à l'industrie américaine. En 2009, par exemple, le secrétaire d'État adjoint Thomas Shannon écrivit une lettre à Keith Alexander « pour lui exprimer [sa] gratitude et le féliciter pour le soutien exceptionnel en matière de signaux de renseignement » que le département d'État avait reçu concernant le Cinquième Sommet des Amériques, une conférence consacrée à la négociation d'accords économiques. Dans cette lettre, Shannon soulignait en particulier que la surveillance de la NSA avait fourni au gouvernement américain certains avantages dans la négociation par rapport aux autres parties en présence :

Grâce à plus d'une centaine de rapports que nous avons reçus de la NSA, nous avons pu nous renseigner en profondeur sur les projets et les intentions des autres participants du Sommet et nous assurer que nos diplomates soient convenablement préparés pour conseiller le président Obama et la Secrétaire d'État Clinton sur la manière de traiter des questions épineuses, notamment Cuba, et d'aborder des interlocuteurs difficiles, comme le président vénézuélien Chavez.

La NSA s'est également consacrée à l'espionnage diplomatique, comme le démontrent des documents antérieurs se référant à des «affaires politiques». Un cas particulièrement extrême, en 2001, montre que l'agence cibla deux dirigeants sud-américains, – Dilma Rousseff, présidente du Brésil, «et ses principaux conseillers» – ainsi que Enrique Pena Nieto, alors principal candidat à l'élection présidentielle au Mexique (désormais président), et «neuf de ses proches collaborateurs», pour une «poussée» de surveillance particulièrement invasive. Ce document comportait même certains des messages textes envoyés et reçus par Nieto et l'un de ses «proches collaborateurs».

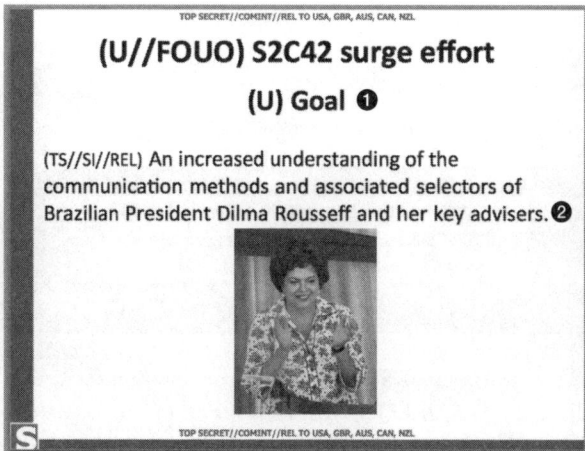

TOP SECRET//COMINT//REL TO USA, GBR, AUS, CAN, NZL

(U//FOUO) S2C42 surge effort

(U) Goal ❶

(TS//SI//REL) An increased understanding of the communication methods and associated selectors of Brazilian President Dilma Rousseff and her key advisers. ❷

TOP SECRET//COMINT//REL TO USA, GBR, AUS, CAN, NZL

1. (U//FOUO)[1] S2C41, Effort intensif – Objectif. 2. (TS//SI//REL) Pour une compréhension améliorée des méthodes de communication et des sélecteurs associés à la présidente brésilienne Dilma Rousseff et ses principaux conseillers.

---

1. U : *Unclassified*, non classifié. FOUO : *For official use only*, *r*éservé à un usage officiel.

1. (U//FOUO) S2C42, Effort intensif – Objectif. 2. (TS//SI//REL) L'équipe dirigeante de la NSA au Mexique (S2C41) a mené pendant deux semaines un effort intensif de développement de cible contre l'un des principaux candidats à l'élection présidentielle mexicaine, Enrique Pena Nieto, et neuf de ses proches collaborateurs. Nieto est considéré par la plupart des experts politiques comme le vainqueur probable de l'élection présidentielle mexicaine de 2012, qui doit se tenir en juillet de cette année. Au cours de cet effort intensif, le SATC a pu produire une analyse graphique.

1. (U) Résultats. 2. (S//SI//REL) 85489 messages textes, messages dignes d'intérêt. 3. Numéro de coordonnateur de voyage. 4. (TS//SI//REL) Jorge Corona – proche collaborateur de Nieto.

TOP SECRET//COMINT//REL TO USA, GBR, AUS, CAN, NZL

(U) Conclusion

▫ (S//REL) Contact graph-enhanced filtering is a simple yet effective technique, which may allow you to find previously unobtainable results and empower analytic discovery ❶

▫ (TS//SI//REL) Teaming with S2C, SATC was able to successfully apply this technique against high-profile, OPSEC-savvy Brazilian and Mexican targets. ❷

TOP SECRET//COMINT//REL TO USA, GBR, AUS, CAN, NZL

S

1. (S//REL) Le filtrage de contact complété par un graphique est une technique simple mais efficace, qui peut permettre d'obtenir des résultats jusque-là hors de portée et de renforcer les recherches analytiques. 2. (TS//SI//REL) En faisant équipe avec le S2C, le SATC a été en mesure d'appliquer cette technique avec succès à des cibles brésiliennes et mexicaines de haut niveau informées des techniques de Sécurité Opérationnelle.

On peut se perdre en conjectures sur les raisons pour lesquelles des dirigeants politiques brésiliens et mexicains ont été pris pour cible. Ces deux pays sont riches en ressources pétrolières. Ils exercent aussi une forte influence dans la région. Et si ce ne sont aucunement des adversaires, il ne s'agit pas là non plus des alliés les plus proches et les plus dignes de confiance de l'Amérique. En fait, le document de planification de la NSA – intitulé «Identifier les défis : tendances géopolitiques 2014-2019» – range ces deux pays, Brésil et Mexique, sous l'intitulé «Amis, ennemis, ou problèmes?». Les autres pays de cette liste sont l'Égypte, l'Inde, l'Iran, l'Arabie Saoudite, la Somalie, le Soudan, la Turquie et le Yémen.

Mais en fin de compte, dans ce cas comme dans la majorité des autres, les hypothèses concernant toute cible spécifique sont fondées sur des prémisses erronées. La NSA n'a besoin d'aucune raison ou rationalité spécifique pour faire intrusion dans les communications privées des gens. En soi, sa mission institutionnelle consiste à tout collecter.

En tout état de cause, ces révélations sur l'espionnage de dirigeants étrangers sont *moins* importantes que la surveillance de masse de populations entières conduite par l'agence. Depuis des siècles, des nations ont espionné des chefs d'État, y compris alliés. C'est tout à fait banal, malgré l'indignation que cela put susciter par exemple lorsque le monde découvrit que, depuis de nombreuses années, la NSA ciblait le téléphone portable personnel de la chancelière Angela Merkel.

L'autre fait plus remarquable, c'est que, de prime abord, les révélations sur une NSA espionnant des centaines de millions de citoyens de tous ces pays ne suscitèrent que de rares objections feutrées de la part des dirigeants politiques des nations concernées. L'indignation n'éclata véritablement que lorsque ces dirigeants comprirent que leurs administrés n'en étaient pas les seules cibles : ils étaient visés, eux aussi.

Pourtant, l'échelle même de la surveillance diplomatique, telle que la NSA la pratique, est à la fois très inhabituelle et mérite d'être relevée. Les États-Unis ont par exemple espionné systématiquement des organisations internationales comme les Nations unies, pour en retirer un avantage diplomatique. À cet égard, un briefing du SSO daté d'avril 2013 est caractéristique : il explique l'utilisation de certains programmes servant à se procurer des éléments d'information sur l'argumentation développée par le Secrétaire général des Nations unies avant sa rencontre avec le président Obama :

> **TOP SECRET//SI//NOFORN**
>
> ## (U) OPERATIONAL HIGHLIGHT ❶
>
> **(TS//SI//NF) BLARNEY Team assists S2C52 analysts in implementing Xkeyscore fingerprints that yield access to U.N. Secretary General talking points prior to meeting with POTUS. ❷**
>
> **TOP SECRET//SI//NOFORN**

1. (U) Temps fort opérationnel. 2. (TS//SI//NF) L'équipe Blarney assiste des analystes du S2C52 dans la mise en œuvre de données dactyloscopiques Xkeyscore permettant d'accéder aux éléments d'argumentation du Secrétaire général des Nations unies avant sa rencontre avec le POTUS [*President Of The United States*].

De nombreux autres documents expliquent de façon détaillée les demandes de Susan Rice, alors ambassadrice à l'ONU et depuis lors conseillère à la sécurité nationale du président Obama, invitant à plusieurs reprises la NSA à espionner les débats internes d'éminents États membres afin de s'informer de leurs stratégies de négociation. Un rapport du SSO daté de mai 2010 décrit la procédure, liée au débat alors en cours sur une résolution de l'ONU, impliquant d'imposer de nouvelles sanctions à l'Iran.

> (S/SI) L'équipe BLARNEY apporte un soutien notable permettant la collecte au Conseil de sécurité de l'ONU
> Par ▮▮▮▮▮▮▮▮, le 28-05-2010 1430
> (TS/SI/NF) À l'approche du vote à l'ONU de sanctions contre l'Iran et alors que plusieurs pays restent indécis, l'ambassadrice Rice s'est adressée à la NSA pour que l'Agence lui fournisse des SIGINT sur ces pays en vue de développer une stratégie. Avec l'obligation d'agir rapidement et dans le cadre

légal, l'équipe BLARNEY s'est aussitôt mise au travail avec divers organismes et des partenaires, tant à l'intérieur de la NSA qu'à l'extérieur.

(TS//SI//NF) Alors que l'OGC, le SV et les TOPI[1] se sont attaqués en priorité aux autorisations juridiques pour accélérer l'obtention de quatre nouvelles ordonnances NSA de la cour FISA relatives au Gabon, à l'Ouganda, au Nigeria et à la Bosnie, le personnel de la Division Opérations de BLARNEY réunissait des éléments de contexte pour déterminer quelles données d'enquête étaient disponibles ou pouvaient être obtenues par l'intermédiaire de leurs contacts de longue date au FBI. En travaillant à obtenir des informations à la fois au travers des Missions des Nations unies et des ambassades de Washington, l'équipe de développement de cibles a pu faciliter les choses en faisant appel au personnel de gestion de flux de données compétent. Tout a été fait pour s'assurer d'alimenter le flux de données en direction des TOPI dès que possible. Plusieurs agents, un de l'équipe juridique et un autre du développement de cible, ont été convoqués samedi 22 mai afin d'accélérer la procédure de vingt-quatre heures de rédaction des pièces juridiques. Ils ont assumé leur part de travail pour s'assurer que les ordonnances soient prêtes à être soumises à la signature du directeur de la NSA mardi matin 24 mai à la première heure.

(S//SI) L'OGC et le SV insistant pour mettre un point final à ces quatre ordonnances, les pièces ont été soumises au directeur de la NSA pour signature au [DoD] département de la Défense pour signature du SecDef [Secrétaire à la Défense], puis au [DoJ] département de la Justice pour signature du juge de la cour FISC, le tout en un temps record. Les quatre ordonnances ont été signées par le juge le mercredi 26 mai! Dès réception des ordonnances par le staff juridique de BLARNEY, les juristes sont entrés en action pour analyser ces quatre dossiers plus un autre renouvellement «normal», le tout en une journée. Analyser cinq ordonnances de la cour en une journée – un record de BLARNEY! Alors que l'équipe juridique de BLARNEY était occupée à examiner de près les ordonnances de la cour, l'équipe de gestion d'accès de BLARNEY travaillait avec le FBI à transmettre des informations de mission et à coordonner l'engagement avec des partenaires télécommunications.

---

1. OGC : *Office of General Counsel,* bureau du conseiller juridique de la NSA. SV : Unité de supervision et conformité. TOPI : *Target Office of Primary Interest,* Bureau de ciblage de première responsabilité.

Un document de surveillance similaire, daté d'août 2010, révèle que les États-Unis espionnaient huit membres du Conseil de sécurité de l'ONU à propos d'une résolution ultérieure comportant des sanctions contre l'Iran. La liste comprenait la France, le Brésil, le Japon et le Mexique – tous considérés comme des nations amies. Ces manœuvres d'espionnage fournissaient au gouvernement américain de précieuses informations sur les intentions de vote de ces pays, conférant à Washington un avantage dans ses conversations avec d'autres membres du Conseil de sécurité.

SID today

(U//FOUO) Réussite discrète : la synergie du SIGINT contribue à modeler la politique étrangère des États-Unis À l'ouverture de leurs longues négociations, la NSA avait soutenu l'idée d'une collecte visant la France, le Japon, le Mexique et le Brésil.

(TS//SI//REL) À la fin du printemps 2010, onze branches de cinq Lignes de produits ont fait équipe avec des catalyseurs de la NSA pour fournir les informations les plus précises et les plus récentes à la Mission des États-Unis aux Nations unies (USUN) et à d'autres clients sur la manière dont les membres du CSNU (Conseil de sécurité de l'ONU) voteraient sur la Résolution de sanctions contre l'Iran. Notant que l'Iran persistait dans sa politique de non-respect des résolutions précédentes du CSNU relatives à ses programmes nucléaires, les Nations unies ont imposé des sanctions supplémentaires, le 9 juin 2010. Le SIGINT a été décisif en tenant l'USUN informée de la manière dont les autres membres du CSNU allaient orienter leur vote.

(TS//SI//REL) La résolution a été adoptée par douze voix pour, deux contre (le Brésil et la Turquie) et une abstention du Liban. Selon l'USUN, le SIGINT «m'a aidé à savoir quand les autres Permreps [Représentants permanents] disaient la vérité. [...] révélaient leur vraie position sur les sanctions [...] nous a donné l'avantage dans ces négociations [...] et fourni des informations sur ce qui, aux yeux de plusieurs pays, constituait la "ligne rouge" à ne pas franchir».

Pour faciliter l'espionnage diplomatique, la NSA s'est ménagé plusieurs formes d'accès aux ambassades et aux consu-

lats de plusieurs de ses plus proches alliés. Un document de
2010 repris ici – les noms de plusieurs pays précis ont été
biffés – dresse la liste des nations dont les structures diplomatiques aux États-Unis firent l'objet d'intrusions de ce type.
Un glossaire final explique les divers types de surveillance.

---

10 Sep. 2010
SIGAD en accès réservé

Toute collecte intérieure en Accès réservé utilise le SIGAD US-3136 suivi
d'un suffixe unique de deux lettres pour chaque emplacement et chaque
mission de la cible. La collecte GENIE à l'étranger en accès privilégié a été
assignée au US-3137 SIGAD avec un suffixe de deux lettres.

(Note : les cibles marquées d'un * ont été soit abandonnées, soit désignées pour
abandon probable dans un proche avenir. Veuillez vérifier avec TAO/RTD/ROS (961-
1578s) concernant le statut des autorités compétentes.)

SIGAD   US-3136

SUFFIXE	CIBLE/PAYS	LOCALISATION	NOM DE CODE	MISSION
BE	Brésil/Amb	Wash, DC	KATEEL	LIFESAVER
SI	Brésil/Amb	Wash, DC	KATEEL	HIGHLANDS
VQ	Brésil/NU	New York	POCOMOKE	HIGHLANDS
HN	Brésil/NU	New York	POCOMOKE	VAGRANTS
LJ	Brésil/NU	New York	POCOMOKE	LIFESAVER
YL*	Bulgarie/Amb	Wash, DC	MERCED	HIGHLANDS
QX*	Colombie/Bureau du commerce	New York	BANISTER	LIFESAVER
DJ	EU/NU	New York	PERDIDO	HIGHLANDS
SS	EU/NU	New York	PERDIDO	LIFESAVER
KD	EU/Amb	Wash, DC	MAGOTHY	HIGHLANDS
IO	EU/Amb	Wash, DC	MAGOTHY	MINERALIZ
XJ	EU/Amb	Wash, DC	MAGOTHY	DROPMIRE
OF	France/NU	New York	BLACKFOOT	HIGHLANDS
VC	France/NU	New York	BLACKFOOT	VAGRANT
UC	France/Amb	Wash, DC	WABASH	HIGHLANDS
LO	France/Amb	Wash, DC	WABASH	PBX
NK*	Géorgie/Amb	Wash, DC	NAVARRO	HIGHLANDS
BY*	Géorgie/Amb	Wash, DC	NAVARRO	VAGRANT
RX	Grèce/NU	New York	POWELL	HIGHLANDS
HB	Grèce/NU	New York	POWELL	LIFESAVER
CD	Grèce/Amb	Wash, DC	KLONDIKE	HIGHLANDS
PJ	Grèce/Amb	Wash, DC	KLONDIKE	LIFESAVER

JN	Grèce/Amb	Wash, DC	KLONDIKE	PBX
MO*	Inde/NU	New York	NASHUA	HIGHLANDS
QL*	Inde/NU	New York	NASHUA	MAGNETIC
ON*	Inde/NU	New York	NASHUA	VAGRANT
IS*	Inde/NU	New York	NASHUA	LIFESAVER
OX*	Inde/Amb	Wash, DC	OSAGE	LIFESAVER
CQ*	Inde/Amb	Wash, DC	OSAGE	HIGHLANDS
TQ*	Inde/Amb	Wash, DC	OSAGE	VAGRANT
CU*	Inde/AmbAnx	Wash, DC	OSWAYO	VAGRANTS
DS*	Inde/AmbAnx	Wash, DC	OSWAYO	HIGHLANDS
SU*	Italie/Amb	Wash, DC	BRNUEAU	LIFESAVER
MV*	Italie/Amb	Wash, DC	HEMLOCK	HIGHLANDS
IP*	Japon/NU	New York	MULBERRY	MINERALIZ
HF*	Japon/NU	New York	MULBERRY	HIGHLANDS
BT*	Japon/NU	New York	MULBERRY	MAGNETIC
RU*	Japon/NU	New York	MULBERRY	VAGRANT
LM*	Mexique/NU	New York	ALAMITO	LIFESAVER
UX*	Slovaquie/Amb	Wash, DC	FLEMING	HIGHLANDS
SA*	Slovaquie/Amb	Wash, DC	FLEMING	VAGRANT
XR*	Afrique du Sud/ NU et consulats	New York	DOBIE	HIGHLANDS
RJ*	Afrique du Sud/ NU et consulats	New York	DOBIE	VAGRANT
YR*	Corée du Sud/NU	New York	SULPHUR	VAGRANT
TZ*	Taïwan/TECO	New York	REQUETTE	VAGRANT
VN*	Venezuela/Amb	Wash, DC	YUKON	LIFESAVER
UR*	Venezuela/UN	New York	WESTPORT	LIFESAVER
NO*	Vietnam/NU	New York	NAVAJO	HIGHLANDS
OU*	Vietnam/NU	New York	NAVAJO	VAGRANT
GV*	Vietnam/Amb	Wash, DC	PANTHER	HIGHLANDS

SIGAD US-3137

DESCRIPTION DES TERMES GÉNÉRAUX
HIGHLANDS : Collecte à partir d'implants.
VAGRANT : Collecte d'écrans d'ordinateurs.
MAGNETIC : Collecte par capteurs d'émanations magnétiques.
MINERALIZE : Collecte à partir d'implants LAN.
OCEAN : Système de collecte optique pour Écran d'ordinateur à base matricielle.
LIFESAVER : Imagerie de disque dur.
GNEIE : Opérations multi-niveaux ; contournement d'*air gap*, etc.
BLACKHEART : Collecte à partir d'implant du FBI.
PBX : Central téléphonique public.
CRYPTO ENABLED : Collecte dérivée des efforts de l'AO pour permettre la crypto.
DROPMIRE : Collecte passive d'émanations au moyen d'une antenne.
CUSTOMS : Opportunités personnalisées (hors LIFESAVER).

DROPMIRE : Collecte imprimante laser, purement en accès proximal (***NON*** implantée).

DEWSWEEPER : TAP matériel d'hôte USB (Universal Serial Bus) qui fournit une liaison CLANDESTINE par liaison USB dans un réseau cible. Fonctionne avec un sous-système de relais RF qui fournit une passerelle sans fil d'accès au réseau cible.

RADON : TAP d'hôte bidirectionnel capable d'injecter des paquets Internet dans la même cible. Permet l'exploitation bidirectionnelle.

Certaines méthodes de la NSA servent à tous types de champs d'action – qu'il s'agisse d'économie, de diplomatie, de sécurité, ou de s'assurer un avantage planétaire polyvalent – et comptent parmi les plus invasives et les plus sournoises de son répertoire. Depuis des années, le gouvernement américain mettait en garde le monde à propos des routeurs chinois et d'autres dispositifs Internet censés faire peser une « menace » parce qu'ils intègrent au stade du montage des fonctionnalités de surveillance par portes dérobées donnant au gouvernement de Pékin la capacité d'espionner tous ceux qui les utilisent. Pourtant, les documents de la NSA montrent que les Américains se sont précisément engagés dans l'activité dont Washington accusait Pékin.

Le feu roulant des accusations américaines contre les fabricants de terminaux Internet chinois était incessant. En 2012, par exemple, un rapport de la Commission du renseignement de la Chambre des représentants, présidée par Mike Rogers, affirmait que les deux principaux fabricants chinois d'équipements de télécommunication, Huawei et ZTE, « pouvaient violer les lois des États-Unis » et « n'ont pas respecté les obligations juridiques ou les normes internationales régissant certaines règles de conduite commerciales ». La Commission recommandait que « les États-Unis considèrent d'un œil suspicieux la pénétration permanente du marché américain des télécommunications par les compagnies de télécommunication chinoises ».

La Commission Rogers exprima ses craintes que ces deux entreprises ne favorisent la surveillance d'État chinoise – tout en reconnaissant qu'elle n'avait recueilli aucune preuve véritable que ces sociétés aient implanté des dispositifs de surveillance dans leurs routeurs et d'autres systèmes. Néanmoins, elle mentionnait le refus de ces entreprises de coopérer et pressait les sociétés américaines d'éviter d'acheter leurs produits :

> Aux États-Unis, les entités du secteur privé sont vivement encouragées à réfléchir aux risques à long terme pour leurs équipements ou leurs services, du fait de leurs relations commerciales avec les groupes ZTE ou Huawei. Les fournisseurs de réseaux et les développeurs systèmes américains sont fortement invités à rechercher d'autres fournisseurs pour leurs projets. Sur la base d'informations classifiées et non-classifiées, on ne peut avoir la certitude que Huawei et ZTE soient libres de toute influence étatique étrangère, ce qui dès lors fait peser une menace sur la sécurité des États-Unis et de nos systèmes.

Cette avalanche d'accusations permanentes finit par devenir si pesante qu'en novembre 2013, Ren Zhengfei, fondateur et PDG de Huawei, âgé de soixante-neuf ans, annonça que son groupe renonçait au marché américain. Comme le signalait *Foreign Policy*, Zhengfei déclarait à un journal français : « "Si Huawei vient perturber les relations sino-américaines", en devenant une source de problèmes, "cela n'en vaut pas la peine". »

Mais alors qu'on dissuadait les entreprises américaines d'utiliser des routeurs chinois supposés peu fiables, certains organismes hors des États-Unis auraient été bien inspirés de se méfier des appareils de fabrication américaine. Un rapport de juin 2010 du chef du département Access and Target Development [Accès et Développement de Cible] est extrêmement explicite. Régulièrement, la NSA reçoit – ou intercepte – des routeurs, des serveurs et d'autres périphériques réseaux exportés des États-Unis avant leur expédition à des clients internationaux. L'agent y implante des outils de surveillance de porte dérobée, reconditionne le produit muni du sceau de garantie de l'usine et les réexpédie. L'agence obtient ainsi un accès à la totalité des réseaux concernés, n'importe où dans le monde, et de leurs usagers. Le document observe, non sans jubilation, que certaines «techniques SIGINT sont décidément très tactiles (littéralement!)».

TOP SECRET//COMINT//NOFORN

Juin 2010

(U) Des techniques furtives permettent de pénétrer certaines des cibles SIGINT les plus inaccessibles

Par : (U//FOUO) ▮▮▮▮▮▮▮ directeur, Développement et Accès Cibles

(TS//SI//NF) Toutes les techniques SIGINT n'impliquent pas un accès à des signaux et à des réseaux situés à des milliers de kilomètres de distance... En fait, ces techniques sont parfois très tactiles (littéralement!). Voici comment cela fonctionne : les périphériques de réseaux informatiques (serveurs, routeurs, etc.) livrés à nos cibles du monde entier sont *interceptés*. Ensuite, ils sont *réacheminés vers un site secret* où des employés des Divisions Tailored Access Operations/Access Operations (AO – S326) [Opérations d'accès sur mesure/Opérations accès, avec le soutien du Remote Operations Center (S321) [Centre Opérations à distance] procèdent à *l'installation d'implants balises* directement dans les appareils électroniques de nos cibles. Ces appareils sont ensuite reconditionnés et *remis en transit* vers leur destination initiale. Tout ceci se déroule avec le soutien de partenaires de la Communauté du renseignement et des experts techniques du TAO [bureau d'assistance technique].

(TS//SI//NF) De telles opérations impliquant une intervention sur la chaîne logistique comptent parmi les plus productives de la TAO, parce qu'elles prépositionnent des points d'accès sous forme de cibles réseaux matérielles situées dans le monde entier.

(TS//SI//NF) À gauche : les colis interceptés sont ouverts avec soin; à droite : une «station de chargement» implante une balise.

Par la suite, le dispositif implanté se connecte à l'infrastructure de la NSA :

(TS//SI//NF) Dans un cas récent, après plusieurs mois, une balise implantée à travers une intervention sur la chaîne logistique a renvoyé un signal vers l'infrastructure sous couverture de la NSA. Ce retour de signal nous a procuré un accès permettant d'exploiter plus avant ce dispositif et de surveiller ce réseau.

Parmi les autres terminaux, l'agence intercepte et modifie des routeurs et des serveurs fabriqués par Cisco dans le but de faire remonter de gros volumes de trafic Internet vers les dépôts de la NSA. Il n'existe aucune preuve dans ces documents que CISCO ait eu connaissance de ces interceptions, ou que le groupe ait fermé les yeux. En avril 2013, l'agence se heurta à des difficultés techniques avec les commutateurs de réseaux Cisco qu'elle avait interceptés, qui affectèrent les programmes BLARNEY, FIARVIEW, OAKSTAR et STORMBREW :

Top secret//COMINT//REL TO USA, FVEY[1]
(Rapport généré le 11.04.2013 / 15h31:05)

NewCrossProgram

CrossProgram 1-13	Nouveau	Compte ECP actif :	1
Intitulé du changement :	Mise à jour de tous les nœuds ONS[1] Cisco	Chef de l'ECP[2] :	NOM CENSURÉ
Auteur :	NOM CENSURÉ	Accord de priorité :	C-Routine

---

1. FVEY : Five Eyes.

Site(s) :	APPLE1 : CLEVERDEVICE : HOMEMAKER : DOGHUT : QUARTERPOUNDER : QUEENSLAND : SCALLION : SPORTCOAT : SUBSTRAT : TITAN POINTE : SUBSTRAT : BIRCHWOOD : MAYTAG : EAGLE : EDEN :	**Projet(s) :**	**Pas de projet (s) inscrits**
Système(s) :	Comms/Réseau Comms/Réseau Comms/Réseau Comms/Réseau	**Sous-systèmes(s) :**	**Aucun sous-système inscrit**

Description du changement : Mise à jour logicielle sur tous les Commutateurs optiques de réseau Cisco

Raison du changement : Tous nos multiplexeurs Cisco ONS SONET souffrent d'un bug logiciel qui leur fait perdre la connexion par intermittence.

Impact de la mission : L'impact de la mission est inconnu. Tandis que le bug actuel ne semble pas affecter le trafic, l'application de la nouvelle mise à jour logicielle le pourrait. Malheureusement, il n'y a aucun moyen de s'en assurer. Nous sommes incapables de simuler le bug dans notre laboratoire et il nous est donc impossible de prédire exactement ce qui se passera lorsque nous appliquerons la mise à jour logicielle. Nous proposons de mettre d'abord à jour l'un des nœuds sous NBP-320 afin de déterminer si la mise à jour se déroule sans problème.

Nous avons récemment essayé de réinitialiser la carte gestionnaire de veille dans le nœud HOMEMAKER. Après un échec, nous avons essayé une réinstallation physique. Comme c'était la carte de veille, nous ne nous attendions pas à ce que cela provoque le moindre problème. Pourtant, à la réinstallation de la carte, tout le système ONS s'est mis hors service et nous avons perdu tout le trafic transitant par l'unité. Il nous a fallu plus d'une heure pour résoudre cette panne.

Scénario catastrophe : nous avons dû effacer toute la configuration et reprendre l'ensemble à zéro. Avant de lancer notre mise à jour, nous sauvegarderons la configuration de sorte que si nous devions entièrement reconfigurer le multiplexeur, nous pourrions simplement charger la configuration sauvegardée. Nous estimons le temps d'immobilisation à guère plus d'une heure pour chaque nœud du système.

Info complémentaire : 26.03.2013 – 08h16:13 NOM CENSURÉ
Nous avons testé la mise à niveau dans notre laboratoire et cela fonctionne correctement. Toutefois, étant incapables de reproduire ce bug dans notre labo, nous ne savons pas si nous rencontrerons des problèmes lorsque nous tenterons de mettre à niveau un nœud affecté par le bug.

Dernière entrée CCB : 26.03.2013 – 16h08:11 – NOM CENSURÉ
09 Avr. Blarney CCB – direction ECP Blarney approuvée
Chef de l'ECP : NOM CENSURÉ

Programmes affectés: Blarney Fairview Oakstar Stormbrew

Aucune tâche en relation

Il est tout à fait possible que des entreprises chinoises implantent des mécanismes de surveillance dans leurs périphériques réseau. Mais les États-Unis ne sont certainement pas en reste.

Alerter le monde à propos de la surveillance chinoise aurait pu constituer l'un des motifs qui inspirent les mises en garde du gouvernement américain contre les appareils d'importation chinoise. Mais l'autre motivation non moins importante semble avoir été d'empêcher les périphériques chinois de supplanter ceux fabriqués par les États-Unis, ce qui aurait eu pour effet de limiter les capacités de la NSA. En d'autres termes, les routeurs et serveurs chinois ne sont pas seulement synonymes de concurrence au plan économique, mais aussi de concurrence en matière de surveillance : quand quelqu'un achète un périphérique chinois au lieu d'un modèle américain, la NSA perd un moyen crucial d'espionner un grand nombre d'activités de communication.

Si le volume de collecte ainsi révélé était déjà stupéfiant, la mission consistant à récolter tous les signaux tout le temps ne fit que pousser l'Agence à élargir son champ d'action et à investir de nouveaux domaines. En fait, les quantités de données qu'elle recueille sont si colossales que le principal défi dont elle se plaint reste celui du stockage des masses d'information accumulées, en provenance de la planète entière. Un document de la NSA, préparé pour la Conférence SigDev des Five Eyes, expose ce problème central :

TOP SECRET//COMINT//REL TO USA, FVEY

The Challenge

Collection is outpacing our ability to ingest, process and
store to the "norms" to which we have become
accustomed. ❶

1. Le Défi. La collecte dépasse notre capacité d'absorber, de traiter et de stocker dans le respect des «normes» auxquelles nous nous sommes habitués.

Cette affaire remonte à 2006, lorsque l'agence s'engagea dans ce qu'elle appelait une «expansion à grande échelle du partage de métadonnées de la NSA». À ce stade, elle prévoyait que sa collecte de métadonnées grossirait de 600 milliards d'unités tous les ans, croissance qui inclurait 1 à 2 milliards d'occurrences de nouveaux appels téléphoniques supplémentaires collectées chaque jour :

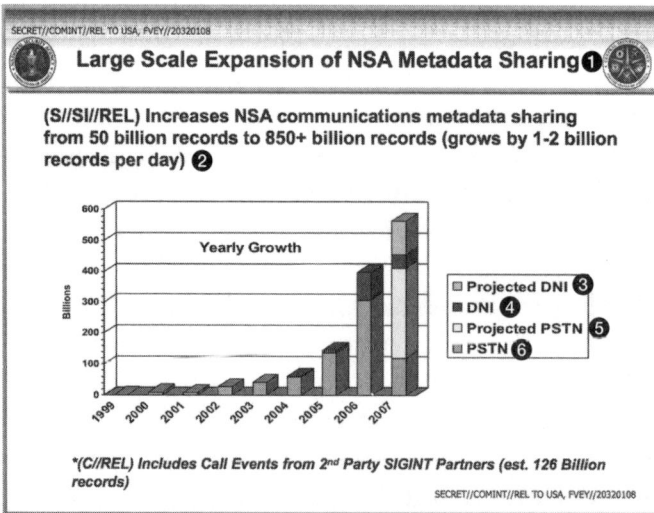

SECRET//COMINT//REL TO USA, FVEY//20320108

Large Scale Expansion of NSA Metadata Sharing ❶

(S//SI//REL) Increases NSA communications metadata sharing
from 50 billion records to 850+ billion records (grows by 1-2 billion
records per day) ❷

Yearly Growth

Billions

1999 2000 2001 2002 2003 2004 2005 2006 2007

■ Projected DNI ❸
■ DNI ❹
□ Projected PSTN ❺
■ PSTN ❻

*(C//REL) Includes Call Events from 2nd Party SIGINT Partners (est. 126 Billion records)

SECRET//COMINT//REL TO USA, FVEY//20320108

1. Expansion à grande échelle du partage de métadonnées de la NSA. 2.(S//SI//REL) Hausses du partage de métadonnées de communications de la NSA de 50 milliards de relevés à plus de 850 milliards de relevés (croissance de 1 à 2 milliards de relevés par jour). 3. Milliards. 4. Croissance annuelle. 5. Projections DNI, Projections PSTN[1], PSTN. 6. (C//REL) Inclut les résultats appels de partenaires SIGINT de 2ᵉ partie (estimés à 126 milliards de relevés).

---

1. PSTN : *Public switched telephone network,* réseau téléphonique public commuté (RTPC).

En mai 2007, cette expansion avait manifestement porté ses fruits : la quantité de métadonnées téléphoniques que l'agence stockait – indépendamment des e-mails et d'autres données Internet, et en dehors des données supprimées faute d'espaces de stockage suffisants – avait atteint 150 milliards d'unités.

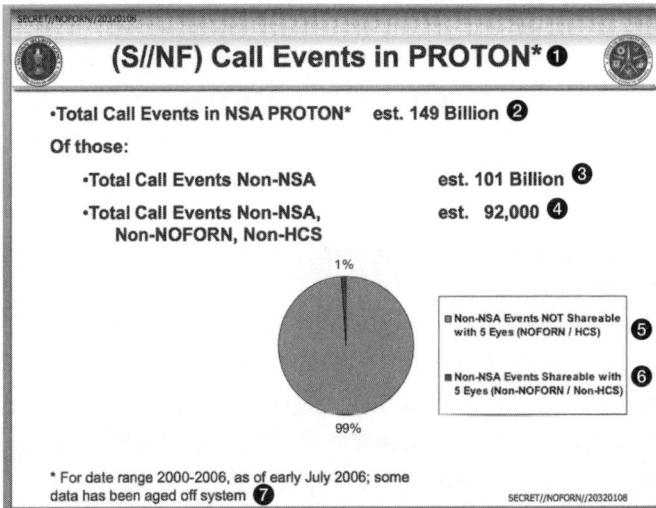

1. (S//NF) Occurrences d'appels sous PROTON. 2. Total des occurrences d'appels sous NSA PROTON* est. à 149 milliards, Dont : 3. Total des occurrences d'appels non-NSA est. à 101 milliards. 4. Total des occurrences d'appels non-NSA, non-NOFORN, non-HCS[1] est. à 92 000. 5. Occurrence non NSA NON partageables avec 5 Eyes (NOFORN/HCS).6. Occurrences Non-NSA partageables avec 5 Eyes (Non-Noforn/ Non-HCS). 7. Pour une période 2000-2006, jusqu'en juillet 2006 : quelques données ont été datées hors système.

Après ajout des communications Internet à l'ensemble, le nombre total des occurrences de communications stockées approchait du trillion (il convient de le souligner, l'Agence partageait ensuite ces données avec d'autres entités).

---

1. HUMINT Control System : Système de contrôle Renseignement humain.

Pour traiter le problème du stockage, la NSA entreprit de construire un immense site à Bluffdale, dans l'Utah, dont l'un des objectifs primordiaux touche à la conservation de toutes ces données. Comme le remarqua le journaliste d'investigation James Bamford en 2012, la construction de ce site augmentera ses capacités grâce à l'ajout « de quatre salles de 2 300 m² chacune remplies de serveurs, avec sol surélevé pour le passage des câbles et espaces de stockage. En outre, plus de 83 000 m² seront dédiés aux services de support technique et à l'administration ». La taille du bâtiment et le fait que, comme l'écrit Bamford, « un térabit de données peut désormais être stocké sur une clef USB de la taille d'un petit doigt », entraînent en soi de profondes conséquences pour la collecte de données.

Au vu des intrusions auxquelles se livre l'agence dans l'activité Internet mondiale, qui s'étend bien au-delà de la collecte de métadonnées, pour inclure le contenu des e-mails, la navigation sur le Web, les historiques de recherches et les *chats*, le besoin de sites sans cesse plus vastes se révèle particulièrement impérieux. Le programme central qu'utilise l'Agence nationale de sécurité pour collecter, traiter et rechercher ces données, le X-KEYSCORE, fut introduit en 2006. Eu égard à l'envergure des pouvoirs de surveillance qu'il offrait, il permettait un saut qualitatif radical. L'agence présente ce programme comme son système « le plus étendu » en matière de collecte de données électroniques, et à juste titre.

Un document de formation préparé par des analystes affirme que ce dispositif couvre « presque tout ce que l'usager ordinaire peut faire sur Internet », notamment le contenu des e-mails, les recherches Google et les noms des sites Web visités. X-KEYSCORE autorise même le monitoring « en temps réel » des activités d'un individu en ligne, permettant d'observer les e-mails et les navigations au fur et à mesure.

Au-delà de la collecte exhaustive de données sur les activités en ligne de centaines de millions de gens, X-KEYSCORE permet à n'importe quel analyste de la NSA de scruter les bases de données du système par adresses e-mail, par numéros de téléphone ou au moyen d'autres attributs d'identification (comme une adresse IP). L'étendue des informations disponibles et des moyens qu'emploie un analyste pour la rechercher est illustrée sur cette diapositive :

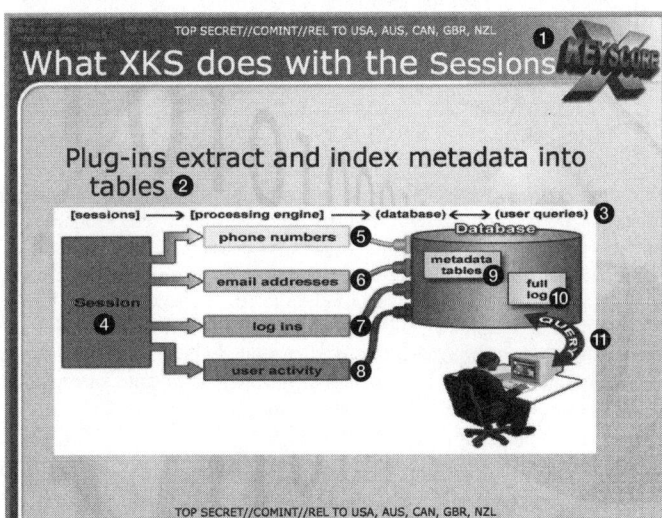

1. Ce que XKS fait des Sessions X-KESCORE. 2. Extraction de plug-ins et indexation de métadonnées en tableaux. 3. Sessions -> moteur de traitement -> base de données <-> requêtes utilisateur. 4. Session. 5. Numéros de téléphone. 6. Adresses e-mail. 7. Log-ins (ouvertures de session). 8. Activité utilisateur. 9. Base de données. 10. Tableau de métadonnées. 11. Journal complet. 12. Requête.

Une autre diapositive X-KEYSCORE dresse la liste des divers domaines d'information où l'on peut lancer des recherches, via les « plug-ins » du programme. Ceux-ci comprennent « toutes les adresses e-mail repérées pendant la session », « tous les numéros de téléphone repérés pendant la session (y compris « les entrées de répertoire » et « l'activité webmail ou de *chat* ».

Plug-ins

Plug-in	DESCRIPTION	
E-mail Addresses	Indexes every E-mail address seen in a session by both username and domain	➊
Extracted Files	Indexes every file seen in a session by both filename and extension	➋
Full Log	Indexes every DNI session collected. Data is indexed by the standard N-tupple (IP, Port, Casenotation etc.)	➌
HTTP Parser	Indexes the client-side HTTP traffic (examples to follow)	➍
Phone Number	Indexes every phone number seen in a session (e.g. address book entries or signature block)	➎
User Activity	Indexes the Webmail and Chat activity to include username, buddylist, machine specific cookies etc.	➏

1. Adresses e-mails : indexe toutes les adresses e-mail visibles au cours de la session, par nom d'utilisateur et par nom de domaine. 2. Fichiers extraits : indexe tous les fichiers visibles au cours de la session par nom de fichier et par nom d'extension. 3. Journal complet : indexe tous les DNI de session collectés. Les données sont indexées selon la norme n-tuple (Port P., notation de casse, etc.). 4. Analyseur http : indexe la partie client du trafic http (exemples à suivre). 5. Numéro de téléphone : indexe tous les numéros de téléphone visibles au cours d'une session (par ex. les entrées de carnet d'adresse ou de blocs de signature). 6. Activité utilisateur : indexe l'activité Webmail ou *chat* pour inclure le nom d'utilisateur, la liste d'amis, les cookies spécifiques à chaque ordinateur, etc.

Le programme offre aussi la faculté de rechercher et de récupérer les documents et les images qui sont intégrés, créés, envoyés ou reçus.

Examples of "advanced" Plug-ins

Plug-in	DESCRIPTION	
User Activity	Indexes the Webmail and Chat activity to include username, buddylist, machine specific cookies etc. (AppProc does the exploitation)	➊
Document meta-data	Extracts embedded properties of Microsoft Office and Adobe PDF files, such as Author, Organization, date created etc.	➋

1. Activité utilisateur : Indexe l'activité Webmail ou *chat* pour inclure le nom d'utilisateur, la liste d'amis, les cookies spécifiques à chaque ordinateur, etc. (AppProc effectue l'exploitation). 2. Métadonnées de documents : extrait les propriétés intégrées des fichiers Microsoft Office et Adobe PDF, comme l'auteur, l'organisation, les données créées, etc.

D'autres diapositives de la NSA affirment ouvertement l'ambition mondiale, totale de X-KEYSCORE.

1. Pourquoi nous intéressons-nous à HTTP ? 2. Parce que tout ce que fait l'usager ordinaire sur Internet ou presque passe par http.

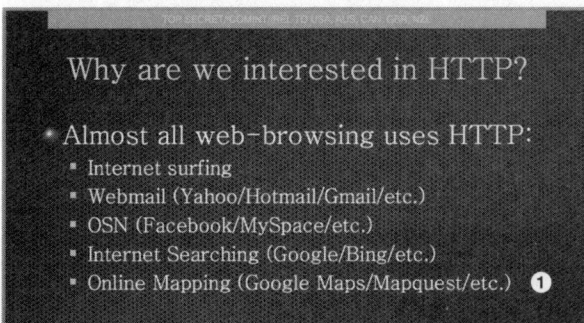

1. Pourquoi nous intéressons-nous à HTTP ? La quasi-totalité de la navigation Internet passe par http : Surf Internet, Webmail (Yahoo/Hotmail/Gmail/etc.), OSN[1] (Facebook/ MySpace/etc.), Recherche Internet (Google/Bing/etc.), Cartographie en ligne (Google Maps/Mapquest/etc.).

Les recherches qu'autorise le programme sont si spécifiques que n'importe quel analyste de la NSA est non seulement en mesure de découvrir quels sites Internet une personne a visités, mais aussi de regrouper la liste de toutes les visites à un site en particulier à partir d'ordinateurs spécifiques :

1. OSN : *Online Social Network,* réseaux sociaux.

1. XKS : Recherche d'activité http. Une autre requête courante concerne les analystes qui veulent voir tout le trafic depuis une adresse IP donnée (ou de plusieurs adresses) vers un site spécifique.

1. XKS : Recherche d'activité http. Par exemple disons que nous voulions voir tout le trafic d'une adresse IP 1.2.3.4 vers le site www.website.com. Alors que nous pouvons simplement saisir l'adresse IP et l'«hôte» dans le formulaire de recherche, souvenez-vous de ce que nous avons vu auparavant au sujet des divers noms d'hôte pour un site donné.

Le plus remarquable, c'est la facilité avec laquelle les analystes peuvent rechercher tout ce qu'ils veulent, sans aucune supervision. Un analyste qui dispose d'un accès à X-KEYSCORE n'a pas besoin de soumettre une demande à un supérieur ou à une quelconque autorité. Au contraire, il se contente de remplir un simple formulaire de base «justifiant» cette surveillance, et le système livre l'information requise.

1. Créer des requêtes d'adresses e-mail. 2. Saisir des noms d'utilisateur ou de domaine dans la demande. Recherche : adresses e-mail, nom de la demande, justification, justifications supplémentaires, numéro Miranda[1], période, nom d'utilisateur de l'e-mail, domaine, objet. 3. On peut commander des noms d'utilisateurs multiples du même domaine.

Dans la première interview vidéo qu'il donna à Hong Kong, Edward Snowden avait lancé une affirmation audacieuse : « Moi, assis à mon bureau, je pourrais écouter n'importe qui, vous ou votre comptable, un juge fédéral ou même le président des États-Unis, pour peu que je dispose d'un e-mail personnel. » Des responsables américains nièrent avec véhémence que ce puisse être vrai. Mike Rogers accusa expressément Snowden de « mentir », en ajoutant : « Il lui est impossible de faire ce qu'il prétend pouvoir faire. » Et pourtant, X-KEYSCORE permet à un analyste de procéder exactement à ce qu'évoquait Snowden : cibler n'importe quel utilisateur pour le soumettre à une surveillance exhaustive, y compris la lecture du contenu de ses e-mails. En fait, le programme permet même à un analyste de rechercher tous

---

1. Miranda est un langage de programmation créé en 1985.

les e-mails incluant des utilisateurs ciblés dans la ligne « cc »
ou mentionnés dans le corps du message.

Les instructions internes de la NSA en matière de
recherches à travers les e-mails démontrent justement combien il est simple et commode pour les analystes de surveiller
tout individu dont ses agents connaissent l'adresse :

TOP SECRET//COMINT//REL TO USA, AUS, CAN, GBR, NZL//20320108

Email Addresses Query:
One of the most common queries is (you guessed it) an **Email Address Query** searching
for an email address. To create a query for a specific email address, you have to fill in the
name of the query, justify it and set a date range then you simply fill in the email
address(es) you want to search on and submit.

That would look something like this… ❶

1. Demande d'adresses e-mail : l'une des demandes les plus courantes concerne (vous
l'aurez deviné) une requête d'adresse e-mail. Pour créer une requête d'une adresse spécifique, il faut remplir le nom de la requête, la justifier et fixer une période de validité,
avant de simplement remplir l'(les) adresse(s) e-mail sur laquelle (lesquelles) vous voulez
lancer une recherche et déposer la demande. 2. Cela ressemblerait à peu près à ceci :
Recherche : adresses e-mail, nom de la demande, justification, justifications supplémentaires, numéro Miranda, période, nom d'utilisateur de l'e-mail, domaine.

Pour la NSA, l'une des fonctionnalités les plus précieuses
de X-KEYSCORE concerne l'aptitude du système à surveiller
les activités sur les réseaux sociaux en ligne (OSN) comme
Facebook et Twitter. L'agence estime en effet que ces réseaux
peuvent fournir une manne d'informations et d'« éclairages
sur les vies personnelles des cibles ».

What intelligence do OSN's provide to the IC? ❶

* (S//SI//REL TO USA, FVEY) Insight into the personal lives of targets MAY include:
  * (U) Communications
  * (U) Day to Day activities
  * (U) Contacts and social networks
  * (U) Photographs
  * (U) Videos
  * (U) Personnel information (e.g. Addresses, Phone, Email addresses)
  * (U) Location and Travel Information ❷

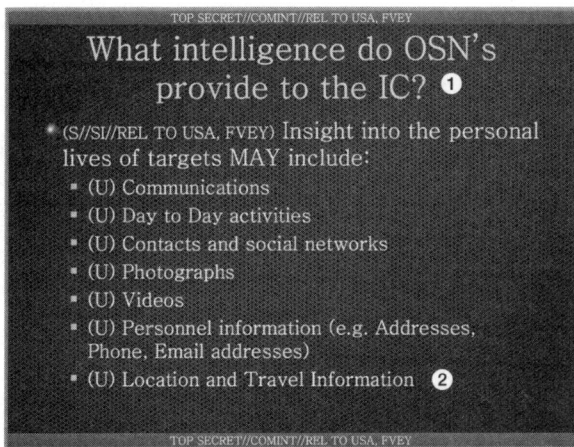

1. Quels renseignements les OSN fournissent-ils à la CI ? [Communauté du Renseignement].
2. (S//SI//REL A USA, FVEY) Cet éclairage sur la vie personnelle des cibles peut inclure : (U) Ses communications, (U) Ses activités au jour le jour, (U) Ses contacts et réseaux sociaux, (U) Ses photographies, (U) Ses vidéos, (U) Ses informations personnelles (par ex. adresses, téléphone, adresses e-mail), (U) Des informations sur sa localisation et ses déplacements.

Les méthodes de recherche d'activités sur les médias sociaux sont tout aussi simples qu'une recherche d'e-mail : l'analyste saisit le nom d'utilisateur désiré, par exemple sur Facebook, ainsi que les dates de la période d'activité et X-KEYSCORE livre ensuite toutes les informations de cet utilisateur, y compris les messages, les *chats* et d'autres statuts privés :

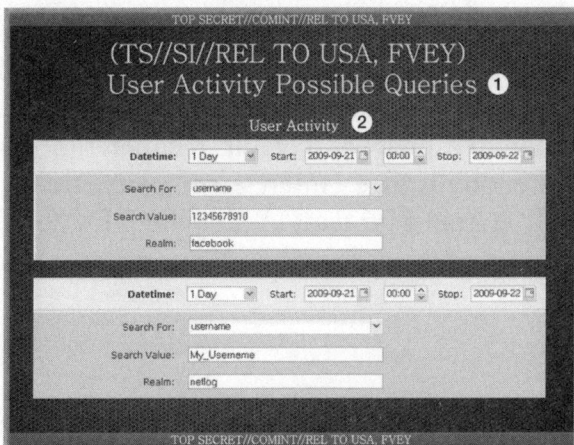

1. Activité utilisateur Requêtes Possibles. 2. Activité utilisateur.

L'aspect le plus remarquable concernant X-KEYSCORE tient sans doute à la pure et simple quantité de données que le système saisit et stocke sur de multiples sites de collecte dans le monde. «Sur certains sites, établit un rapport, et sur la base de nos ressources, le volume de données reçues chaque jour (plus de 20 térabits) ne peut être stocké que vingt-quatre heures.» Pour une période de trente jours débutant en décembre 2012, la quantité de dossiers collectés par X-KEYSCORE – rien que pour l'unité (le SSO) – dépassait les 41 milliards :

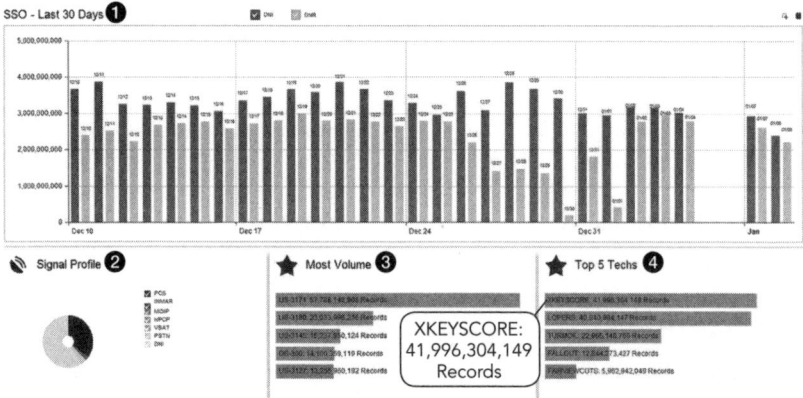

1. SSO – 30 derniers jours. 2. Profil de signal. 3. Volume maximal. 4. 5 techniques principales. (Agrandi : X-KEYSCORE : 41 996 304 149 relevés.)

X-KEYSCORE «stocke le contenu total sur trois à cinq jours, ce qui, dans les faits, "ralentit Internet"» – signifiant que les «analystes peuvent revenir récupérer des sessions». Ensuite, «le contenu jugé "intéressant" peut être extrait d'X-KEYSCORE et transféré dans Agility ou PINWALE» – des bases de données de stockage – qui autorisent une détention prolongée.

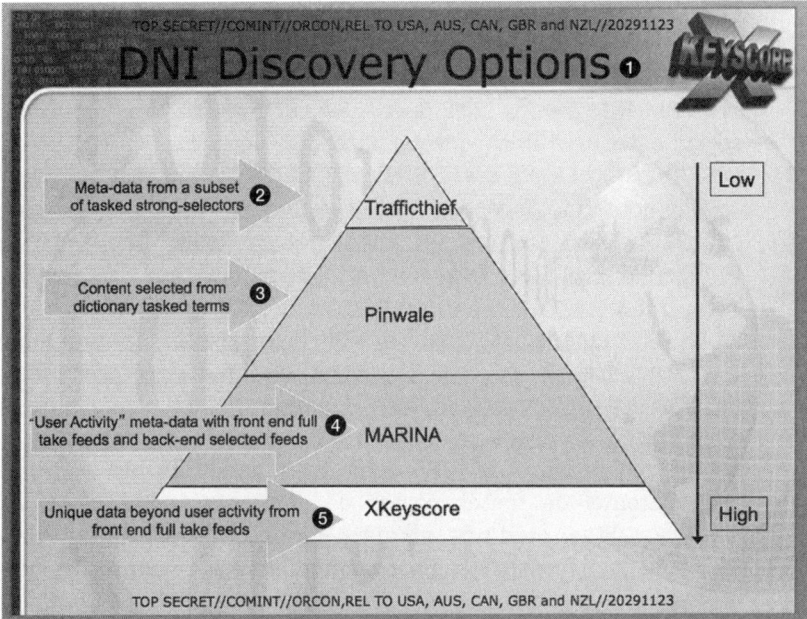

1. Options de découverte de DNI – X-KEYSCORE. 2. Métadonnées depuis un sous-ensemble de sélecteurs forts chargés de mission. 3. Contenu sélectionné depuis des termes du dictionnaire. 4. Métadonnées d'activité utilisateur avec flux de contenu initiaux complets et flux de données finaux sélectifs. 5. Données uniques au-delà de l'activité utilisateur à partir des flux de données initiaux complet.

La faculté de X-KEYSCORE d'accéder à Facebook et à d'autres sites de médias sociaux est renforcée par d'autres programmes, parmi lesquels BLARNEY, ce qui permet à la NSA d'observer une «vaste gamme de données Facebook à travers des activités de surveillance et de recherche» :

(TS//SI//NF) BLARNEY exploite le Réseau social à travers une collecte Facebook élargie
Par ▓▓▓▓▓▓▓▓ le 14-03-2013 0737
(TS//SI//NF) Temps fort SSO – BLARNEY exploite le Réseau social à travers une collecte Facebook élargie
(TS//SI//NF) Le 11 mars 2011, BLARNEY a entamé la livraison de contenus Facebook substantiellement améliorés et plus complets. C'est un pas en avant majeur pour l'aptitude de la NSA à exploiter Facebook en s'appuyant sur les juridictions FISA et FAA. Cette initiative a été lancée il y a six mois en partenariat avec le FBI pour traiter le problème d'un système de collecte Facebook peu fiable et incomplet. La NSA est désormais capable d'accéder à une vaste palette de données Facebook, à travers des activités de surveillance et de recherche. Les OPI sont très satisfaits de recevoir des contenus de toutes sortes de domaines, notamment les *chats* en ligne, et d'une manière récurrente qui n'était précédemment accessible qu'occasionnellement. Certains contenus seront complètement nouveaux, notamment les vidéos de l'abonné. Au total, la nouvelle collecte Facebook fournira une forte opportunité de SIGINT contre nos cibles – depuis la géolocalisation basée sur leurs adresses IP et leur agent utilisateur, jusqu'à la collecte de la totalité de leurs messages privés et de leurs informations de profil. De multiples éléments de la NSA se sont ligués pour assurer une livraison de données fructueuse. Un représentant de la NSA au FBI a coordonné le développement rapide du système de collecte ; l'équipe PRINTAURA du SSO a créé un nouveau logiciel et effectué des changements de configuration ; le CES a modifié son système de protocole d'exploitation et la Direction Technologie a accéléré les mises à niveau de ses outils de présentation de données pour que les OPI puissent convenablement visionner les données.

Au Royaume-Uni, la division Exploitation des télécommunications mondiales (GTE) du GCHQ consacra aussi des ressources non négligeables à cette besogne, détaillées en 2011 lors d'une présentation devant la conférence annuelle Five Eyes.

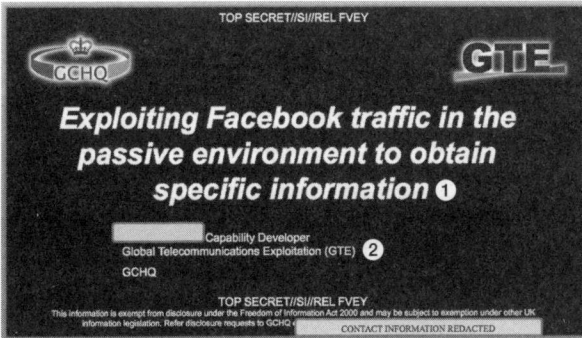

1. Exploiter le trafic Facebook dans l'environnement passif pour obtenir une information spécifique. 2. Nom effacé, Développeur capacités, Exploitation Télécommunications Mondiales (GTE), GCHQ. Cette information est exempte de l'obligation de communication en application du Freedom of Information Act 2000 et peut être sujette à exemption en application d'autres lois du Royaume-Uni. Information du contact censurée.

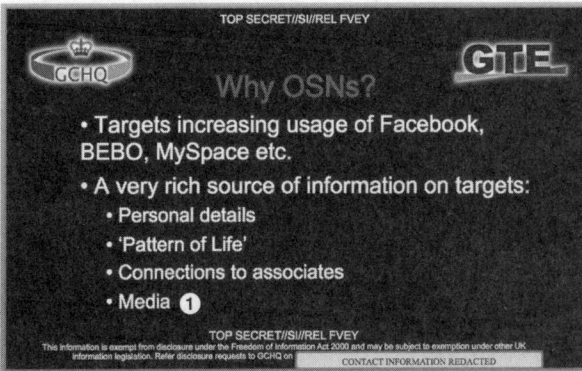

1. Pourquoi les RSL ? Les cibles accroissent leur utilisation de Facebook, BEBO, MySpace, etc. Une source d'information très riche sur les cibles : informations personnelles, liens avec partenaires, médias. Cette information est exempte de l'obligation de communication en application du Freedom of Information Act 2000 et peut être sujette à exemption en application d'autres lois du Royaume-Uni. Information du contact censurée.

Pour se procurer le type de données que les usagers du réseau social tentent de protéger, le GCHQ attacha une attention particulière aux faiblesses du système de sécurité de Facebook :

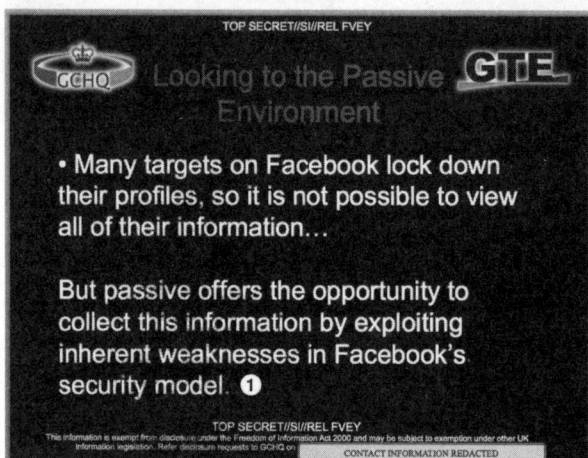

1. Observation de l'environnement passif[1]. Sur Facebook, beaucoup de cibles verrouillent leur profil, et il n'est donc pas possible d'accéder à toutes leurs informations… Mais l'environnement passif offre une opportunité de collecter cette information en exploitant des faiblesses inhérentes au modèle de sécurité de Facebook. Cette information est exempte de l'obligation de communication en application du Freedom of Information Act 2000 et peut être sujette à exemption en application d'autres lois du Royaume-Uni. Information du contact censurée.

En particulier, le GCHQ repéra dans le système du réseau social des vulnérabilités relatives au stockage des photos qui peuvent servir à se ménager un accès aux comptes Facebook et aux albums de photos :

---

1. Notion d'économie et de sociologie cognitive : l'environnement passif commun aux joueurs les influencent sans qu'ils exercent d'effet en retour ; dans l'environnement actif, les décisions rationnelles des joueurs s'exercent sur eux et sur les autres. (Source : *L'Économie cognitive*, Bernard Walliser, Odile Jacob, 2000.)

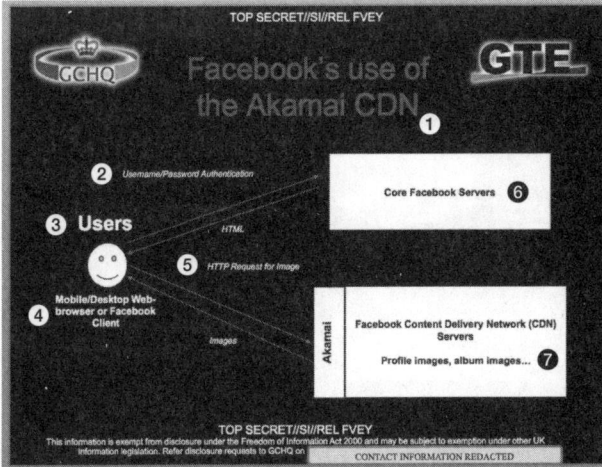

1. Utilisation par Facebook du RDC [Réseau de diffusion de contenu] d'Akamai. 2. Nom d'utilisateur/Authentification par mot de passe. 3. Utilisateurs. 4. Navigateur Internet mobile ou sur poste fixe ou client Facebook. 5. Demande d'image http. 6. Serveurs centraux de Facebook. 7. Akamai. Facebook : serveurs de Réseau de diffusion de contenu (RDC). Images de profil, images d'album... Cette information est exempte de l'obligation de communication en application du Freedom of Information Act 2000 et peut être sujette à exemption en application d'autres lois du Royaume-Uni. Information du contact censurée.

1. Exploiter le RDC de FB. Faiblesses/Authentification présumée/Sécurité par l'obscurité. Il est possible de disséquer le RDC de l'URL générée par Facebook afin d'extraire l'ID de l'Utilisateur Facebook dont le fichier renvoie à la photo. Par exemple, ci-dessous, un profil type d'URL d'image : Profile. ak. fb cdn. nethprofile édité. Le texte surligné en vert renvoie au serveur spécifique au sein des RDC Facebook. Et le texte surligné en jaune concerne les utilisateurs de l'ID d'Utilisateur Facebook. Cette information est exempte de l'obligation de communication en application du Freedom of Information Act 2000 et peut être sujette à exemption en application d'autres lois du Royaume-Uni. Information du contact censurée.

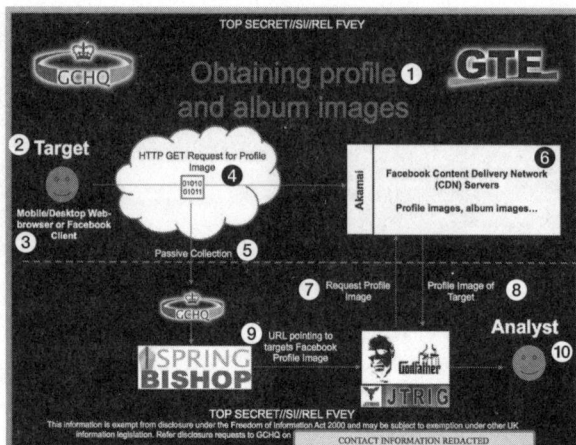

1. Obtenir des images et albums de profil. 2. Cible. 3. Navigateur Internet mobile/poste fixe ou Client Facebook. 4. http Requête d'image de profil. 5. Collecte passive. 6. Akamai : Facebook Serveurs de Réseaux de diffusion de contenu (CDN), images de profil, images d'album. 7. Requête d'image de profil. 8. Image de profil de la cible. 9. URL orientée vers Image de profil Facebook des cibles. 10. Analyste. Cette information est exempte de l'obligation de communication en application du Freedom of Information Act 2000 et peut être sujette à exemption en application d'autres lois du Royaume-Uni. Information du contact censurée.

Au-delà des réseaux sociaux, la NSA et le GCHQ continuent de guetter les moindres failles dans leur réseau de surveillance, les moindres éléments de communications qui échappent encore à leur emprise, et développent ensuite des moyens pour les placer sous leur œil scrutateur. Un programme d'apparence obscure démontre ainsi cet aspect des choses.

La NSA et le GCHQ sont apparemment obsédés par le besoin de surveiller le Web et les communications téléphoniques des passagers des vols commerciaux. Étant réacheminées par des réseaux de satellites indépendants, elles sont restées très difficiles à localiser. Pour les agences de surveillance, l'idée qu'il y ait quelque part un moment sur la planète un endroit où l'on puisse utiliser Internet sans être détecté – fût-ce pendant quelques heures – est intolérable. En réaction, ils ont consacré des ressources substantielles à développer des systèmes qui intercepteront les communications en vol.

Lors de la conférence Five Eyes de 2012, le GCHQ présenta un programme d'interception intitulé Thieving Magpie [Pie voleuse], ciblant l'utilisation de plus en plus répandue des téléphones portables en vol :

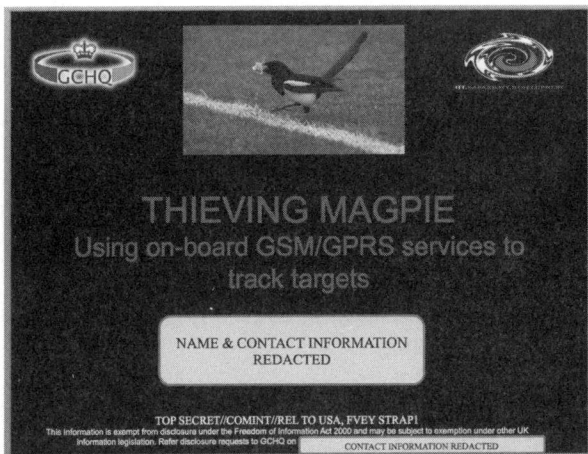

1. Thieving Magpie [Pie voleuse]. Emploi de services GSM/GPRS à bord des vols commerciaux pour pister des cibles. NOM ET INFORMATION CONTACT CENSURÉS. Cette information est exempte de l'obligation de communication en application du Freedom of Information Act 2000 et peut être sujette à exemption en application d'autres lois du Royaume-Uni. Information du contact censurée.

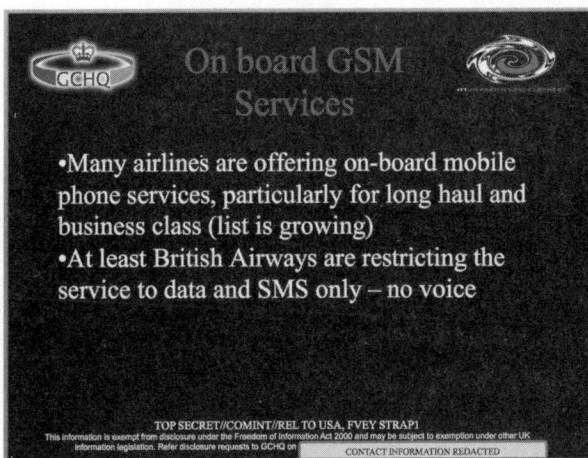

1. Services GSM à bord. Beaucoup de compagnies aériennes offrant des services de téléphone portable à bord, en particulier pour les vols long courrier et en classe affaires (la liste ne cesse de s'allonger). Au moins, British Airways restreint ce service aux données et aux SMS – pas d'appels vocaux. Cette information est exempte de l'obligation de communication en application du Freedom of Information Act 2000 et peut être sujette à exemption en application d'autres lois du Royaume-Uni. Information du contact censurée.

La solution proposée envisageait le développement d'un système pour assurer une «couverture mondiale» complète.

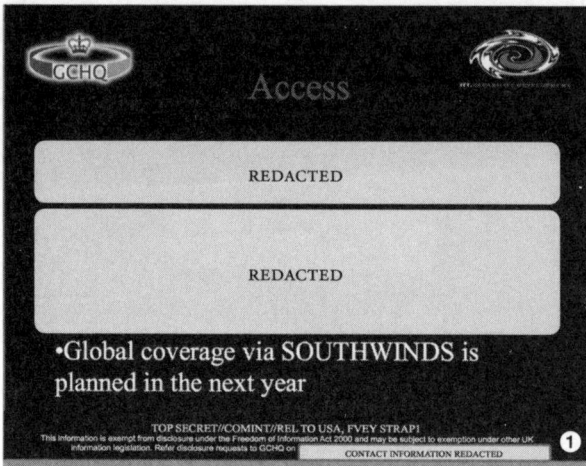

1. Accès. La couverture mondiale via SOUTHWINDS est prévue l'an prochain. Cette information est exempte de l'obligation de communication en application du Freedom of Information Act 2000 et peut être sujette à exemption en application d'autres lois du Royaume-Uni. Information du contact censurée.

Des progrès substantiels furent accomplis pour s'assurer que certains terminaux soient susceptibles d'être surveillés à bord des vols commerciaux :

1. Interventions GPRS. Actuellement capables de produire des interventions au moins pour téléphones Blackberry en vol. Capables d'identifier le code PIN du Blackberry et les adresses e-mail associées. Contenu assigné dans des bases de données de stockage, désélectionnés pour Xkeyscore, détails supplémentaires d'utilisation disponibles. Cette information est exempte de l'obligation de communication en application du Freedom of Information Act 2000 et peut être sujette à exemption en application d'autres lois du Royaume-Uni. Information du contact censurée.

1. Suivi en vol. Nous pouvons confirmer que les sélecteurs de cibles sont à bord de vols spécifiques quasiment en temps réel, autorisant une surveillance ou permettant à des équipes d'intervention d'être placées à bord à l'avance. S'ils utilisent des données, nous pouvons aussi récupérer des adresses e-mails, des ID Facebook, des adresses Skype, etc. Certains appareils spécifiques peuvent être suivis à la trace approximativement toutes les 2 minutes pendant le vol. Cette information est exempte de l'obligation de communication en application du Freedom of Information Act 2000 et peut être sujette à exemption en application d'autres lois du Royaume-Uni. Information du contact censurée.

Un document connexe de la NSA présenté lors de la même conférence, pour un programme intitulé Homing Pigeon [Pigeon Voyageur] décrit aussi des tentatives de surveillance des communications en vol. Le programme de l'agence devait être coordonné avec celui du GCHQ, et le système tout entier serait accessible au groupe Five Eyes :

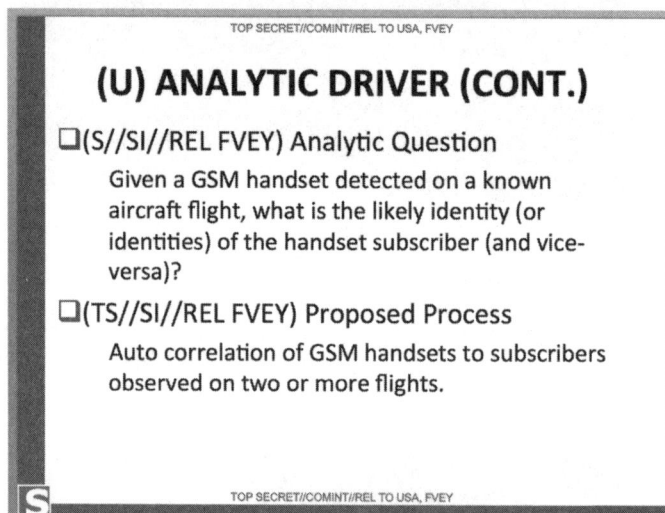

TOP SECRET//COMINT//REL TO USA, FVEY

(U) ANALYTIC DRIVER (CONT.)

❑(S//SI//REL FVEY) Analytic Question

Given a GSM handset detected on a known aircraft flight, what is the likely identity (or identities) of the handset subscriber (and vice-versa)?

❑(TS//SI//REL FVEY) Proposed Process

Auto correlation of GSM handsets to subscribers observed on two or more flights.

TOP SECRET//COMINT//REL TO USA, FVEY

S

---

1. (U) Pilote analytique (contenu). (S//SI//REL FVEY) Question analytique : Étant donné un combiné GSM détecté à bord d'un vol commercial identifié, quelle est l'identité (ou les identités) probable de l'abonné de cette ligne (et vice versa) ? (TS/SI/ REL FVEY) Processus proposé : corrélation auto des combinés GSM à des abonnés observés à bord de deux vols ou plus.

> TOP SECRET//COMINT//REL TO USA, FVEY
>
> # (U) GOING FORWARD
>
> ❑ (TS//SI//REL FVEY) SATC will complete development once a reliable THIEVING MAGPIE data feed has been established
>
> ❑ (TS//SI//REL FVEY) Once the QFD is complete, it will be available to FVEY users as a RESTful web service, JEMA component, and a light weight web page
>
> ❑ (TS//SI//REL FVEY) If the S2 QFD Review Panel elects to ask for HOMING PIGEON to be made persistent, its natural home would be incorporation into FASTSCOPE
>
> TOP SECRET//COMINT//REL TO USA, FVEY
>
> **S**

1. (U) Aller de l'avant. (TS//SI//REL FVEY) Le SATC achèvera le développement dès qu'un flux de données Thieving Magpie fiable aura été établi. (TS//SI//REL FVEY) Une fois que le QCM sera prêt, il sera disponible pour tous les utilisateurs FVEY sous forme de service Web REST, de composant JEMA et de pages Web légères[1]. (TS//SI//REL FVEY) Si le Comité d'examen S2 du QCM choisit de demander que l'on pérennise Pigeon Voyageur, son site naturel serait l'incorporation dans FASTSCOPE.

On constate une remarquable franchise, au sein de la NSA, sur les enjeux véritables d'un système secret de surveillance aussi massif. Une présentation PowerPoint préparée pour un groupe de hauts responsables de l'Agence discutant de la perspective de normes Internet internationales en fournit une vision sans fard. L'auteur de cette présentation est un « Officier NSA/SIGINT du Renseignement national (SINIO) pour la Science et la Technologie », qui se décrivait lui-même comme « un scientifique et un hacker chevronné ».

Il choisit pour sa présentation ce titre on ne peut plus explicite : « Le rôle des intérêts nationaux, de l'argent et des ego. » Ces trois facteurs réunis, dit-il, sont les motivations

---

1. SATC : *Secure and Trustworthy Cyberspace*, département de la NSA responsable de la sécurisation et de la fiabilisation d'Internet. REST (*REpresentational State Transfer*) est un style d'architecture pour systèmes hypermédia distribués (contenant d'autres éléments en plus d'éléments texte). JEMA - *Joint Enterprise Modeling and Analytics* : outil qui permet aux analystes de créer des scénarios analytiques plus complexes.

primordiales qui poussent les États-Unis à maintenir leur domination sur la surveillance mondiale.

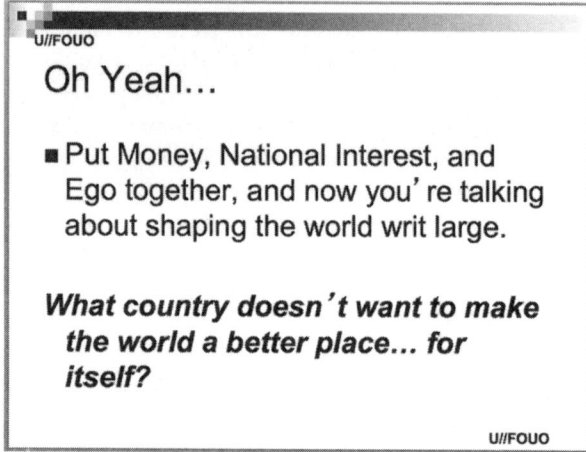

Oh Yeah...

■ Put Money, National Interest, and Ego together, and now you're talking about shaping the world writ large.

What country doesn't want to make the world a better place... for itself?

1. Oh Yeah… Réunissez de l'argent, l'intérêt national et une masse d'egos, et vous aurez de quoi modeler le monde en grand. Quel pays n'aurait pas envie de rendre ce monde meilleur… en soi?

Il relève que la domination des États-Unis sur Internet a investi cette nation d'un pouvoir et d'une influence non négligeables en générant aussi de vastes profits :

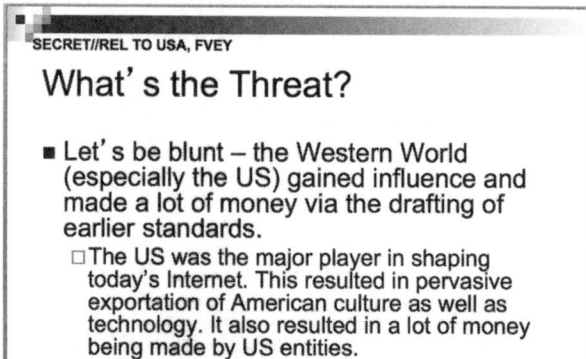

What's the Threat?

■ Let's be blunt – the Western World (especially the US) gained influence and made a lot of money via the drafting of earlier standards.
  □ The US was the major player in shaping today's Internet. This resulted in pervasive exportation of American culture as well as technology. It also resulted in a lot of money being made by US entities.

1. Quelle est la menace? Soyons directs – le monde occidental (surtout les États-Unis) a acquis de l'influence et gagné beaucoup d'argent en élaborant les normes précédentes. Les États-Unis ont été le principal acteur de la création d'Internet tel qu'il existe. Il en a résulté une exportation massive de la culture et de la technologie américaines. Il en a aussi résulté beaucoup d'argent gagné par des entités américaines.

Ce profit et ce pouvoir ont aussi inévitablement bénéficié à l'industrie de la surveillance proprement dite, fournissant une motivation supplémentaire à son expansion sans bornes. L'ère de l'après 11-Septembre vit une énorme explosion des ressources consacrées à la surveillance. La plupart de ces ressources furent transférées des coffres de la puissance publique (c'est-à-dire du portefeuille du contribuable américain) aux poches des groupes de la défense du secteur privé de la surveillance. Des sociétés comme Booz, Allen et AT&T emploient des hordes d'anciens hauts responsables gouvernementaux, alors que des hordes de hauts responsables de la défense actuellement en fonction sont d'anciens (et probablement de futurs) employés de ces mêmes entreprises. En expansion constante, l'État de la surveillance est un moyen de s'assurer que les fonds gouvernementaux continuent d'affluer, que la pompe continue de tourner. C'est aussi le meilleur moyen de permettre à la NSA et aux agences auxquelles elle est liée de conserver une importance et une influence institutionnelle hors de Washington.

Alors que l'échelle et l'ambition de l'industrie de la surveillance n'ont cessé de grandir, il en est allé de même du profil de l'adversaire présumé. Dressant la liste des diverses menaces auxquelles les États-Unis sont censés être confrontés, la NSA – dans un document intitulé «Agence nationale de sécurité : présentation des grandes lignes» – inclut quelques termes prévisibles – «hackers», «éléments criminels» et «terroristes». Autre aspect révélateur, toutefois, cette liste est bien plus large, puisqu'elle inclut parmi ces menaces une liste de *technologies*, et notamment Internet en tant que tel.

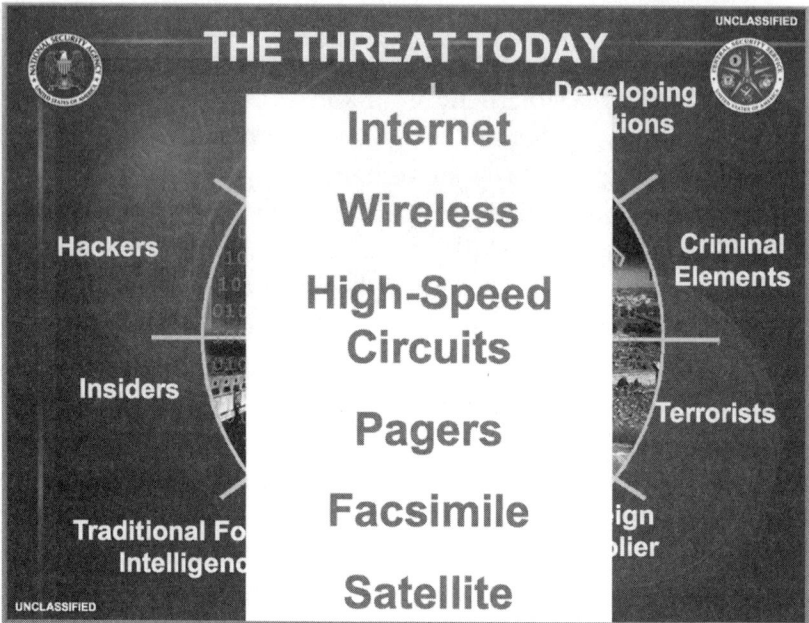

THE THREAT TODAY — UNCLASSIFIED

Internet / Wireless / High-Speed Circuits / Pagers / Facsimile / Satellite

Hackers — Developing tions — Criminal Elements — Insiders — Terrorists — Traditional Fo Intelligenc — ign lier — UNCLASSIFIED

1. La menace aujourd'hui : hackers, initiés, éléments criminels, terroristes, Internet, Wifi, circuits à haute vitesse, pagers, fac-similé, satellite.

Internet fut longtemps salué comme un instrument de démocratisation, de libéralisation, et même d'émancipation sans précédent. Mais aux yeux de Washington, ce réseau planétaire Web et d'autres types de technologies de la communication menacent de saper la puissance américaine. Vue en ces termes, l'ambition de la NSA de «tout collecter» acquiert enfin une cohérence. Il est vital que l'agence surveille toutes les composantes d'Internet, et tous les autres moyens de communication, afin qu'aucun d'eux n'échappe au contrôle du gouvernement des États-Unis.

En fin de compte, au-delà des manipulations diplomatiques et des avantages économiques et industriels, un système d'espionnage omniprésent permet aux États-Unis de maintenir leur emprise sur le monde. Quand les États-Unis sont en mesure de savoir ce que chacun fait, dit, pense et projette de faire – leurs citoyens, leurs populations étrangères, leurs grandes entreprises internationales et les chefs d'autres gouvernements –, leur pouvoir sur ces segments de la société en est maximisé. C'est doublement vrai si le gouvernement opère à des niveaux de secret sans cesse plus élevés. Ce secret crée un miroir sans tain : le gouvernement des États-Unis voit ce que tout le monde fait, y compris sa propre population, alors que personne ne décèle ses propres actions. C'est le summum du déséquilibre, qui fait le lit des situations humaines les plus dangereuses : l'exercice d'un pouvoir sans limite, sans transparence et qui n'a de comptes à rendre à personne.

Les révélations d'Edward Snowden subvertirent cette dynamique dangereuse en braquant un projecteur sur ce système et son mode de fonctionnement. Pour la première fois, partout dans le monde, des gens purent découvrir la véritable portée des capacités de surveillance accumulées contre eux. La nouvelle déclencha une controverse planétaire intense et qui se prolonge encore à ce jour, précisément en raison de la grave menace que cela fait peser sur la gouvernance démocratique. Ces révélations inspirèrent aussi des propositions de réforme, en ouvrant un débat mondial autour de l'importance de la liberté sur Internet et de la vie privée à l'ère électronique, et une prise de conscience de cette question vitale : qu'est-ce que cette surveillance sans limites signifie pour nous, en tant qu'individus, dans nos existences ?

4.

En quoi un État de surveillance est-il nocif ?

Les gouvernements du monde entier se sont livrés à d'énergiques tentatives de convaincre leurs citoyens de tenir leur vie privée pour quantité négligeable. Une litanie de justifications désormais familières ont fini par convaincre les gens de tolérer de graves immixtions dans le domaine privé. Ces justifications sont si efficaces que quantité d'individus applaudissent les autorités qui collectent de vastes volumes de données sur ce qu'ils disent, ce qu'ils lisent, ce qu'ils achètent, ce qu'ils font – et avec qui.

Dans leur assaut contre la vie privée, ces autorités ont reçu un appui de taille de la part d'une phalange de magnats d'Internet – les partenaires indispensables du gouvernement dans cette surveillance. En 2009, lors d'une interview sur la chaîne CNBC, interrogé au sujet de ces inquiétudes sur la rétention de données utilisateurs par son entreprise, Eric Schmidt, le PDG de Google, eut cette réponse restée tristement célèbre : « Si vous avez fait quelque chose et ne voulez pas que tout le monde le sache, il serait peut-être bon de commencer par ne pas faire cette chose. » Et, avec une désinvolture comparable, Mark Zuckerberg, le PDG de Facebook, déclarait

2010 dans un entretien que «les gens ne voient vraiment plus aucun inconvénient non seulement à partager davantage d'informations de toutes sortes, mais aussi à les partager plus ouvertement et avec plus de monde». À l'ère numérique, la vie privée n'est plus une «norme sociale», affirmait-il, une notion bien commode et qui sert les intérêts d'un acteur d'Internet faisant commerce d'informations personnelles.

La preuve de l'importance de la vie privée – s'il en fallait une –, c'est que même ceux qui la dévalorisent, qui ont décrété qu'elle était morte et enterrée ou que l'on pouvait s'en passer, ne croient pas un traître mot de ce qu'ils disent. Ils ont souvent déployé quantité d'efforts pour conserver la maîtrise du degré de visibilité de leurs démarches et de leurs informations. Le gouvernement américain eut lui-même recours à des mesures extrêmes pour dissimuler ses actes aux regards de l'opinion publique, en érigeant un mur du secret sans cesse plus haut, derrière lequel il pouvait opérer. Comme l'avançait un rapport de l'ACLU en 2011, «aujourd'hui, l'essentiel des affaires de notre gouvernement se conduit en secret». Ce monde de l'ombre est si impénétrable, «si vaste, si pesant», selon les termes du *Washington Post*, «que personne ne sait combien d'argent il coûte, combien de gens il emploie, combien de programmes existent en son cadre ou combien d'agences au juste font le même travail».

Dans le même ordre d'idées, les magnats d'Internet, qui acceptent si volontiers de dévaloriser notre vie privée, se montrent véhéments dès qu'il s'agit de protéger la leur. Afin de mettre en lumière les dangers d'atteintes à la vie privée propres à Google, des journalistes du site d'informations technologiques CNET publièrent des informations personnelles sur Eric Schmidt – notamment son salaire, ses dons à des campagnes politiques ainsi que son adresse, données toutes obtenues via Google. Depuis lors, Google eut pour politique fermement déclarée de ne plus adresser la parole à ces journalistes.

De son côté, Mark Zuckerberg achetait les quatre maisons dont les terrains étaient attenants à la sienne, à Palo Alto, en Californie, pour un coût total de 30 millions de dollars, à seule fin de protéger sa vie privée. Comme l'écrivait CNET, « votre vie personnelle est maintenant connue sous forme de données Facebook. La vie intime de votre PDG est maintenant connue sous la rubrique "mêlez-vous de vos affaires"». Cette même contradiction se décline aussi chez une multitude de citoyens ordinaires qui prennent la défense de l'État de surveillance, mais prennent soin néanmoins d'assortir leur compte e-mail ou leur compte sur les réseaux sociaux de mots de passe. Ils posent des serrures à leur salle de bains ; ils cachètent leurs lettres. Lorsque personne ne les regarde, ils se conduisent d'une manière qui leur paraîtrait inenvisageable aux yeux de tous. Ils confient à leurs amis, à des psychologues et à des avocats des choses qu'ils ne veulent faire savoir à personne d'autre. Ils expriment en ligne des réflexions qu'ils ne souhaitent pas voir associées à leur nom.

De nombreux partisans de la surveillance avec lesquels j'ai débattu depuis que Snowden a tiré le signal d'alarme ont été prompts à reprendre le credo d'Eric Schmidt : la vie privée, c'est bon pour les gens qui ont quelque chose à cacher. Mais aucun d'eux ne serait prêt par exemple à me donner les mots de passe de ses comptes e-mail ou de ses comptes sur les réseaux sociaux, ou n'autoriserait l'installation de caméras vidéo à leur domicile. Quand la présidente de la Commission du renseignement au Sénat, Dianne Feinstein, affirmait avec insistance que la collecte de métadonnées par la NSA ne constitue pas une surveillance – parce qu'elle n'inclut le contenu d'aucune communication –, des contradicteurs protestèrent et exigèrent qu'elle traduise ces paroles en actes : le sénateur voudrait-elle bien publier tous les mois la liste des gens auxquels elle avait envoyé des e-mails ou auxquels elle avait téléphoné, avec la durée de la conversation et leur localisation physique au moment de cet appel ? Il était inconcevable qu'elle accède à cette demande, précisément parce que de telles informations sont profondément révélatrices : les rendre publiques constituerait une véritable atteinte au domaine de la vie privée.

Le sujet n'est pas tant ici celui de l'hypocrisie de ceux qui dénigrent la valeur de la vie privée tout en veillant à activement sauvegarder la leur, bien que cela se révèle déjà en soi assez frappant. C'est que nous partageons tous ce désir de vie privée comme un élément essentiel, et nullement secondaire, de ce qui constitue notre humanité. D'instinct, nous comprenons tous que le domaine intime est celui qui nous permet d'agir, de penser, de parler, d'écrire, d'expérimenter et de choisir comment être, loin des regards et des jugements des autres. La vie privée est une composante cruciale de l'existence d'un individu libre.

La formulation la plus célèbre de ce que signifie cette vie privée et de la raison pour laquelle elle fait l'objet d'un désir aussi universel et aussi impérieux émane de la Cour suprême des États-Unis, avec l'opinion divergente d'un de ses juges, Louis Brandeis, dans l'affaire *Olmstead v. U. S.*, décision de 1928 : « Le droit à la tranquillité [est] le plus complet des droits, et celui auquel un peuple libre attache le plus de valeur. » La valeur de la vie privée, écrivait-il, a « un champ bien plus large » que les libertés civiques au sens strict. C'est fondamental, ajoutait-il :

> Les pères de notre Constitution comprenaient le besoin de fixer des conditions favorables à la poursuite du bonheur. Ils reconnaissaient l'importance de la nature spirituelle de l'homme, de ses sentiments et de son intellect. Ils savaient que seule une partie de la souffrance, du plaisir et des satisfactions de l'existence se trouvent dans les objets matériels. Ils ont cherché à protéger les Américains dans leurs convictions, leurs réflexions, leurs émotions et leurs sensations. Ils leur ont conféré, vis-à-vis du gouvernement, le droit d'être tranquille.

Avant sa nomination à la Cour suprême, Brandeis était déjà un ardent défenseur de l'importance de la vie privée. Avec un avocat, Samuel Warren, il écrivit en 1890 dans la *Harvard Law Review*, la revue de la faculté de droit de Harvard, un article capital, « The Right to Privacy » [Le droit à la vie privée], affirmant que voler à quelqu'un sa vie privée était un crime d'une nature profondément différente que le vol d'un bien matériel. « Le principe qui protège les écrits personnels et toutes les autres productions individuelles, non pas contre le vol et l'appropriation physique, mais contre la publication sous quelque forme que ce soit, est en réalité non pas le principe de la propriété privée, mais celui d'une personnalité inviolée. »

La vie privée est essentielle à la liberté et au bonheur des hommes pour des raisons rarement abordées, mais qui sont pourtant irréfutables. Premièrement, quand les individus se savent observés, ils changent radicalement de comportement. Ils s'efforcent de faire ce qu'on attend d'eux. Ils veulent s'éviter toute honte et toute condamnation. Ils y parviennent en adhérant étroitement aux pratiques sociales couramment admises, en se cantonnant dans des limites acceptées, en évitant toute action susceptible de paraître déviante ou anormale.

La palette des choix que les individus envisagent de faire quand ils se croient observés par les autres est dès lors plus limitée qu'elle ne le serait quand ils agissent dans le domaine privé. Un déni de vie privée a donc pour effet de gravement restreindre la liberté de choix de l'individu.

Il y a de cela plusieurs années, j'étais convié à la bat-mitsvah de la fille de mon meilleur ami. Durant la cérémonie, le rabbin a mis l'accent sur la « leçon centrale » que cette jeune fille aurait à retenir : elle était « toujours surveillée et jugée ». Il lui expliqua que Dieu savait toujours ce qu'elle faisait, qu'il connaissait chacun de ses choix, chacun de ses actes et chacune de ses pensées, si privés soient-ils. « Tu n'es jamais seule », l'avertit-il, ce qui signifiait qu'elle devait toujours adhérer à la volonté divine.

Le propos du rabbin était clair : si vous ne pouvez jamais échapper au regard scrutateur d'une autorité suprême, vous n'avez pas d'autre choix que de suivre les préceptes qu'elle vous impose. Vous ne pouvez même pas envisager de vous forger votre propre chemin en dehors de ces règles : si vous êtes tout le temps surveillé et jugé, vous n'êtes pas réellement un individu libre.

Toutes les instances répressives – politiques, religieuses, sociétales, parentales – reposent sur cette vérité capitale, dont elles font leur principal instrument pour imposer le respect des orthodoxies, contraindre à l'adhésion et écraser toute dissidence. Il est dans leur intérêt de bien transmettre l'idée que rien de ce que feront leurs sujets n'échappera à la vigilance des autorités. Bien plus efficace qu'une force de police, le déni de vie privée éradiquera toute tentation de dévier de ces règles.

Ce qui se perd avec l'abolition du domaine de la vie privée, ce sont quantité d'attributs associés d'ordinaire à une existence de qualité. La plupart des individus ont bien perçu que la vie privée permet de se libérer des contraintes. Et, inversement, nous avons tous connu des moments où, nous croyant seuls, nous nous sommes comportés comme nous l'aurions fait en privé – danser, nous lancer dans des confidences, explorer certains modes d'expression sexuelle, partager des idées inédites et inexplorées –, pour en ressentir de la honte en nous apercevant que nous étions en fait vus par d'autres. C'est seulement quand nous croyons que personne d'autre ne nous regarde que nous nous sentons effectivement libres – en sécurité – de véritablement nous lancer dans des expériences, de repousser certaines limites, de prospecter de nouveaux modes de pensée et d'exister, d'être nous-mêmes. Ce qui a rendu Internet si attirant, c'était précisément que cet espace-là offrait la latitude de parler et d'agir dans l'anonymat, si vitale pour l'exploration individuelle.

Pour cette raison, c'est dans le domaine privé que la créativité, le dissentiment et les défis à l'orthodoxie peuvent germer. Une société où tout le monde sait qu'il peut être observé par l'État – où, dans les faits, le domaine privé n'existe plus – est une société où ces attributs sont perdus, tant au niveau collectif qu'individuel.

La surveillance de masse que pratique l'État est donc répressive par nature, même dans l'éventualité improbable où des dirigeants aux visées répressives n'en abusent pas pour se livrer à certains agissements, comme d'accéder à des informations privées relatives à des opposants politiques. Qu'il soit fait de cette surveillance un usage abusif ou non, les limites qu'elle impose à la liberté sont inhérentes à son existence même.

Même si, en la matière, l'invocation du *1984* de George Orwell est un peu devenue un cliché, on relève dans l'État de surveillance de la NSA d'évidentes résonances du monde qu'il a créé de toutes pièces dans son roman : ils reposent l'un et l'autre sur l'existence d'un système ancré dans la technologie doté de la capacité de suivre à la trace les moindres faits et gestes des citoyens. Les défenseurs de la surveillance nient cette similitude – nous ne sommes pas surveillés *en permanence*, soutiennent-ils –, mais cet argument passe à côté de l'essentiel : dans *1984*, les citoyens n'étaient pas nécessairement surveillés à tout instant ; en fait, ils ne savaient pas s'ils étaient effectivement surveillés. Mais l'État détenait la capacité de les surveiller à toute heure. C'était cette incertitude et la possibilité d'une surveillance omniprésente qui servait à maintenir tout le monde dans le rang :

> Le télécran recevait et transmettait simultanément. Il captait tous les sons émis par Winston au-dessus d'un chuchotement très bas. De plus, tant que Winston demeurait dans le champ de vision de la plaque de métal, il pouvait être vu aussi bien qu'entendu. Naturellement, il n'y avait pas moyen de savoir si, à un moment donné, on était surveillé. Combien de fois, et suivant quel plan, la Police de la Pensée se branchait-elle sur une ligne individuelle quelconque, personne ne pouvait le savoir. On pouvait même imaginer qu'elle surveillait tout le monde, constamment. Mais de toute façon, elle pouvait mettre une prise sur votre ligne chaque fois qu'elle le désirait. On devait vivre, on vivait, car l'habitude devient instinct, en admettant que tout son émis était entendu et que, sauf dans l'obscurité, tout mouvement était perçu[1].

Même la NSA, avec ses moyens, ne pouvait lire chaque mail, écouter chaque appel téléphonique et suivre à la trace les actes de chaque individu. Ce qui rend un système de surveillance efficace dans le contrôle qu'il opère sur le comportement humain, c'est le fait de savoir que chacun de nos propos et chacun de nos actes sont susceptibles d'être surveillés.

---

1. George Orwell, *1984*, Gallimard, Paris, 1950, traduit par Amélie Audiberti.

Nulle part où se cacher

Ce principe était au cœur de la conception du Panoptique conçu par le philosophe britannique Jeremy Bentham, un bâtiment dont la configuration permettrait aux institutions d'efficacement contrôler le comportement humain. La structure de cet édifice devait servir, selon ses propres termes, «à toute sorte d'établissement, où des personnes de toute espèces sont tenues sous contrôle». L'innovation architecturale primordiale du Panoptique était une grande tour centrale d'où chaque pièce – ou chaque cellule, chaque salle de classe ou chaque quartier de détention – pouvait être surveillée à tout moment par des gardiens. Les occupants, en revanche, ne pouvaient voir l'intérieur de la tour et ne pouvaient donc jamais savoir s'ils étaient ou non observés.

Comme l'institution – aucune institution – n'était en mesure d'observer tout le monde tout le temps, la solution proposée par Bentham consistait à créer «l'apparente omniprésence de l'inspecteur» dans les esprits des occupants. «Les individus à inspecter devraient toujours se sentir comme soumis à inspection, ou du moins comme ayant de grandes chances de l'être.» Dès lors, ils agiraient comme s'ils étaient observés sans relâche, même s'ils ne l'étaient pas.

Il en résulterait un acquiescement, une obéissance et une conformité aux attentes. Bentham prévoyait que son invention se propagerait très au-delà des prisons et des asiles d'aliénés, jusqu'aux institutions sociales. Inculquer dans l'esprit des citoyens la notion qu'ils pourraient être constamment surveillés permettrait, comprenait-il, de révolutionner le comportement humain.

Dans les années 1970, Michel Foucault faisait observer que le principe du Panoptique de Bentham formait l'un des mécanismes fondateurs de l'État moderne. Dans *Dits et écrits*[1], il écrivait que le Panoptique est un «type de pouvoir qui s'applique aux individus sous la forme d'une supervision

---

1. Recueil d'articles et d'interviews en 4 volumes, paru en anglais en 3 volumes sous l'intitulé *Power*. *Dits et écrits*, vol. I-IV, 1980-1988, Gallimard, Paris, 1994, édités par D. Defert & F Ewald.

individuelle continue, sous forme de contrôle, de punition et de neutralisation, et sous forme de correction, c'est-à-dire la formation et la transformation des individus en fonction de certaines normes».

Dans *Surveiller et punir*, il approfondissait son analyse en expliquant que la surveillance omniprésente ne se contente pas de renforcer le pouvoir des autorités et d'obliger à l'obéissance, mais incite aussi les individus à intérioriser le regard de leurs surveillants : d'instinct, ils choisiront de faire ce qu'on attend d'eux, sans même se rendre compte qu'ils sont contrôlés. Le Panoptique induit «chez le détenu un état conscient et permanent de visibilité qui assure le fonctionnement automatique du pouvoir». Avec l'intériorisation du contrôle, «le pouvoir externe, lui, peut s'alléger de ses pesanteurs physiques; il tend à l'incorporel; et plus il se rapproche de cette limite, plus ses effets sont constants, profonds, acquis une fois pour toutes, incessamment reconduits : perpétuelle victoire qui évite tout affrontement physique et qui est toujours jouée d'avance[1]».

En outre, ce modèle de contrôle présente le grand avantage de simultanément créer l'illusion de la liberté. La contrainte à l'obéissance existe dans l'esprit de chaque individu. De son propre chef, il choisit de se soumettre, par crainte d'être observé. Cela élimine le besoin de recourir à tous les signes visibles de la contrainte, et permet ainsi d'exercer un contrôle sur des individus qui se croient faussement libres.

Pour cette raison, tout État répressif considère la surveillance comme l'un des instruments les plus essentiels de son contrôle. Quand la chancelière Angela Merkel, d'ordinaire plutôt sobre et mesurée, apprit que la NSA avait passé des années à écouter son téléphone portable personnel, tout à sa colère, elle avait comparé la surveillance des États-Unis à celle de la Stasi, les services de sécurité tristement célèbres de l'ex-RDA. Les propos de Mme Merkel étaient clairs : par essence, la menace d'un État de surveillance, qu'il s'agisse

---

1. *Surveiller et punir*, Gallimard, Paris, 1975, pp. 233 et 236.

de la NSA, de la Stasi, de Big Brother ou du Panoptique, alimente la conscience que chacun puisse être surveillé à tout moment par des pouvoirs invisibles.

Il n'est pas difficile de comprendre pourquoi les autorités américaines et d'autres nations occidentales ont été tentées de construire un système omniprésent d'espionnage dirigé contre leurs propres concitoyens. Des inégalités économiques aggravées, qui dégénérèrent en crise ouverte sous l'effet de l'effondrement financier de 2008, ont généré une situation d'instabilité intérieure pleine de violence. Des troubles ont éclaté même dans les démocraties jouissant de la plus grande stabilité. En 2011, il y eut des journées d'émeutes en plein Londres. Aux États-Unis, la droite extrême – les manifestations du Tea Party en 2008 et 2009 – et la gauche extrême – le mouvement Occupy[1] – ont organisé des manifestations de citoyens en colère. Dans ces deux pays, les sondages ont révélé des niveaux de mécontentement d'une intensité inédite envers la classe politique et l'orientation que prenait la société.

Les autorités confrontées à de tels troubles ont généralement deux options : amadouer la population avec des concessions symboliques ou renforcer leur contrôle afin de minimiser les dégâts qu'elle serait susceptible de faire subir à leurs intérêts. Les élites occidentales semblent considérer la seconde option – renforcer leur pouvoir – comme la meilleure ligne de conduite, et peut-être la seule qui soit viable pour protéger leurs positions. Elles réagirent au mouvement Occupy en l'écrasant par la force, à coups de gaz lacrymogènes et de bombes spray au poivre, et en poursuivant ses membres en justice. La tendance à l'escalade paramilitaire des forces de police intérieures s'est pleinement affirmée dans les villes américaines, où des officiers de police braquèrent sur

---

1. Inspiré du mouvement des Indignés espagnol (2011) et du Printemps arabe (2013), le mouvement Occupy a débuté à Kuala Lumpur en Malaisie, puis a organisé diverses manifestations sur le sol américain, la plus connue étant Occupy Wall Street.

les manifestants des armes qu'on ne voyait jusqu'alors que dans les rues de Bagdad, afin d'endiguer des mouvements de contestation organisés dans le respect de la légalité et à dominante pacifique. La stratégie consistait à faire peur aux gens qui souhaitaient prendre part à ces marches et des manifestations, et cela fonctionna. L'objectif plus général était d'instiller le sentiment que toute résistance de ce type contre un ordre écrasant et impénétrable était vaine.

Un système de surveillance omniprésente atteint le même objectif, mais avec une puissance infiniment supérieure. Dès lors que le gouvernement surveille tous les faits et gestes des individus, la simple organisation de mouvements de dissidence devient compliquée à mettre en œuvre. Mais la surveillance de masse éradique aussi la dissidence à un niveau plus profond et plus important : dans les esprits mêmes. L'individu s'exerce alors à penser uniquement en s'alignant sur ce qu'on attend et exige de lui.

L'histoire ne laisse guère de doute : la coercition et le contrôle collectif sont l'objet et l'effet de l'État de surveillance. Le scénariste hollywoodien Walter Bernstein qui, durant la période du maccarthysme, fut porté sur les listes noires, surveillé et contraint d'écrire sous des pseudonymes pour continuer de travailler, a décrit le processus de cette autocensure oppressante qui émane du sentiment d'être observé :

> Tout le monde faisait attention. Ce n'était pas le moment de prendre des risques. [...] Il y avait des auteurs, des auteurs qui ne figuraient pas sur ces listes noires et qui ont fait, je ne sais pas comment appeler cela, des "choses très pointues", mais rien de politique. Ils se tenaient à l'écart de la politique. [...] Je crois qu'il y avait ce sentiment général : "Ne pas trop se faire remarquer."
>
> Ce n'est pas une atmosphère qui favorise la créativité ou qui permet à l'esprit de s'exprimer librement. Vous êtes toujours exposé au danger de l'autocensure, de dire "non, je ne vais pas essayer cela parce que ça ne se réalisera jamais ou alors je vais me mettre le gouvernement à dos", ou d'une réflexion de ce style.

Ces remarques de Bernstein trouvèrent un écho sinistre dans un rapport publié par PEN American Center[1] en novembre 2013, intitulé «Chilling Effects : NSA Surveillance Drives U.S. Writers to Self Censor» [« Des conséquences qui font peur : la surveillance de la NSA pousse les auteurs américains à l'autocensure»]. Au terme d'une enquête pour étudier les effets des révélations relatives à la NSA sur ses membres, le centre avait constaté que nombre d'auteurs «partent désormais du principe que leurs communications sont surveillées» et qu'ils avaient changé de comportement de telle sorte que cela «rogne leur liberté d'expression et restreint la libre circulation de l'information». Plus précisément, «24 % des personnes interrogées évitaient délibérément certains sujets dans leurs conversations téléphoniques ou leurs échanges d'e-mails».

Le pouvoir de contrôle pernicieux qu'exerce cette surveillance omniprésente et l'autocensure qui en résulte sont confirmés par toute une série d'expériences et s'étendent bien au-delà de l'activisme politique. Des études exhaustives montrent en quoi cette dynamique opère aux niveaux personnels et psychologiques les plus profonds.

Une équipe de chercheurs, publiant ses découvertes dans *Evolutionary Psychology*, plaçait ses sujets face à des actes moralement discutables, comme conserver une grosse somme d'argent trouvée à l'intérieur d'un portefeuille ramassé dans la rue ou apprendre qu'un ami avait menti sur son curriculum vitæ. On demandait aux sujets d'évaluer le degré de gravité de ces méfaits. L'étude notait que ceux à qui l'on montrait des images indicatives d'une surveillance, comme une paire de grands yeux scrutateurs, classaient ces actes comme plus «répréhensibles» que ceux à qui l'on montrait une image neutre. Les chercheurs en conclurent que la surveillance encourage ceux qui sont surveillés à «affirmer leur

---

1. Le PEN American Center est un organisme de gauche fondé en 1922 pour la promotion de la littérature et la défense de la liberté d'expression. Il compte 3 300 adhérents, écrivains et traducteurs, et, entre autres activités, publie une revue littéraire annuelle, *PEN America*, et organise des ateliers d'écriture en milieu carcéral.

adhésion aux normes sociales dominantes», car ils tentent ainsi d'«activement préserver leur réputation».

Une expérience très complète menée en 1975 par deux psychologues de l'université de Stanford, Philip Zimbardo et Gregory White, intitulée «The Chilling Effects of Surveillance" [Les effets inhibiteurs de la surveillance], tenta de mesurer si le fait d'être surveillé exerçait un impact sur l'expression d'opinions politiques controversées. L'impulsion de cette étude fut donnée par les inquiétudes des Américains au sujet de la politique gouvernementale de surveillance :

> Le scandale du Watergate, les révélations des écoutes à la Maison-Blanche et les enquêtes du Congrès sur l'espionnage intérieur auquel se livre l'Agence centrale de renseignement ont permis de mettre en évidence le climat de paranoïa qui se développe dans la société américaine : Big Brother vous surveille peut-être ! Les propositions de banques de données nationales, l'utilisation d'hélicoptères de surveillance par les forces de police, la présence de caméras de surveillance dans les banques et les supermarchés et les fouilles des voyageurs et des bagages par les services de sécurité des aéroports ne sont que quelques signes parmi tant d'autres que nos vies privées sont soumises à un examen de plus en plus étroit.

Les participants à cette expérience furent placés sous des degrés de surveillance divers et invités à donner leur avis sur la légalisation de la marijuana.

Il s'avéra que les sujets «menacés» – ceux qu'on avait prévenus que leurs déclarations seraient communiquées à la police à des «fins de formation» – étaient plus enclins à condamner la consommation de marijuana et à préférer un langage où ils employaient des pronoms personnels ou des substantifs à la deuxième et troisième personne («tu», «vous», «ils», «les gens»). Seuls 44 % des sujets sous surveillance défendirent cette légalisation, comparés aux 77 % de ceux qui ne se sentaient pas ainsi «menacés». Autre résultat éloquent, 31 % des participants surveillés sollicitaient spontanément l'approbation des chercheurs (en leur demandant par exemple : «Est-ce que c'est juste ?»), contre seulement 7 % des membres de l'autre groupe. Et quant à leurs sensations d'anxiété et d'inhibition, les participants «menacés» atteignaient des chiffres sensiblement plus élevés.

Zimbardo et White notaient en conclusion que la «menace ou la réalité d'une surveillance gouvernementale peut, au plan psychologique, inhiber la liberté d'expression». Ils ajoutaient que si, «telle qu'elle était conçue, leur recherche n'offrait pas la possibilité d'"éviter l'amalgame"», ils s'attendaient à ce que «l'anxiété générée par la menace de la surveillance pousse quantité de sujets à éviter les situations» où ils pourraient faire l'objet d'une surveillance. «Comme de telles hypothèses n'ont d'autres limites que celles de l'imagination et qu'elles sont encouragées tous les jours par des révélations d'intrusion gouvernementale et institutionnelle dans la vie privée, écrivaient-ils, la ligne de partage entre délires paranoïaques et prudence justifiée devient en effet ténue.»

Il est vrai que la surveillance peut engendrer ce qu'on pourrait appeler un comportement «pro-social». Une étude a pu ainsi constater que les débordements – en Suède, les supporters de football fanatisés lançaient des bouteilles et des briquets sur le terrain – baissèrent de 65 % après l'introduction de caméras de surveillance. Et, en matière de santé publique, la vaste documentation relative à la nécessité de se laver les mains a maintes fois confirmé que le moyen d'augmenter la probabilité qu'un individu se lave les mains consiste tout simplement à placer quelqu'un à proximité.

L'inconvénient, c'est que la surveillance encourage non seulement la conformité, mais qu'elle suscite aussi la méfiance et l'anxiété. Un gouvernement qui soumet son peuple à la surveillance crée un climat où il se sent non pas intrinsèquement motivé, mais contraint de coopérer avec les autorités. Tant sur le lieu de travail qu'au niveau de la gouvernance, la confiance entre les travailleurs/citoyens et leur patron/gouvernement est un élément-clef qui conduit les individus à coopérer de leur propre volonté.

Même dans le contexte le plus intime, le cadre familial, par exemple, la surveillance prête à des actions insignifiantes un contenu lourd de sens, du fait même qu'on se sait observé. Lors d'une expérience menée au Royaume-Uni, des chercheurs ont équipé des sujets d'un dispositif de repérage permettant de garder le contact avec les autres membres de la famille. La localisation de chacun leur était accessible à tout moment, et dès que l'un d'eux était repéré, il recevait un message. Chaque fois qu'un membre en pistait un autre, il recevait aussi un questionnaire lui demandant ce qui l'avait poussé à agir de la sorte, et si la réponse reçue était à la hauteur de ses attentes.

Lors de la séance-bilan, les participants avouèrent que s'ils trouvaient parfois ce système de traçage rassurant, ils craignaient aussi que, dans l'éventualité où ils se trouveraient dans un endroit où on ne s'attendrait pas à les voir, les autres membres de la famille en tireraient des «conclusions hâtives» sur leur comportement. Et l'option de se «rendre invisible» – de bloquer le mécanisme de partage de localisation – ne résolvait pas leur état d'anxiété : nombre de participants attestèrent que l'acte même de se soustraire à la surveillance, en soi, ferait naître des soupçons. Les chercheurs en conclurent que :

> Dans notre vie de tous les jours, nous laissons des traces que nous sommes incapables d'expliquer et qui peuvent se révéler complètement insignifiantes. Toutefois, leur représentation à travers un dispositif de traçage [...] leur donne du sens, ce qui semble imposer de se plier à un niveau de transparence peu ordinaire. Cela génère de l'anxiété, surtout vis-à-vis des proches, auxquels les sujets peuvent se sentir plus fortement tenus de rendre des comptes et d'expliquer des aspects de leur vie qu'ils sont tout simplement incapables d'expliquer.

Dans le cadre d'une expérience en Finlande comportant l'une des simulations les plus complètes qui soient d'un dispositif de surveillance, des caméras furent placées au domicile des sujets – à l'exception des salles de bains et des chambres à coucher – et tous leurs échanges de communications par voie électronique furent tracés. Alors même que l'annonce de cette étude avait eu un impact tel qu'elle en était devenue proprement «virale» sur les réseaux sociaux, les chercheurs eurent du mal à réunir ne fût-ce que dix foyers participants.

Parmi ceux qui s'inscrivirent, le projet suscita des plaintes surtout centrées sur le risque d'intrusion dans les moments les plus ordinaires de leur vie quotidienne. Une personne se sentait mal à l'aise d'être nue chez elle; une autre avait conscience de la présence des caméras quand elle se séchait les cheveux et se recoiffait après une douche; une autre encore ne cessait d'avoir cette surveillance à l'esprit quand elle se faisait elle-même sa piqûre pour un traitement qu'elle suivait. Sous surveillance, toutes sortes de gestes inoffensifs se chargeaient tout à coup de strates de signification supplémentaires.

Initialement, les sujets décrivaient cette surveillance comme gênante, mais ils s'y «habituèrent assez vite». Ce qui avait débuté comme un processus profondément intrusif se normalisait, se transformait en cours normal des choses qu'on ne remarquait même plus.

Comme le montraient ces expériences, il y a toutes sortes d'aspects de leur existence dont les gens tiennent à préserver le caractère privé, même s'ils n'ont en soi rien de «mal». Ce caractère privé est indispensable à une vaste palette d'activités humaines. Si quelqu'un appelle une ligne d'urgence de prévention du suicide, se rend dans un centre d'interruption de grossesse, fréquente un site Internet de sexe en ligne ou si un lanceur d'alerte appelle un journaliste, ces individus ont quantité de bonnes raisons de vouloir préserver le caractère privé de tels actes, qui n'ont rien d'illégal.

En somme, tout le monde a quelque chose à cacher. Le journaliste Barton Gellman l'a exposé en ces termes :

> La vie privée est d'ordre relationnel. Elle dépend de votre interlocuteur. Vous n'avez aucune envie que votre employeur sache que vous êtes à la recherche d'un autre emploi. Vous ne vous épanchez pas sur votre vie amoureuse devant votre mère

ou vos enfants. Vous ne communiquez pas de secrets commerciaux à des concurrents. Nous ne nous exposons pas à tort et à travers et nous sommes si soucieux de ne pas nous dévoiler que nous avons même recours au mensonge, de manière quasi automatique. Chez des citoyens d'une grande droiture, les chercheurs ont constaté de façon récurrente que mentir relève d'«un mode de relation sociale au quotidien» (deux fois par jour chez les étudiants, une fois par jour dans le «monde réel»). [...] La transparence intégrale est un cauchemar. [...] Tout le monde a quelque chose à cacher.

La justification de la surveillance – qu'elle s'effectuerait au bénéfice de la population – repose sur une vision du monde qui divise les citoyens en deux grandes catégories, les bons citoyens et les mauvais. Dans cette conception, les autorités se servent de leurs pouvoirs de surveillance uniquement contre les mauvais citoyens, ceux qui «font quelque chose de mal», et ceux-ci seraient les seuls à avoir quelque chose à craindre de cette intrusion dans leur vie privée. Il s'agit là d'une vieille tactique. En 1969, dans un article du magazine *Time* sur les inquiétudes croissantes des Américains par rapport aux pouvoirs de surveillance de leur gouvernement, l'*attorney general* John Mitchell, ministre de la Justice du président Nixon, assurait à ses lecteurs que «tout citoyen des États-Unis qui n'est pas impliqué dans une activité illégale n'a absolument rien à craindre».

Cet argument fut de nouveau invoqué par un porte-parole de la Maison-Blanche qui, en 2005, réagissait à la controverse autour du programme d'écoutes illégales de George W. Bush : «Il ne s'agit pas ici d'écouter les appels téléphoniques de tel ou tel de nos concitoyens qui organise un entraînement de Little League de base-ball avec ses gamins ou demande ce qu'il faut apporter pour un petit dîner à la fortune du pot entre amis. Ces écoutes sont destinées à surveiller les appels que passent des individus très mal intentionnés à d'autres individus très mal intentionnés.» Et quand le président Obama fit une apparition au *Tonight*

Show en août 2013, à une question de Jay Leno au sujet des révélations sur la NSA, il répondit ceci : «Nous n'avons pas de programme de surveillance intérieure. Ce que nous avons, ce sont certains dispositifs capables de tracer un numéro de téléphone ou une adresse e-mail qui ont un lien avec une attaque terroriste.»

L'argument fonctionne. La perception selon laquelle toute surveillance intrusive se limiterait à un groupe marginalisé d'individus qui le méritent, parce qu'ils sont «mal intentionnés», garantit que la majorité acquiescera à cet abus de pouvoir ou même s'en félicitera.

Mais adhérer à cette vision des choses, c'est se méprendre fondamentalement sur les objectifs qui animent tous les organes de pouvoir. Aux yeux de telles institutions, «faire quelque chose de mal» va bien au-delà des actes illégaux, des comportements violents et des complots terroristes, pour englober toute dissidence digne de ce nom et toute contestation authentique. Il est dans la nature de l'autorité – gouvernementale, religieuse, familiale – d'assimiler toute opposition à un méfait, ou du moins à une menace.

L'histoire de ces dernières décennies regorge d'exemples de groupes et d'individus placés sous surveillance étatique en raison de leurs opinions et de leurs activités d'opposants – Martin Luther King, le mouvement des droits civils, les activistes anti-guerre du Vietnam, les écologistes, etc. Aux yeux du gouvernement et de J. Edgar Hoover, alors directeur du FBI, tous ces individus «faisaient quelque chose de mal» : en l'occurrence, ils se livraient à une activité politique qui menaçait l'ordre dominant.

Personne n'a mieux compris que J. Edgar Hoover ce pouvoir que détient la surveillance d'écraser les opposants politiques, lui qui était confronté à un défi singulier, celui de réussir à empêcher les gens d'exercer leurs droits d'expression et de liberté d'association, tels qu'ils sont édictés par le premier amendement de la Constitution des États-Unis, alors même que l'État avait interdiction d'arrêter les gens au seul motif qu'ils exprimaient des opinions minoritaires. Les années 1960 virent ainsi une longue série d'affaires remonter jusqu'à la Cour suprême, et déboucher sur l'instauration des protections rigoureuses pour la liberté d'expression. Le point culminant fut atteint avec la décision unanime de la cour dans *Brandenburg v. Ohio*, annulant l'inculpation pénale d'un dirigeant du Ku Klux Klan qui, dans un discours, avait menacé des responsables politiques de violences. La Cour décida que les garanties du premier amendement étaient si puissantes que les protections constitutionnelles de la liberté d'expression et de la liberté de la presse «ne permettent pas à l'État d'interdire ou de proscrire un plaidoyer en faveur de l'usage de la force».

Au vu de ces garanties, Hoover mit en place un système destiné, en amont, à empêcher toute opposition de se développer.

L'existence du programme de contre-renseignement intérieur du FBI (COINTELPRO) fut d'abord révélée par un groupe d'activistes anti-guerre qui avait peu à peu acquis la conviction que leur mouvement avait été infiltré, placé sous surveillance et qu'il était devenu la cible de toutes sortes de coups tordus.

Manquant de preuves matérielles pour en attester la réalité et ne réussissant pas à convaincre les journalistes d'écrire des articles reprenant leurs soupçons, ils pénétrèrent par effraction dans une antenne du FBI en Pennsylvanie d'où ils ressortirent avec des milliers de documents. Des fichiers relatifs à COINTELPRO démontraient de quelle manière le FBI avait ciblé des groupes politiques et des individus engagés, jugés subversifs et dangereux, notamment des membres de la NAACP[1], de mouvements nationalistes noirs, d'organisations socialistes et communistes, de manifestants anti-guerre et divers groupements d'extrême-droite. Le Bureau les avait infiltrés avec des agents qui, entre autres agissements, tentèrent de manipuler certains de leurs membres pour les inciter à accepter de commettre des actes criminels, afin que le FBI puisse ensuite les arrêter et les traduire en justice.

---

1. NAACP : *National Association for the Advancement of Colored People*, Association nationale pour la promotion des gens de couleur.

Le Bureau fédéral d'investigation réussit à convaincre le *New York Times* de maintenir ces documents sous le boisseau et même à les restituer, mais le *Washington Post* publia une série d'articles sur le sujet. Ces révélations conduisirent à la création de la Commission sénatoriale Church, qui conclut qu'au cours des quinze années précédentes :

> Le Bureau a mené une opération de milice très élaborée visant sans détour à empêcher que ne s'exercent les droits garantis par le premier amendement, la liberté d'expression et d'association, au motif qu'interdire le développement de groupes dangereux et la propagation d'idées dangereuses protégerait la sécurité nationale et préviendrait la violence.
>
> Même si toutes les cibles avaient été impliquées dans une activité violente, nombre de techniques utilisées seraient déjà intolérables dans une société démocratique, mais COINTELPRO est allé bien au-delà. Ces programmes reposaient sur un principe tacite essentiel : une agence chargée du maintien de l'ordre public a le devoir de faire tout ce qui est nécessaire pour combattre tout ce qui est considéré comme une menace contre l'ordre social et politique existant.

Une note interne capitale relative à COINTELPRO expliquait qu'on pouvait semer la « paranoïa » parmi les militants anti-guerre en leur faisant croire à la présence d'« un agent du FBI derrière chaque boîte aux lettres ». De la sorte, les dissidents, toujours persuadés d'être constamment surveillés, se noieraient dans la peur et s'abstiendraient de tout activisme.

Sans surprise, cette tactique fonctionna. Dans un documentaire de 2013 intitulé *1971*, plusieurs de ces militants décrivirent le FBI de Hoover qui était constamment « sur le dos » du mouvement des droits civils, avec ses méthodes de surveillance et ses infiltrés qui assistaient aux réunions et qui faisaient leur rapport. Ce suivi permanent entrava les capacités du mouvement à s'organiser et à se renforcer.

COINTELPRO fut loin d'être le seul abus de surveillance qu'exhuma la Commission Church. Dans son rapport final, elle indiquait : « De 1947 à 1975, l'Agence nationale de sécurité s'est procuré des millions de télégrammes privés envoyés de, vers ou à l'intérieur du territoire des États-Unis, en application d'un accord secret avec trois compagnies de télégraphe des États-Unis.» Qui plus est, dans le cadre d'une opération de la CIA, intitulée CHAOS (1967-1973), «quelque 300 000 individus ont été répertoriés dans un ordinateur de la CIA et des fiches individuelles ont été créées, touchant approximativement 7 200 Américains et plus de 100 groupes présents sur le territoire». En outre, «on estime qu'au total ce sont 100 000 Américains qui ont été l'objet de fiches de renseignement établies par l'armée des États-Unis entre le milieu des années 1960 et 1971», sans compter quelque 11 000 individus et groupes qui ont fait l'objet d'investigations de l'IRS[1] «sur la base de critères politiques davantage que fiscaux». Le Bureau eut aussi recours à des écoutes téléphoniques pour repérer d'éventuelles vulnérabilités chez ces gens, notamment liées à leurs activités sexuelles, ensuite utilisées afin de «neutraliser» ses cibles.

Ces incidents n'étaient nullement des aberrations. Durant les années Bush, par exemple, des documents que put se procurer l'ACLU révélèrent, ainsi que le stipula ce groupement en 2006, «de nouveaux détails relatifs à la surveillance par le Pentagone des Américains opposés à la guerre en Irak, notamment des Quakers et des groupements étudiants». Le Pentagone se tenait «informé sur des contestataires non violents en recueillant des informations et en les stockant dans une base de données militaire de l'antiterrorisme». L'ACLU nota qu'un document, «portant la mention "activité terroriste potentielle", dresse la liste d'événements comme le meeting "Stop the War NOW!" à Akron, dans l'Ohio».

Tout démontre que les assurances selon lesquelles la surveillance ne visait que ceux qui «avaient fait quelque chose» de mal ne doivent guère dissiper les craintes à cet égard, car

---

1. IRS : *Internal Revenue Service*, les services fiscaux fédéraux chargés de la collecte des impôts et taxes (taxes sur l'emploi, impôt des sociétés, droits de succession, accises, impôt foncier, impôts sur les donations et dons manuels). L'IRS ne collecte pas les impôts à l'échelon des États.

par réflexe, un État considérera toujours tout défi lancé à son pouvoir comme un délit.

L'opportunité qu'ont les détenteurs du pouvoir de caractériser les opposants politiques comme des « menaces pour la sécurité nationale » ou même comme des « terroristes » s'est révélée plus d'une fois trop tentante. Au cours de la dernière décennie, dans le droit fil du FBI de Hoover, le gouvernement américain a officiellement désigné en ces termes des militants écologistes, de vastes segments de groupes anti-gouvernementaux d'extrême-droite, d'activistes anti-guerre et d'associations organisées autour de la défense des droits des Palestiniens. Certains individus au sein de ces catégories peuvent éventuellement mériter cette désignation, mais nombre d'entre eux ne sont sans aucun doute nullement concernés, n'étant coupables que d'une chose : défendre des opinions politiques d'opposition. Pourtant, de tels groupes sont régulièrement visés par les opérations de surveillance de la NSA et de ses partenaires.

Ainsi, après que les autorités britanniques eurent appréhendé mon compagnon, David Miranda, à l'aéroport d'Heathrow, en application d'une loi anti-terrorisme, le gouvernement de Londres assimila expressément mes articles sur ces opérations de surveillance à du terrorisme, au motif que la publication des documents Snowden « est conçue pour influencer un gouvernement et s'effectue dans le but de défendre une cause politique ou idéologique. Cela tombe par conséquent dans le cadre de la définition du terrorisme ». C'est là une déclaration extrêmement claire, rapportant toute menace pesant sur les intérêts du pouvoir à du terrorisme.

Rien de tout cela ne devrait surprendre la communauté musulmane américaine, où la peur de la surveillance pour motifs de terrorisme est intense et omniprésente. Non sans de bonnes raisons. En 2012, Adam Goldberg et Matt Apuzzo, d'Associated Press, révélèrent un dispositif conjoint CIA/New York Police Department soumettant l'entièreté des communautés musulmanes des États-Unis à une surveillance physique et électronique, sans même l'ombre d'un soupçon suggérant qu'un délit ait été commis. Les musulmans américains décrivent régulièrement l'effet de cet espionnage sur leur existence : en conséquence, chaque nouveau fidèle qui se présente à la mosquée est tout de suite soupçonné d'être un informateur du FBI ; des amis et des membres d'une famille parlent à voix basse de peur d'être surveillés, ayant conscience que toute opinion qu'ils exprimeraient et qui serait réputée hostile à l'Amérique pourrait être utilisée comme un prétexte à investigation ou même à poursuites.

Une pièce des dossiers Snowden, datée du 3 octobre 2012, souligne cet aspect de façon saisissante. Ce document révélait que l'agence avait surveillé les activités en ligne d'individus réputés, selon elle, exprimer des idées « radicales » et qui exercent une influence « radicalisatrice » sur les autres. Cette note évoque six individus en particulier, tous musulmans, mais en soulignant qu'ils sont mentionnés purement à titre d'« exemples ».

La NSA déclare explicitement qu'aucun des individus visés n'est membre d'une organisation terroriste ou impliqué dans de quelconques complots terroristes. Plutôt, leur « crime » réside dans les opinions qu'ils expriment, qui sont jugées « radicales », un terme qui justifie une surveillance intrusive et des campagnes destructrices pour « exploiter certaines vulnérabilités ».

Parmi les informations collectées sur ces individus, l'un d'eux au moins étant un « ressortissant des États-Unis », figurent des détails sur leurs activités sexuelles en ligne et une certaine « promiscuité sexuelle en ligne » – désignant par là les sites pornographiques qu'ils visitent et des séances discrètes de *chats* sexuels avec des femmes qui ne sont pas leurs épouses. L'agence discute de moyens d'exploiter cette information afin de porter atteinte à leur réputation et à leur crédibilité.

CONFIDENTIEL (U)
(TS//SI//REL A USA, FVEY) Un rapport d'évaluation SIGINT précédent sur une radicalisation indiquait que les éléments radicaux semblent être particulièrement vulnérables au plan de l'autorité qu'ils détiennent, dès lors que leurs comportements publics et privés se révèlent contradictoires. (A) Cer-

taines de ces vulnérabilités, si elles sont révélées, remettraient vraisemblablement en cause le dévouement de ces éléments porteurs de radicalisation à la cause djihadiste, conduisant à une dégradation ou à une perte d'autorité. Les exemples de certaines de ces vulnérabilités incluent :

• Le visionnage de contenus explicitement sexuels en ligne ou l'emploi d'un langage explicite et persuasif quand ils ont l'occasion de communiquer avec des jeunes filles inexpérimentées ;

• L'utilisation d'une partie des dons qu'ils perçoivent du vivier de contacts sensibles à leur influence pour couvrir leurs dépenses personnelles ;

• La facturation une somme exorbitante à titre d'honoraires de conférencier en se laissant simultanément attirer par des opportunités de renforcer leur statut social ; ou

• Être réputés fonder leur message public sur des sources discutables ou l'emploi d'un langage par nature contradictoire, les exposant à des remises en cause de leur crédibilité.

(TS//SI//REL A USA, FVEY) Les problèmes de confiance et de réputation sont importants quand on considère la validité et l'attrait de leur message. Il tombe sous le sens que l'exploitation des vulnérabilités de caractère, de crédibilité, ou les deux, de l'élément radicalisateur et de son message, pourrait être renforcée par une meilleure compréhension des supports qu'il utilise pour diffuser ce message vers le vivier d'individus qui y est sensible, où ses accès sont susceptibles d'être vulnérables.

Ainsi que le faisait observer Jameel Jaffer, directeur juridique adjoint de l'ACLU, les bases de données de la NSA « stockent des informations sur vos opinions politiques, votre dossier médical, vos relations intimes et vos activités en ligne ». L'agence prétend qu'elle ne fera aucun usage abusif de ces informations personnelles, « mais ces documents montrent que la NSA applique probablement une définition "très étroite" de la notion d'"abus" ». Comme le soulignait Jaffer, historiquement, et sur la requête du président des États-Unis, la NSA « a pu utiliser les produits de la surveillance pour discréditer un opposant politique, un journaliste, ou un militant des droits de l'homme ». Il serait « naïf », disait-il, de penser que l'agence ne pourrait pas, encore aujourd'hui, « user de son pouvoir de la sorte ».

D'autres documents décrivent la focalisation du gouvernement non seulement sur WikiLeaks et son fondateur Julian Assange, mais aussi sur ce que l'agence appelle «le réseau humain qui soutient WikiLeaks». En août 2010, l'administration Obama pressait plusieurs de ses alliés d'engager des poursuites pénales contre Assange après la publication par le groupement des journaux de guerre d'Afghanistan. Les discussions autour des pressions exercées sur d'autres nations pour qu'elles poursuivent Assange apparaissent dans un fichier de la NSA que l'agence intitule «Manhunting Timeline» [Calendrier Chasse à l'homme]. Elle y détaille, pays par pays, les efforts des États-Unis et de leurs alliés pour localiser, poursuivre capturer et/ou tuer divers individus, et parmi eux des terroristes supposés, des trafiquants de drogue et des dirigeants palestiniens. Un calendrier est fourni pour chaque année entre 2008 et 2012.

(U) Manhunting Timeline 2010

TOP SECRET//SI/TK//NOFORN

Jump to: navigation, search

Main article: *Manhunting*

See also: *Manhunting Timeline 2011*
See also: *Manhunting Timeline 2009*
See also: *Manhunting Timeline 2008*

(U) The following **manhunting operations took place in Calendar Year 2010**:

[edit] (U) November   ❶

Contents

---

1. (U) Chasse à l'homme – Chronologie 2010. Article principal : Chasse à l'homme. Voir aussi : Chasse à l'homme – Chronologie 2011. Voir aussi : Chasse à l'homme – Chronologie 2009. Voir aussi : Chasse à l'homme – Chronologie 2008. (U) Les opérations de chasse à l'homme suivantes ont eu lieu au cours de l'année calendaire 2010. (U) Novembre. Contenus

Un document à part contient un résumé d'un échange de juillet 2011 posant la question de savoir si WikiLeaks, ainsi que le site pirate de partage en ligne Pirate Bay, pouvaient être qualifiés d'«"acteur étranger ayant l'intention de nuire", à des fins de ciblage». Cette désignation permettrait une surveillance électronique très complète de ces groupes, y compris de ressortissants américains. La discussion apparaît dans une liste ouverte de «Questions & Réponses» où des responsables du bureau de Supervision et de Contrôle de conformité (NOC) du NTOC (le Threat Operations Center, Centre opérationnel de traitement des menaces de la NSA) et du Bureau des affaires juridiques (OGC) de la NSA fournissent des réponses aux questions formulées.

[edit] (U) United States, Australia, Great Britain, Germany, Iceland

(U) The United States on 10 August urged other nations with forces in Afghanistan, including Australia, United Kingdom, and Germany, to consider filing criminal charges against Julian Assange, founder of the rogue Wikileaks Internet website and responsible for the unauthorized publication of over 70,000 classified documents covering the war in Afghanistan. The documents may have been provided to Wikileaks by Army Private First Class Bradley Manning. The appeal exemplifies the start of an international effort to focus the legal element of national power upon non-state actor Assange, and the human network that supports Wikileaks.[16]

❶

---

1. (U) États-Unis, Australie, Grande-Bretagne, Allemagne, Islande. (U) Le 10 août, les États-Unis ont insisté auprès d'autres nations ayant déployé des troupes en Afghanistan, notamment l'Australie, le Royaume-Uni et l'Allemagne, pour qu'elles envisagent de lancer des poursuites pénales contre Julian Assange, fondateur d'un site Internet incontrôlable, responsable de la publication non autorisée de plus de 70 000 documents classifiés couvrant la guerre en Afghanistan. Ces documents ont pu être transmis à WikiLeaks par le soldat Bradley Manning, première classe de l'Armée de terre. Cet appel est l'exemple d'un début de réponse internationale concertée, visant à centrer l'instance juridique des pouvoirs nationaux sur Assange, un acteur non étatique, et le réseau humain qui soutient WikiLeaks.

Un autre échange de cet ordre, en 2011, montrait que la perspective d'enfreindre les règles de la surveillance laissait la NSA de marbre. Dans ce document, un opérateur s'écrie « j'ai loupé mon coup », après avoir ciblé un ressortissant américain en lieu et place d'un étranger. La réponse du bureau de la Supervision et du bureau des Affaires juridiques fut : « aucune raison de s'inquiéter ».

[edit] (TS//SI//REL) Malicious foreign actor == disseminator of US data?

Can we treat a foreign server who stores, or potentially disseminates leaked or stolen US data on it's server as a 'malicious foreign actor' for the purpose of targeting with no defeats? Examples: WikiLeaks, thepiratebay.org, etc.

NOC/OGC RESPONSE: Let us get back to you. (Source #001)   ❶

---

1. (TS//SI//REL) Acteur étranger ayant l'intention de nuire = disséminateur de données US ? Pouvons-nous traiter un serveur situé à l'étranger qui stocke, ou qui a le potentiel de disséminer depuis ses terminaux des données des États-Unis fuitées ou volées comme un « acteur étranger ayant l'intention de nuire » dans le but de le cibler sans risque d'échec ? Exemples : WikiLeaks, thepiratebay. org, etc. RÉPONSE DU NOC/OGC : Nous vous recontacterons là-dessus. (Source #001)

[edit] (TS//SI//REL) Unknowingly targeting a US person

I screwed up...the selector had a strong indication of being foreign, but it turned out to be US...now what?

NOC/OGC RESPONSE: With all querying, if you discover it actually is US, then it must be submitted and go in the OGC quarterly report...'but it's nothing to worry about'. (Source #001) ❶

1. (TS//SI//REL) Ciblage par erreur d'un ressortissant américain
J'ai loupé mon coup... le sélecteur présente tous les signes extérieurs d'un ressortissant étranger, mais il s'avère que c'est un Américain... et maintenant? RÉPONSE DU NOC/OGC : Après recherches approfondies, si vous découvrez qu'il s'agit en réalité d'un individu US, il faut le signaler et le mentionner dans le rapport trimestriel de l'OGC... «mais il n'y a aucune raison de s'inquiéter» (Source #001)

Le traitement réservé à Anonymous, ainsi qu'à la catégorie d'individus un peu vague qualifiée d'«hacktivistes», est particulièrement troublant et extrême. C'est parce qu'«Anonymous» ne constitue pas un groupe véritablement structuré, mais un conglomérat d'individus à l'organisation floue, réunis autour d'une idée : on adhère à Anonymous sur la base des positions qu'on défend. Pis encore, la catégorie d'«hacktivistes» n'a pas de signification arrêtée : elle peut désigner l'utilisation de techniques de programmation susceptibles de saper la sécurité et le fonctionnement d'Internet, mais elle peut aussi se référer à quiconque utilise des outils en ligne pour défendre des idéaux politiques. Que la NSA prenne pour cible des catégories d'individus aussi larges équivaut à peu près à espionner n'importe qui n'importe où, y compris aux États-Unis – tout individu dont le gouvernement juge que les idées constituent une menace.

Gabrielle Coleman, spécialiste d'Anonymous à l'université McGill de Montréal, expliquait que le groupe «n'est pas [une entité] définie» mais plutôt «une idée qui mobilise des activistes pour entreprendre des actions collectives et exprimer un mécontentement politique. C'est un mouvement social mondial à base large sans structure de direction organisée, centralisée ou officielle. Certains se sont ralliés autour de ce nom pour s'engager dans la désobéissance civile numérique, sans rien qui ressemble de près ou de loin à du terrorisme». La majorité de ceux qui ont adhéré à cette idée l'ont fait

« surtout pour trouver un moyen d'expression politique ordinaire. Cibler Anonymous et les hacktivistes revient à cibler des citoyens parce qu'ils ont exprimé leurs convictions politiques, ce qui finit par étouffer tout dissentiment légitime », affirmait encore Gabrielle Coleman.

Pourtant, Anonymous a été l'objet des tactiques les plus controversées et les plus radicales qu'on ait jamais mises en œuvre en matière d'espionnage : « opérations en *false flag*, sous faux pavillon », « pièges à miel », virus et autres attaques, stratégies de tromperie, et « *info ops*, ou opérations d'information destinées à porter atteinte à des réputations[1] ».

Une diapositive PowerPoint, présentée par des responsables de la surveillance du GCHQ, lors de la Conférence SIgDev de 2012, décrit deux formes d'attaque : les « *information ops* (influence ou déstabilisation) » et la « déstabilisation technique ». Le GCHQ se réfère à ces mesures en tant qu'« Online Covert Action » (OCA) [Action en ligne sous couverture], qui visent à atteindre ce que le document appelle « les 4 D : Dénier/Déstabiliser/Dégrader/Doubler ».

---

1. En langage militaire, les opérations sous faux pavillon (*false flags*) désignent une manœuvre d'infiltration sous l'uniforme de l'ennemi. Les plus célèbres furent en 1939, l'incident de Gleiwitz, monté par les Allemands pour justifier l'invasion de la Pologne et, en 1944, durant l'offensive des Ardennes, l'infiltration des lignes américaines par les SS d'Otto Skorzeny en uniformes de GI's. Les « pièges à miel », ou *honey traps*, sont des opérations de recrutements d'espions ou de retournement d'individus-cibles placés dans des situations compromettantes (séduction, promesses d'ordre sexuel, etc.). Les *info ops*, appellation également issue du langage militaire, sont des opérations de diffusion de fausses informations.

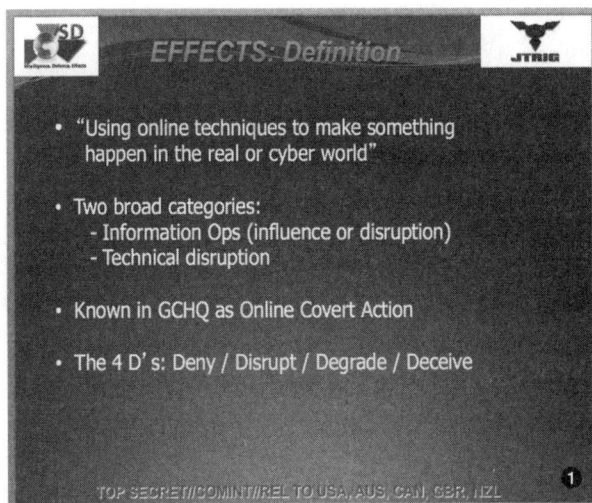

1. Effets Définition. «Utiliser des techniques en ligne pour provoquer un événement dans le monde réel ou le cyber-monde». Deux catégories principales : Information Ops (influence ou déstabilisation), Déstabilisation technique. Connue au GCHQ sous l'appellation d'Action en ligne sous couverture. Les 4 D : Dénier/Déstabiliser/Dégrader/Doubler.

Une autre diapositive décrit les tactiques employées pour «discréditer une cible». Elles comprennent le «montage d'un piège à miel», «la modification des photos publiées par le sujet sur les sites des réseaux sociaux», «la rédaction d'un blog présenté comme étant de la main d'une des victimes du sujet» et «l'envoi d'e-mail/SMS à ses collègues, voisins, amis, etc.».

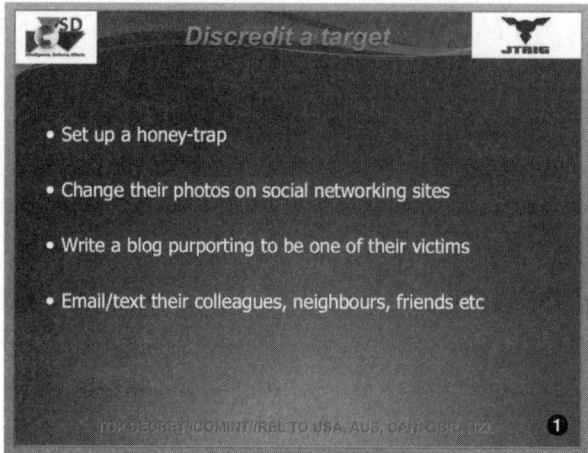

1. Discréditer une cible : monter un piège à miel, changer les photos publiées sur les sites des réseaux sociaux, écrire un blog présenté comme étant de la main d'une de ses victimes, e-mail/SMS à ses collègues, voisins, amis, etc.

Dans les notes d'accompagnement, le GCHQ explique que le «piège à miel» – une vieille tactique de la guerre froide impliquant de séduisantes jeunes femmes qui s'arrangent pour attirer des cibles masculines dans des situations compromettantes susceptibles ensuite de les discréditer – a été remis au goût de l'ère numérique : une cible est attirée sur un site compromettant ou sur un site de rencontres en ligne. Avec ce commentaire ajouté : «excellent choix. Très efficace quand ça marche». De la même manière, des méthodes traditionnelles d'infiltration de groupe s'effectuent maintenant en ligne :

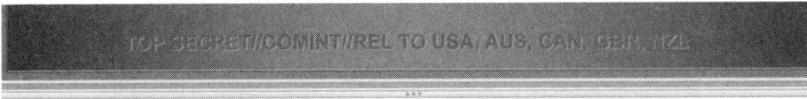

CK
Honey-trap; a great option. Very successful when it works.
- Get someone to go somewhere on the internet, or a physical location to be met by a "friendly face".
- JTRIG has the ability to "shape" the environment on occasions.

Photo change; you have been warned, "JTRIG is about!!"
Can take "paranoia" to a whole new level.

Email/text:
 - Infiltration work.
 - Helps JTRIG acquire credibility with online groups etc.
 - Helps with bringing SIGINT/Effects together. ❶

1. CK. Piège à miel ; excellent choix. Très efficace quand ça marche. Convaincre quelqu'un de se rendre quelque part sur Internet, ou sur un lieu physique pour y rencontrer un « visage amical ». JTRIG[1] a la capacité de « modeler » l'environnement en certaines occasions. Changement des photos ; vous avez été prévenu, « JTRIG est passé par là ! » Peut porter la « paranoïa » à un tout autre niveau. E-mail/SMS : travail d'infiltration, aide le JTRIG à gagner en crédibilité auprès des groupements en ligne, etc., aide à rassembler les SIGINT/Effets.

Une autre technique implique d'empêcher « quelqu'un de communiquer ». Pour ce faire, l'agence « bombarde son téléphone de SMS », « bombarde son téléphone d'appels », « supprime sa présence en ligne » et « engorge son télécopieur ».

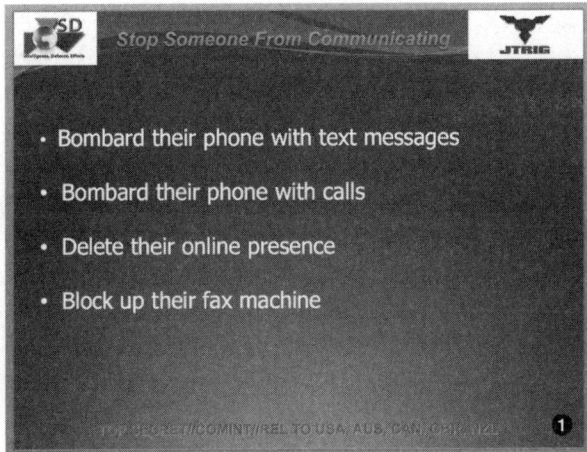

1. Empêcher quelqu'un de communiquer : bombarder son téléphone de SMS, bombarder son téléphone d'appels, supprimer sa présence en ligne, engorger son télécopieur.

---

1. Le Joint Threat Research Intelligence Group (Groupe intégré de renseignement et de recherche sur la menace, JTRIG) est une unité du GCHQ en charge des « coups tordus ». En 2011, le JTRIG lança contre le serveur d'Anonymous une attaque en déni de service (DoS). C'est Snowden qui révéla l'existence du JTRIG.

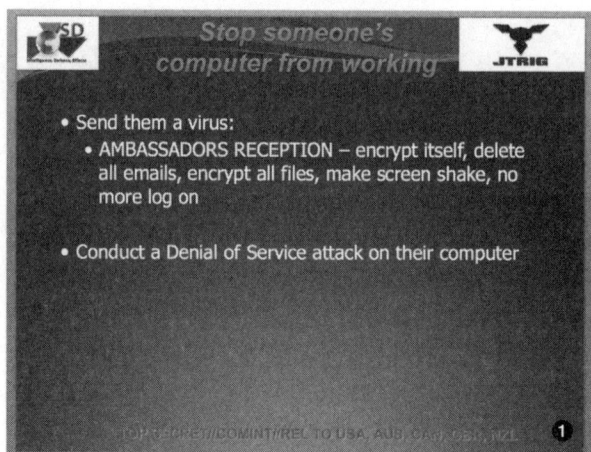

1. Empêcher l'ordinateur d'une cible de fonctionner : lui envoyer un virus (AMBAS-SADORS RECEPTION[1] – se crypte tout seul, supprime tous les e-mails, crypte tous les fichiers, fait trembler l'image à l'écran, rend toute ouverture de session impossible), mener une attaque en déni de service (DoS) contre l'ordinateur de la cible.

Au lieu de ce qu'il appelle «les voies judiciaires tradition-nelles» comme la collecte de preuves, les tribunaux et les poursuites, le GCHQ aime aussi employer des techniques de «déstabilisation». Dans un document intitulé «Cyber Offen-sive Session : Pushing the Boundaries and Action Against Hacktivism» [Session de Cyber-offensive : Repousser les limites et agir contre l'hacktivisme], le GCHQ traite de son ciblage des «hacktivistes» avec, ô paradoxe, des «attaques en déni de service», une tactique d'ordinaire associée aux hackers :

---

1. Ce virus informatique a été utilisé par le GCHQ « dans divers domaines ».

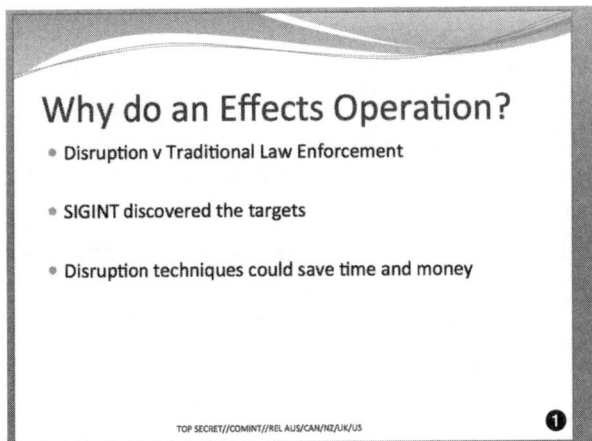

1. Pourquoi mener une opération basée sur les Effets[1] ? Déstabilisation *vs.* voies judiciaires traditionnelles. SIGINT : découverte de cibles. Techniques de déstabilisation qui peuvent économiser du temps et de l'argent.

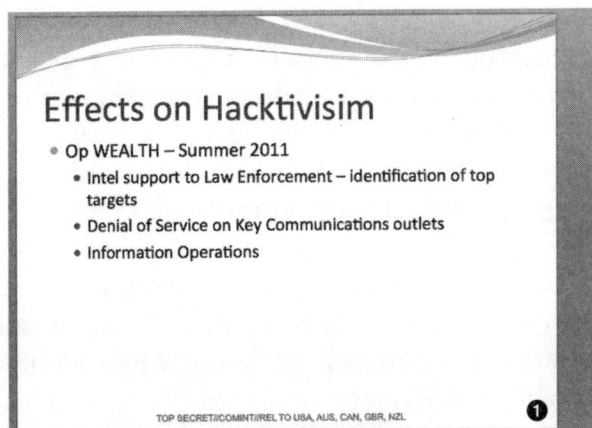

1. Effets sur l'hacktivisme. Op WEALTH – Été 2011 : soutien du renseignement à la voie judiciaire – identification des cibles principales, attaques en déni de service contre des organes de communication clef, opérations d'information.

---

1. Élément de doctrine militaire américaine, décliné dans le domaine des opérations sous couverture : « Plutôt que de se concentrer sur la manière dont les actions planifiées sont exécutées », elles consistent à « déterminer et à prévoir les changements possibles dans le comportement des principaux intervenants, afin de trouver les occasions de créer les effets recherchés. [...] les décideurs doivent se demander si « l'on fait les choses correctement », mais également si « l'on fait les choses correctes », en partageant et en analysant « en temps utile des informations provenant de toute une série de sources. » (Source : OTAN.)

L'agence de surveillance britannique utilise aussi une équipe de spécialistes des sciences humaines, notamment des psychologues, pour développer des techniques d'«UMINT [human intelligence] en ligne» et de «déstabilisation stratégique d'influence». Le document «The Art of Deception : Training of New Generation of Online Overt Operations» [L'Art de tromper : former une nouvelle génération d'opérations ouvertes en ligne] traite de ces tactiques. Préparé par le HSOC [Human Science Opération Cell, Cellule d'opération sciences humaines] de l'agence, il affirme puiser dans la sociologie, la psychologie, l'anthropologie, les neurosciences et la biologie, entre autres domaines, pour maximiser les techniques de tromperie en ligne du GCHQ.

Une diapositive montre comment s'engager dans la «Dissimulation – Cacher le réel», tout en propageant la «Simulation – Montrer le faux». On y examine «les fondements psychologiques de la tromperie» et la «carte des technologies» utilisées pour mener à bien ces subterfuges, notamment «Facebook, Twitter, LinkedIn et les pages Web».

Soulignant que les «gens prennent des décisions pour des raisons émotionnelles et non rationnelles», le GCHQ part du principe que le comportement en ligne est alimenté par le «mimétisme» («lorsqu'ils sont en relation de réciprocité, les gens se copient les uns les autres»), l'«accommodation» et l'«imitation» («l'adoption par le communicateur de traits sociaux spécifiques émanant de l'autre participant»).

Le document expose ensuite ce qu'il appelle le Manuel opérationnel de la déstabilisation. Cela comprend «des opérations d'infiltration», des «opérations de ruse», des «opérations sous faux pavillon» et des «opérations de coup monté». Le texte souhaite un «complet déploiement» du programme de déstabilisation «d'ici début 2013» quand «150 agents et plus [seront] entièrement formés».

SECRET//SI//REL TO USA, FVEY

DISRUPTION
Operational
Playbook

• Infiltration Operation
• Ruse Operation
• Set Piece Operation
• False Flag Operation
• False Rescue Operation
• Disruption Operation ❶
• Sting Operation

1. Déstabilisation -Manuel opérationnel : opérations d'infiltration, opérations de ruse, opérations planifiées, opérations sous faux pavillon, opérations de coup monté.

Sous le titre «Techniques Miracle & Expérimentation», le document référence la «Légitimation de la violence», «Construire dans l'esprit des cibles une expérience qui doit être acceptée, pour qu'ils ne se rendent compte de rien» et «optimiser les canaux de la tromperie».

Ces types de plans gouvernementaux pour surveiller et influencer les communications sur Internet et disséminer de fausses informations en ligne prêtent depuis longtemps à conjectures. Cass Stunstein, professeur à la faculté de droit de Harvard, proche conseiller d'Obama, ancien directeur du Bureau d'information et des affaires réglementaires de la Maison-Blanche, et nommé au sein de la commission consultative de la Maison-Blanche d'examen des activités de la NSA, rédigea en 2008 un article controversé proposant que le gouvernement américain emploie des équipes d'agents sous couverture et d'acteurs «pseudo-indépendants» afin de «procéder à une infiltration cognitive» des groupes en ligne, des salons de discussion, des réseaux sociaux et de sites Internet, ainsi que des groupes d'activistes hors ligne.

Ces documents du GCHQ montrent pour la première fois que ces techniques controversées pour tromper et nuire à une réputation sont passées du stade de la proposition à celui de la mise en application.

Tout ici tend à mettre en lumière le marché implicite qui est offert aux citoyens : ne remettez rien en question et vous n'aurez rien à craindre. Occupez-vous de vos affaires, et soutenez, ou du moins tolérez ce que nous faisons, et tout ira bien. En d'autres termes, si vous souhaitez rester vierge de toute accusation, vous devez éviter de provoquer les autorités qui manient ces pouvoirs de surveillance. C'est un marché qui invite à la passivité, à l'obéissance et à la conformité. L'option la plus sûre, le moyen d'avoir la garantie qu'on vous «laisse tranquille», c'est de garder le silence, de ne pas se montrer menaçant et de rester docile.

Pour beaucoup, ce marché reste un marché acceptable, et il suffit à persuader la majorité des citoyens que cette surveillance est inoffensive, voire bénéfique. Ces citoyens se croient trop anonymes, trop banals pour attirer l'attention du gouvernement. «Je doute sérieusement que la NSA s'intéresse à moi», voilà le type de propos que j'ai pu entendre. «S'ils veulent écouter ma vie, qui est si ennuyeuse, libre à eux.» Ou encore : «La NSA ne va pas s'intéresser à ta grand-mère qui discute de ses recettes ou de ton papa qui planifie son prochain parcours de golf.»

Ces gens ont fini par se convaincre qu'ils ne seront eux-mêmes jamais personnellement visés et, dès lors, ils nient ce qui se passe, ils s'en moquent, ou sont même disposés à y apporter leur franc soutien.

Peu après l'éclatement de cette affaire de la NSA, lors d'une interview, le présentateur de MSNBC Lawrence O'Donnell se gaussait de l'idée d'une agence en «grand monstre terrifiant de la surveillance». Résumant son point de vue, il concluait : «Mon sentiment jusqu'à présent, c'est que… Je n'ai pas peur… le fait que le gouvernement collecte [des données] à une échelle aussi gigantesque, aussi massive, signifie qu'il lui est encore plus difficile de retrouver ma trace… et puis rien chez moi ne les incite à venir me chercher. Et donc, à ce stade, je ne me sens absolument pas menacé par tout ceci.»

Hendrick Herzberg, du *New Yorker*, revendiquait aussi une conception bien inoffensive du système de la NSA, concédant qu'il y «a des raisons de s'inquiéter du caractère disproportionné des interventions de l'agence de renseignement, d'un goût excessif du secret et d'un manque de transparence», mais «il y a aussi de bonnes raisons de garder son calme», soulignant en particulier le fait que cette menace qui pèse sur «les libertés civiles reste en tant que telle abstraite, conjoncturelle, imprécise». Et le chroniqueur du *Washington Post*, Ruth Marcus, dénigrant les craintes relatives aux pouvoirs de la NSA, annonçait – propos absurde – : «J'ai la quasi-certitude que mes métadonnées n'ont fait l'objet d'aucun examen.»

Il est un aspect important sur lequel O'Donnell, Hertzberg et Marcus ont raison. Il est juste en effet de dire qu'«absolument rien n'incite le gouvernement américain» à cibler des gens comme eux, pour qui la menace d'un État de surveillance «reste en tant que telle abstraite, conjoncturelle, imprécise». C'est parce que les journalistes qui consacrent leur carrière à vénérer le dirigeant le plus puissant de leur pays – le président, qui est le commandant en chef de la NSA – et à défendre son parti politique risquent rarement, fût-ce même jamais, de s'aliéner ceux qui sont au pouvoir.

Certes, les soutiens zélés, loyaux du président et de ses politiques, tous de bons citoyens qui n'ont rien à leur détriment qui soit susceptible d'attirer l'attention des puissants, n'ont aucune raison de redouter cet État de surveillance. C'est le cas dans toute société : ceux qui ne constituent aucun défi sont rarement ciblés par les mesures répressives et, de leur point de vue, ils peuvent ensuite se laisser convaincre que l'oppression n'existe pas réellement. Mais ce qui permet véritablement de mesurer le degré de liberté d'une société dépend de la manière dont elle traite ses opposants et d'autres groupes marginalisés, et non du sort qu'elle réserve à ses loyalistes fervents. Même dans les pires tyrannies du monde, les soutiens zélés sont immunisés contre les abus du pouvoir d'État. Dans l'Égypte de Moubarak, c'étaient ceux qui descendaient dans la rue pour réclamer sa destitution qui se faisaient arrêter, torturer, tirer dessus; les partisans du *raïs* et les gens qui restaient tranquillement chez eux ne risquaient rien. Aux États-Unis, c'étaient les dirigeants de la NAACP, les communistes et les militants des droits civils et hostiles à la guerre qui étaient visés par la surveillance de Hoover, et non les citoyens qui se conduisaient sagement et restaient muets face à l'injustice sociale.

Nous ne devrions pas être tenus de nous comporter en soutiens fidèles et loyaux des puissants pour nous sentir à l'abri de l'État de surveillance. Et le prix de l'immunité ne devrait pas être de s'abstenir de toute opposition contradictoire ou de toute incitation à réagir. Il ne faut pas avoir à souhaiter une société où le message sera qu'on vous laissera tranquille à la seule condition que vous imitiez la docilité et le conformisme d'un chroniqueur médiatique de l'establishment de Washington.

Quoi qu'il en soit, le sentiment d'immunité de telle ou telle couche sociale relève de l'illusion. Cela apparaît clairement dès que l'on constate à quel point l'appartenance à un parti façonne le sentiment qu'ont ou non les individus d'être exposés à un état de surveillance. La conclusion qui s'en dégage, c'est que les fervents supporters d'hier peuvent rapidement devenir les opposants de demain.

À l'époque de la controverse autour des écoutes sans mandat de la NSA, en 2005, l'immense majorité des progressistes et des démocrates considéraient cette surveillance comme une menace. Ce n'était là en partie que pure gesticulation partisane : George W. Bush occupait la Maison-Blanche et les démocrates voyaient là une occasion de lui nuire politiquement, ainsi qu'à son parti. Mais leurs craintes n'en étaient pas moins sincères, et dans une mesure non négligeable : parce qu'ils jugeaient Bush mal intentionné et dangereux, ils percevaient l'État de surveillance placé sous son contrôle comme tout aussi dangereux et, en tant qu'opposants politiques, se sentaient particulièrement exposés. En revanche, les républicains avaient une perception plus inoffensive ou plus favorable des agissements de la NSA. À l'inverse, en décembre 2013, démocrates et progressistes s'étaient transformés en principaux défenseurs de la NSA.

D'abondants résultats de sondages reflétaient ce virage. Fin juillet 2013, l'institut Pew Research Center publiait une enquête montrant que la majorité des Américains ne prêtaient aucun crédit aux arguments fournis pour justifier les actions de l'agence. En particulier, «une majorité d'Américains – 56 % –

estimaient que les tribunaux fédéraux n'avaient pas su imposer des limites adéquates au périmètre des données téléphoniques et Internet que le gouvernement collectait dans le cadre de ses politiques antiterroristes». Et «un pourcentage encore plus important (70%) croit que le gouvernement utilise ces données à des fins autres que des investigations contre le terrorisme». Qui plus est, «63% pensent que le gouvernement rassemble aussi des informations sur le contenu des communications».

L'aspect le plus remarquable, c'est que les Américains considéraient maintenant le danger de la surveillance comme un plus grave sujet de préoccupation que le péril terroriste :

> Au total, ils sont 47% à considérer que leur plus grand sujet de préoccupation concernant les politiques antiterroristes du gouvernement tient au fait qu'elles sont allées trop loin dans la restriction des libertés civiles du citoyen ordinaire, alors qu'ils sont 35% à se dire plus préoccupés de ce que ces politiques ne sont pas allées assez loin dans la protection du pays. C'est la première fois, dans une enquête Pew Research, depuis que nous avons commencé à poser cette question en 2004, que les personnes interrogées expriment davantage d'inquiétude par rapport aux libertés civiles que par rapport à la protection contre le terrorisme.

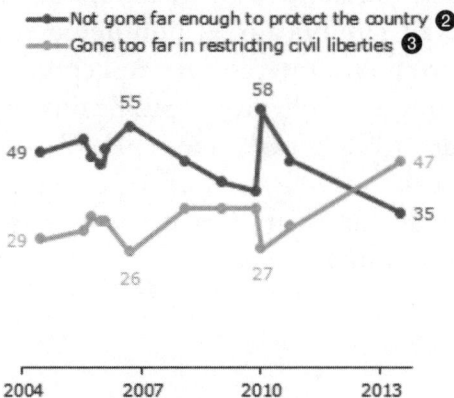

1. Les politiques antiterroristes du gouvernement... 2. Ne sont pas allées assez loin pour protéger le pays. 3. Sont allées trop loin dans la restriction des libertés civiles.

Les chiffres de ce sondage étaient porteurs d'une bonne nouvelle pour tous ceux que les abus de pouvoir du gouvernement et l'exagération chronique du péril terroriste alarmaient. Mais ils mettaient en lumière un renversement éloquent : les républicains qui, sous Bush, étaient les défenseurs de la NSA, avaient été supplantés dans ce rôle par les démocrates dès que le programme de surveillance était passé sous l'autorité du président Obama, issu de leur famille politique. « Au plan national, on constate davantage de soutien au programme de collecte de données du gouvernement parmi les démocrates (57 % l'approuvent) que parmi les républicains (44 %). »

Des chiffres similaires d'un sondage commandé par le *Washington Post* révélaient que les conservateurs étaient bien plus préoccupés que les progressistes par l'espionnage auquel se livrait la NSA. À la question, « en quoi êtes-vous préoccupés, si vous l'êtes, par la collecte et l'utilisation de vos informations personnelles par l'Agence de sécurité nationale ? », 48 % des conservateurs se disaient « très préoccupés », par rapport à 26 % seulement des progressistes. Ainsi que le soulignait Orin Kerr, professeur de droit à l'université George Washington, spécialiste des questions de criminalité informatique et de surveillance, cela représentait un changement fondamental : « Par rapport à 2006, quand le président était républicain, et non démocrate, cela constitue un renversement intéressant. À l'époque, un sondage Pew constatait que 75 % des républicains approuvaient la surveillance de la NSA, mais que seuls 37 % des démocrates l'approuvaient. »

Ce tableau de l'institut Pew montre clairement ce glissement de l'opinion :

Partisan Shifts in Views of NSA Surveillance Programs ❶

Views of NSA surveillance programs
(See previous table for differences in question wording) ❷

	January 2006		June 2013	
	Accept-able %	Un-acceptable %	Accept-able %	Un-acceptable %
Total	51	47	56	41
Republican	75	23	52	47
Democrat	37	61	64	34
Independent	44	55	53	44

PEW RESEARCH CENTER June 6-9, 2013. Figures read across. Don't know/Refused responses not shown. ❸

1. Changements d'opinion sur les programmes de surveillance de la NSA, en fonction du parti. 2. Opinions sur les programmes de surveillance de la NSA (pour les différences de formulation des questions, voir tableau précédent). 3. PEW RESEARCH CENTER 6-9 juin 2013. Chiffres à lire horizontalement. Réponses «ne sait pas/refuse de répondre» non mentionnées.

De la même manière, sur les arguments pour ou contre la surveillance, il y a eu aussi passage de témoin. Ainsi, la collecte de métadonnées en vrac par la NSA était dénoncée par un sénateur dans l'émission *The Early Show* en 2006, en ces termes :

> Je n'ai pas besoin d'écouter vos appels téléphoniques pour savoir ce que vous faites. Si je suis informé de tous les appels que vous avez passés, je suis en mesure d'identifier chacun de vos interlocuteurs. Je peux me constituer là un schéma de votre existence qui est très, très intrusif. [...] Et la véritable question reste celle-ci : que font-ils de ces informations qu'ils récoltent et qui sont sans aucun rapport avec Al-Qaïda? [...] Et nous allons nous fier au président et au vice-président des États-Unis pour qu'ils agissent comme il convient? Ne comptez pas sur moi là-dessus.

Ce sénateur, qui attaquait si vivement la collecte des métadonnées, s'appelait Joe Biden. Depuis lors, en sa qualité de vice-président, il fait partie de l'administration démocrate qui avance les mêmes arguments autrefois tournés en dérision.

Le point majeur n'est pas tant ici que les politiques, en fonction de leur parti, aient tendance à agir en hypocrites dépourvus de principes et de réelles convictions, hormis celle d'une soif de pouvoir, même si cet aspect est certainement bien réel. Il y a plus important : de telles déclarations révèlent la nature de la perception qu'ont les uns et les autres de l'État de surveillance. Comme pour tant d'injustices, les gens acceptent volontiers de faire abstraction des craintes d'intrusion gouvernementale, dès lors qu'ils croient que ceux qui se trouvent être aux commandes du pouvoir sont bien intentionnés et dignes de confiance. Ils jugent la surveillance dangereuse ou méritant qu'on s'en soucie quand ils sont eux-mêmes perçus comme une source de menace ou d'hostilité.

C'est souvent comme cela qu'on renforce le pouvoir de manière radicale, en persuadant les gens de ce que ces pouvoirs accrus n'affectent qu'un groupe spécifique et tout à fait circonscrit. Négliger les lacunes évidentes d'une telle position au plan moral – nous ne négligeons pas le racisme parce qu'il touche une minorité, et nous ne faisons pas fi de la faim dans le monde au motif que nos assiettes sont pleines – reste toujours une position à courte vue.

L'indifférence ou même le soutien de ceux qui se croient immunisés contre les abus de pouvoir étatiques permet invariablement à ces abus de s'étendre bien au-delà de leur domaine d'application originel, jusqu'à ce qu'ils deviennent immaîtrisables – une évolution inévitable. Les exemples de ce type sont innombrables, mais le plus récent et le plus marquant reste peut-être l'exploitation qui a été faite du Patriot Act. Après le 11-Septembre, convaincu par l'argument qu'à l'avenir ce texte permettrait de détecter et de prévenir de futures attaques, un Congrès quasi unanime approuvait ce renforcement massif des pouvoirs de surveillance et de détention.

Implicitement, on supposait que ces pouvoirs seraient principalement dirigés contre les musulmans liés au terrorisme – un cas classique d'expansion étatique, confinée à un groupe bien précis, engagé dans des actions bien spécifiques –, et c'est l'une des raisons pour lesquelles cette mesure reçut un soutien si écrasant. Mais ce qui se produisit ensuite fut très différent : le Patriot Act a été appliqué bien au-delà de son objet déclaré. En fait, depuis son adoption, dans l'immense majorité des cas, il a été utilisé dans des dossiers sans relation aucune avec le terrorisme ou la sécurité nationale des États-Unis. Le magazine *New York* révéla que de 2006 à 2009, la disposition dite d'«enquête furtive» (*sneak and peek*) de la loi (le permis d'exécuter un mandat de perquisition sans que la personne visée en soit immédiatement informée) a été utilisée dans 1 618 affaires liées au trafic de drogue, dans 122 affaires de fraude, et dans seulement 15 dossiers relatifs au terrorisme.

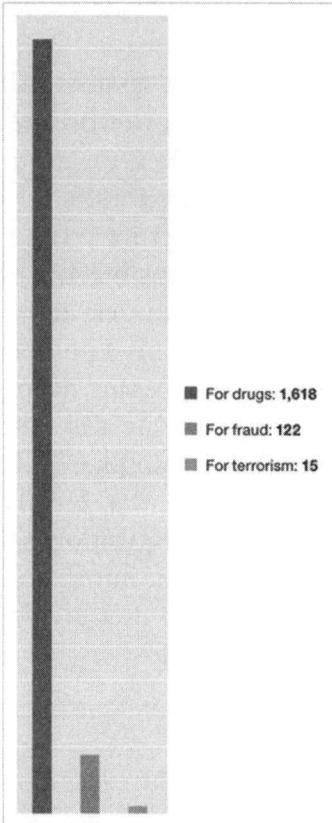

P2: Sneak-and-Peek

Delayed-notice search warrants issued under the
expanded powers of the Patriot Act, 2006–2009. ❶

1. P2 : Perquisition furtive ou « coup d'œil ». Mandats de perquisition avec préavis émis en vertu des pouvoirs élargis du Patriot Act, 2006-2009.

Une fois que les citoyens dans leur ensemble acquiescent à ce nouveau pouvoir, en croyant qu'il ne les affectera pas, celui-ci est institutionnalisé et légitimé, et toute objection devient impossible. En fait, la leçon capitale qu'avait retenue Frank Church en 1975, c'était toute l'étendue du danger que faisait peser la surveillance de masse. Dans une interview à l'émission *Meet the Press*, il déclarait :

À tout moment, cette capacité pourrait être retournée contre le peuple américain et plus aucun Américain n'aurait de vie privée, tant est grande cette capacité de tout surveiller – conversations téléphoniques, télégrammes, et autres. Il n'y aurait plus nulle part où se cacher. Si ce gouvernement devait se transformer en tyrannie [...], les moyens technologiques que la communauté du renseignement a fournis à l'État pourraient lui permettre d'imposer une tyrannie totale, et il n'y aurait aucun moyen d'y résister car même les tentatives les mieux pensées pour s'unir dans la résistance [...] seraient à la portée du gouvernement, qui aurait alors les moyens de savoir.

Dans un article au *New York Times* en 2005, James Bamford observait que la menace de la surveillance d'État était bien plus extrême aujourd'hui qu'elle ne l'était dans les années 1970 : «Avec des gens qui expriment leurs pensées les plus intimes par e-mail, qui font circuler leur dossier médical ou leurs relevés financiers sur Internet, et qui sont constamment pendus à leur téléphone portable, cette agence a pratiquement la possibilité d'entrer dans la tête des gens.»

La crainte de Church, que toute cette capacité de surveillance «pourrait être retournée contre le peuple américain», c'est précisément ce que la NSA fit après le 11-Septembre. Quoique opérant dans le cadre du Foreign Intelligence Surveillance Act [la loi régissant la surveillance en matière de renseignement extérieur] et malgré l'interdiction de toute forme d'espionnage intérieur, elle centre désormais la plupart de ses activités de surveillance vers les citoyens américains, sur le sol américain.

Même en l'absence de tout abus, et même si l'on n'est pas visé à titre personnel, l'existence d'un État de surveillance qui «collecte tout» est nuisible pour la société et pour les libertés politiques en général. Tant aux États-Unis que dans d'autres nations, tous les progrès de la société n'ont pu être réalisés qu'à travers l'aptitude à défier le pouvoir et les autorités et à s'ouvrir à de nouvelles façons de penser et de vivre. Dès que la crainte d'être surveillé étouffe la liberté, tout le monde souffre, même ceux qui ne s'engagent pas dans la voie de l'opposition dissidente ou de l'activisme politique. Hendrick Hertzberg, qui minimisait ces inquiétudes relatives aux programmes de la NSA, reconnaissait néanmoins que « le mal est fait. Ce mal est d'ordre civique. Ce mal est d'ordre collectif. Ce mal touche à la structure même de la confiance et de la responsabilité qui est au fondement d'une société ouverte et d'un régime démocratique ».

Les partisans déclarés de la surveillance ne proposent au fond qu'un seul argument pour en défendre le principe : on n'opère cette surveillance de masse que pour contrer le terrorisme et assurer la sécurité des personnes. Depuis plus de dix ans maintenant, le gouvernement américain a invoqué le péril terroriste pour justifier toute une série d'actions radicales, de la torture à l'invasion de l'Irak. En fait, historiquement, invoquer une menace extérieure est l'une des tactiques de prédilection qui sert à maintenir les populations dans la soumission aux pouvoirs étatiques. Or, dans le cas de la surveillance, tout tend à prouver que ces protestations d'efficacité sont plus que sujettes à caution.

Pour commencer, la plus grande part de la collecte de métadonnées à laquelle se livre la NSA est manifestement sans rapport aucun avec le terrorisme ou la sécurité nationale. Intercepter les communications du géant pétrolier Petrobras ou espionner des séances de négociation lors d'un sommet économique, ou bien encore cibler les dirigeants d'États alliés n'a aucun lien avec le terrorisme. L'agence elle-même stipule qu'une partie de sa mission consiste à espionner pour en retirer des avantages au plan économique ou diplomatique. Au vu du type de surveillance auquel elle procède véritablement, contrer le terrorisme n'est donc plus qu'un prétexte.

Qui plus est, l'argument selon lequel cette surveillance aurait permis de démanteler plusieurs complots terroristes – une affirmation reprise par le président Obama et par toute une brochette de hauts responsables de la sécurité nationale des États-Unis – s'est révélé faux. Comme le soulignait le

Washington Post en décembre 2013, dans un article intitulé «Official's defenses of NSA phone program may be unraveling» [« Les justifications des hauts responsables du programme d'écoutes téléphoniques de la NSA pourraient se déliter»], un juge fédéral déclarait le programme de collecte de métadonnées téléphoniques «presque certainement» anticonstitutionnel, ajoutant au passage que le département de la Justice s'était avéré incapable de «citer une seule circonstance où l'analyse de la collecte en vrac de métadonnées par la NSA avait véritablement enrayé une attaque imminente».

Ce même mois, le comité consultatif personnellement choisi par Obama (composé, entre autres, d'un ancien directeur adjoint de la CIA et d'un ancien conseiller de la Maison-Blanche, et réuni pour étudier le programme de la NSA grâce à l'accès à des informations classifiées) concluait que ce programme de collecte de métadonnées «n'était pas essentiel à la prévention d'attaques et que l'on aurait pu aisément obtenir la mise en œuvre [de cette collecte] au moment opportun, en recourant à une ordonnance judiciaire».

Citons encore le *Washington Post*: «Lors de sa déposition devant le Congrès, [Keith] Alexander s'est félicité de ce que ce programme avait contribué à détecter des dizaines de complots tant aux États-Unis qu'à l'étranger», mais le rapport du comité consultatif «entamait profondément la crédibilité de telles affirmations». En outre, ainsi que le déclaraient sans détour les sénateurs Ron Wyden, Mark Udall et Martin Heinrich dans le *New York Times*, la collecte en masse de relevés téléphoniques n'a rien fait pour renforcer la protection de l'Amérique contre la menace du terrorisme.

L'utilité de ce programme de collecte en vrac a été fortement exagérée. Il nous reste à recevoir une preuve quelconque qu'il soit d'une utilité réelle, et vraiment incomparable en matière de protection de la sécurité nationale. En dépit de nos demandes réitérées, la NSA n'a fourni aucune preuve d'une quelconque circonstance où elle ait utilisé ce programme pour examiner des relevés téléphoniques qu'elle n'aurait pu se procurer en s'appuyant sur une ordonnance ordinaire d'un tribunal ou à une autorisation d'urgence.

Une étude de la New America Foundation[1], politiquement située au centre, remettant en cause la véracité des justifications officielles de cette collecte de métadonnées en vrac, s'accordait à penser que ce programme «n'a eu aucun impact perceptible sur la prévention d'actes de terrorisme». Au contraire, comme indiqué dans le *Washington Post*, dans la plupart des cas où il avait pu être mis un terme à des complots, l'étude détermina que «les méthodes d'application de la loi et d'investigation traditionnelles suffisaient à fournir le renseignement ou la preuve nécessaires à l'ouverture d'une enquête».

Le bilan se révèle en effet des plus médiocres. Le système de la «collecte totale» n'a rien fait pour permettre de détecter, et encore moins pour contrecarrer, l'attentat à la bombe du marathon de Boston, en 2012. Il n'a rien fait non plus pour déceler la tentative d'attentat à la bombe, le jour de Noël, à bord d'un avion de ligne au-dessus de Detroit, ou le plan visant à faire sauter Times Square, le projet d'attentat contre le réseau du métro new-yorkais – autant de complots qui ont été enrayés par des passants vigilants ou par les forces de police traditionnelles. Et il n'a certainement rien fait non plus pour prévenir toute une série de fusillades survenues sur le territoire américain, d'Aurora à Newtown[2].

Et malgré les protestations du contraire, la politique intrusive de la NSA n'aurait pas fourni aux services de renseignement de meilleurs outils pour empêcher les attaques du 11-Septembre. Keith Alexander, qui s'exprimait devant une commission du

---

1. Fondée en 1999, la New America Foundation est un institut d'études des politiques publiques et un *think tank* à but non lucratif, non partisan, qui traite de toute une série de sujets, sécurité nationale, technologie, développement des actifs, santé, énergie, éducation et économie.

2. À Aurora, dans le Colorado, en juillet 2012, un tireur abat douze personnes et en blesse soixante-dix à la sortie d'un cinéma. À Newton, dans le Connecticut, en décembre 2012, un tireur abat vingt enfants et six adultes dans une école élémentaire, avant de se suicider.

Congrès américain, put ainsi déclarer : « Je préfère amplement me trouver devant vous aujourd'hui à débattre » de ce
programme « plutôt qu'essayer de vous expliquer pourquoi
nous n'avons pas su empêcher un nouveau 11-Septembre ».
(Ce même argument est repris mot pour mot dans les points
de discussion que la NSA distribuait à ses employés pour les
aider à éluder certaines questions.) L'argument relève de la
propagation de la psychose la plus éculée et la plus fallacieuse
qui soit. Peter Bergen, analyste des questions de sécurité pour la
chaîne CNN, a montré qu'en 2001, la CIA avait reçu de multiples rapports concernant un complot d'Al-Qaïda et « quantité
d'informations sur deux des pirates de l'air et leur présence
aux États-Unis », rapports que « l'agence n'avait partagés avec
d'autres services gouvernementaux qu'au moment où il était
déjà trop tard pour tenter quoi que ce soit ».

Lawrence Wright, l'expert d'Al-Qaïda pour le *New Yorker*,
démythifia l'argument de la NSA, selon lequel la collecte de
métadonnées aurait pu empêcher le 11-Septembre, en expliquant que la CIA « refusa de communiquer des renseignements
vitaux au FBI, qui détient l'autorité suprême pour investiguer
sur le terrorisme à l'intérieur du territoire des États-Unis et
sur les attaques contre des Américains à l'étranger ». Le FBI
aurait pu empêcher le 11-Septembre, affirmait-il.

Le Bureau avait mandat pour instaurer une surveillance
de tous les individus liés à Al-Qaïda en Amérique. Il aurait
pu les suivre, placer leurs téléphones sur écoute, cloner leurs
ordinateurs, lire leurs e-mails et saisir leurs dossiers médicaux, leurs relevés bancaires et de cartes de crédit. Il avait
le droit d'exiger leurs relevés de communications auprès des
opérateurs téléphoniques, pour vérifier tous les appels qu'ils
avaient passés. Il n'y avait aucun besoin d'un programme de
collecte de métadonnées. Ce qu'il fallait, c'était un travail
de coopération avec d'autres agences fédérales, mais pour
des raisons à la fois vétilleuses et obscures, ces agences ont
choisi de dissimuler des indices cruciaux aux enquêteurs les
plus aptes à enrayer ces attaques.

Les services du gouvernement américain étaient en possession des renseignements nécessaires, mais ils n'ont pas su le comprendre et agir en conséquence. Et la solution dans laquelle l'exécutif s'est embarqué – tout collecter, en masse – n'a rien fait pour remédier à cette incapacité.

À maintes et maintes reprises, l'imposture de l'invocation de la menace terroriste pour justifier la surveillance a été mise en évidence, et par des observateurs de tous bords.

En fait, la surveillance de masse a eu un effet tout à fait contraire : elle complique la détection et l'endiguement de la terreur. Rush Holt, élu démocrate à la Chambre des représentants, physicien de son état et l'un des rares scientifiques du Congrès, a clairement expliqué que la collecte totale de ce qui touche aux communications de tout le monde ne fait que masquer les complots bien réels dont discutent entre eux les vrais terroristes. Une surveillance orientée plutôt que systématique générerait des informations plus spécifiques et plus utiles. La méthode actuelle noie les agences de renseignement sous un tel volume de données qu'elles ne peuvent en aucun cas les trier efficacement.

Au-delà même de récolter trop d'informations, les dispositifs de surveillance de la NSA finissent par accentuer la vulnérabilité du pays : les efforts qu'elle déploie pour contourner les méthodes de cryptage protégeant les transactions courantes sur Internet – notamment les relevés bancaires, les dossiers médicaux et les historiques de transactions commerciales – ont exposé ces systèmes à l'infiltration des hackers et d'autres entités hostiles.

Dans un article pour *The Atlantic*, en janvier 2014, Bruce Schneier, expert en matière de sécurité, soulignait :

Non seulement la surveillance indiscriminée est inefficace, mais elle est extraordinairement coûteuse. [...] Elle détériore nos dispositifs techniques, car ce sont les protocoles Internet proprement dits qui ne sont plus fiables. [...] Ce n'est pas uniquement des abus au plan intérieur dont nous devons nous inquiéter ; c'est aussi du reste du monde. Plus nous choisissons d'écouter

Internet et les autres supports de communication, moins nous sommes protégés contre les écoutes des autres. Le choix qui s'offre à nous ne se situe pas entre un monde numérique où la NSA peut écouter et un monde où elle ne le peut pas ; il se situe entre un monde numérique qui est vulnérable à tous les attaquants, et un autre qui est sûr pour tous ses utilisateurs.

Le plus remarquable au sujet de cette exploitation iné-puisable de la menace du terrorisme, c'est sans doute son exagération manifeste. Le risque de voir un Américain mourir d'une attaque terroriste est infinitésimal, considérablement inférieur au danger d'être frappé par la foudre. John Mueller, professeur de l'université d'État d'Ohio, qui a écrit abondam-ment sur l'équilibre entre la menace et les dépenses engagées dans la lutte contre le terrorisme, expliquait en 2011 : « Le nombre d'individus dans le monde tués par des terroristes apparentés aux musulmans, des apprentis Al-Qaïda, s'élève peut-être à quelques centaines de personnes, en dehors des zones de guerre. C'est au fond un chiffre égal au nombre de personnes qui chaque année se noient dans une baignoire.

« Sans nul doute », il y a plus de citoyens qui sont morts « à l'étranger d'accidents de la circulation ou de maladies intes-tinales », signalait l'agence d'information McClatchy, « que de terrorisme ». L'idée que nous devrions, au nom de ce risque-là, démanteler les moyens de protection qui sont au cœur de notre système politique pour ériger un État de surveillance tentaculaire atteint des sommets d'irrationalité. Pourtant, l'ex-ploitation de la menace se répète sans relâche. Peu avant les Jeux olympiques de 2012 à Londres, une controverse éclata sur des manquements supposés de la sécurité. La compagnie de sous-traitance chargée de fournir ces services de sécurité n'avait pas engagé le nombre de vigiles requis par les termes de son contrat, et des commentaires outranciers se multi-plièrent aux quatre coins de la planète, affirmant que les Jeux étaient donc vulnérables à une attaque terroriste.

Après des Olympiades qui se déroulèrent sans la moindre anicroche, Stephen Walt remarquait dans *Foreign Policy* que ce tollé, comme d'habitude, résultait d'une grave exagération de la menace encourue. Il citait un article de fond de John Mueller et Mark G. Stewart dans la revue *International Security*[1], pour lequel les auteurs avaient analysé cinquante cas de «complots terroristes islamiques» censément ourdis contre les États-Unis, avant de finalement conclure que «pratiquement tous ces comploteurs étaient "incompétents, inefficaces, inintelligents, abrutis, inorganisés, sans clairvoyance aucune, embrouillés, amateurs, à moitié léthargiques, irréalistes, crétins, irrationnels et ineptes"». Mueller et Stewart citaient Glenn Carle, ancien adjoint à l'officier principal du renseignement national sur les menaces internationales, qui déclarait : «Il faut considérer les djihadistes comme des opposants limités, certes meurtriers, mais incohérents et assez miteux, ce qu'ils sont en réalité», et ils remarquaient aussi que les «capacités d'Al-Qaïda sont très inférieures à ce que le réseau terroriste voudrait qu'elles soient».

Le problème, toutefois, c'est la multiplicité des factions ayant un intérêt direct à attiser la peur du terrorisme : le gouvernement, qui cherche à justifier ses actes; les industries de la surveillance et de l'armement, qui nagent dans les fonds publics; et les éternelles coteries du pouvoir à Washington, toujours désireuses de pouvoir se fixer certaines priorités sans se heurter à aucun défi digne de ce nom. Stephen Walt l'exprimait en ces termes :

> Mueller et Stewart estiment que les dépenses de sécurité nationale au plan intérieur (c.à.d. sans compter les guerres en Irak et en Afghanistan) ont augmenté de plus d'1 trillion depuis le 11-Septembre, alors que le risque de mourir d'une attaque terroriste sur le territoire américain, calculé annuellement, est de l'ordre d'1 sur 3,5 milliards. En se fondant sur des hypothèses basses et sur une méthodologie conventionnelle d'évaluation du risque, ils estiment, pour que ces dépenses s'inscrivent dans un

---

1. Revue trimestrielle fondée en 1976, spécialisée dans les questions de sécurité nationale et internationale, éditée par un centre de recherches de Harvard, l'une des publications les plus citées au monde dans le domaine des relations internationales.

rapport coût-performance efficace, «qu'elles devraient parer à prévenir, déjouer ou protéger contre 333 attaques très grande échelle par an, qui sans cela auraient abouti». Enfin, ils s'inquiètent de ce que le sentiment d'un danger exagéré ait été désormais "intériorisé"; même quand les politiques et les "experts du terrorisme" n'enflent pas ce péril artificiellement, le public perçoit encore la menace comme importante et imminente.

Alors que la peur du terrorisme a été manipulée, les dangers avérés qu'il y aurait à autoriser l'État à mettre en œuvre un système de surveillance massive et secrète ont été fortement sous-estimés.

Même si la menace du terrorisme se situait au niveau annoncé par le gouvernement, cela ne suffirait pas encore à justifier les programmes de surveillance de la NSA. Il est d'autres valeurs que la sécurité physique, et qui sont au moins aussi importantes, si ce n'est davantage. C'était là une conception enchâssée dans la culture politique américaine depuis la naissance de cette nation, et la place qu'elle occupe n'est pas moins cruciale dans d'autres pays.

Des nations et des individus font constamment des choix qui placent les valeurs de protection de la vie privée et, implicitement, de liberté, au-dessus d'autres priorités, comme la sécurité physique. En fait, l'objet même du quatrième amendement de la Constitution des États-Unis vise à proscrire certaines actions de police, quand bien même elles pourraient réduire la criminalité. Si la police était en mesure de faire irruption dans n'importe quel domicile sans mandat, les meurtriers, les violeurs et les kidnappeurs seraient plus faciles à appréhender. Si l'État était autorisé à placer des moniteurs dans nos maisons, on observerait probablement une baisse significative de la criminalité (c'est certainement vrai s'agissant des cambriolages, et pourtant, la plupart des gens se refuseraient à cette idée). Si le FBI était habilité à écouter nos conversations et à intercepter nos communications, cela permettrait d'empêcher et de résoudre une vaste série de crimes.

En ne tolérant pas de telles méthodes, nous facilitons sciemment une hausse probable de la criminalité. Or, malgré cela, nous ne souhaitons pas les tolérer, préférant ainsi nous exposer à un niveau de danger accru. En effet, la poursuite de la sécurité physique absolue n'a jamais été notre seule priorité sociale.

Située à un niveau même supérieur à notre bien-être physique, une valeur centrale tient l'État en lisière de notre domaine privé – nos «personnes, maisons, papiers et effets», ainsi que le quatrième amendement les énumère. Nous agissons de la sorte précisément parce que c'est là un domaine qui constitue le creuset de tant d'attributs d'ordinaire associés à la qualité de la vie – la créativité, l'exploration, l'intimité.

Renoncer à la vie privée dans une quête de sécurité absolue est aussi nocif pour la psyché et la vie d'un individu sain que cela peut l'être pour une culture politique saine. Pour l'individu, la sécurité avant tout sera synonyme d'une vie de paralysie et de peur, où l'on ne monte jamais dans une voiture ou un avion, où l'on ne s'engage jamais dans une activité qui comporte un risque, où l'on ne fait jamais primer la qualité de la vie sur la quantité, et où l'on est prêt à payer n'importe quel prix pour s'éviter tout danger.

Attiser la psychose est l'une des tactiques préférées des autorités, précisément parce que la peur permet, et de manière très persuasive, de rationaliser une expansion du pouvoir et une limitation des droits. Depuis le début de la guerre contre le terrorisme, les Américains se sont fréquemment entendus répéter qu'ils devaient abandonner leurs droits politiques essentiels s'ils voulaient avoir le moindre espoir d'éviter la catastrophe. Citons par exemple Pat Roberts, président de la Commission sénatoriale permanente sur le Renseignement : «Je suis un ferme partisan du premier amendement, du quatrième amendement et des libertés civiles. Mais si vous êtes mort, vous ne jouissez plus d'aucune liberté civile.» Et le sénateur républicain John Cornyn, qui fit campagne pour sa réélection au Texas, avec une vidéo où il se présentait en vrai dur, coiffé d'un chapeau de cow-boy, déclarait : «Nos libertés civiles ne comptent plus beaucoup une fois que l'on est mort.»

Rush Limbaugh, vedette de son propre talk-show radio, étalant son ignorance crasse de l'histoire, renchérissait en posant cette question à son vaste auditoire : «C'était quand, la dernière fois que vous avez entendu un président déclarer la guerre sous prétexte qu'on devait protéger nos libertés civiles? Je n'en vois pas un… Nos libertés civiles, si nous sommes morts, elles n'ont aucune valeur! Si vous êtes mort et si vous bouffez les pissenlits par la racine, si vous avalez de la terre à l'intérieur d'un cercueil, vous savez ce qu'elles valent, vos libertés civiles? Que dalle, zéro, nada.»

Une population, un pays qui placent la sécurité physique au-dessus de toutes les autres valeurs finiront par renoncer à leur liberté et par approuver tout pouvoir dont se saisiront les autorités en échange de la promesse d'une sécurité totale, si illusoire soit-elle. Toutefois, cette sécurité totale représente en soi une chimère, qu'on poursuit sans relâche sans jamais l'atteindre. Cette quête dégrade ceux qui s'y engagent, autant que toute nation qui finit par y puiser sa propre définition. Le danger que fait peser un État qui gère un système de surveillance aussi massive que secrète est aujourd'hui devenu plus inquiétant qu'il ne l'a jamais été dans le passé. Alors que le gouvernement, via cette surveillance, en sait de plus en plus sur ce que font ses citoyens, ces derniers en savent de moins en moins sur ce que fait leur gouvernement, protégé comme il l'est derrière un mur de secret.

On ne saurait trop souligner à quel point cette situation renverse, et de façon radicale, la dynamique même qui définit une société saine, ou à quel point cela fait pencher l'équilibre des pouvoirs vers l'État. Le Panoptique de Bentham, conçu pour investir les autorités d'un pouvoir incontestable, se fondait exactement sur ce renversement : «Son essence», écrivait-il, repose sur «la centralité de la situation de l'inspecteur», combinée avec les «instruments les plus efficaces pour voir sans être vu».

Dans une démocratie saine, c'est l'inverse qui est vrai. La démocratie exige de la transparence et le consentement des gouvernés, ce qui n'est possible que si les citoyens savent ce qui se fait en leur nom. Et, en effet, on part du principe qu'à de rares exceptions près, ils verront tout ce que font leurs responsables politiques. C'est bien pourquoi il est question de «serviteurs de l'État», de «service public», de «travailler dans le secteur public», dans le «service public», ou pour des «agences publiques». Inversement, on part du principe que le gouvernement, à de rares exceptions près, ne saura rien de ce que font les citoyens respectueux de la loi. C'est bien pourquoi on parle de personnes privées, agissant à titre privé. Le devoir de transparence concerne ceux qui sont investis de ces missions publiques et de l'exercice public du pouvoir. Le droit à la vie privée est réservé à tous les autres.

5.

Le quatrième pouvoir

Les médias politiques sont l'une des principales institutions censées se consacrer au suivi et au contrôle des abus du pouvoir étatique. La théorie du «quatrième pouvoir» consiste à assurer la transparence du gouvernement et à procurer un contre-feu face à tous les excès, dont la surveillance secrète de populations entières offre certainement l'un des exemples les plus radicaux. Mais ce contrôle n'est efficace que si les journalistes font œuvre contradictoire vis-à-vis de ceux qui manient le pouvoir politique. Au lieu de quoi les médias américains ont fréquemment abdiqué ce rôle, en se montrant serviles vis-à-vis des intérêts du gouvernement, en amplifiant même ses messages au lieu de les examiner en détail, et en exécutant ses basses besognes.

Dans ce contexte, je savais que l'hostilité des médias envers mes reportages sur les révélations de Snowden était inévitable. Le 6 juin, le lendemain du jour où l'article de la NSA parut dans le *Guardian*, le *New York Times* évoqua la possibilité d'une enquête criminelle. «Après avoir écrit avec passion, et même à la limite de l'obsession, depuis des années, sur la surveillance gouvernementale et les persécutions contre les journalistes, Glenn Greenwald s'est subitement situé au croisement de ces deux questions et, ce faisant, s'est peut-être placé dans le collimateur des procureurs fédéraux américains», proclamait le quotidien dans un portrait de ma personne. Mon reportage sur la NSA, y ajoutait-on, «s'attirera sans doute une enquête du département de la Justice, qui a toujours poursuivi les auteurs de ces fuites de manière agressive». L'auteur de ce portrait citait le néoconservateur Gabriel Schoenfeld, de l'Hudson Institute, qui plaidait depuis longtemps pour que l'on engage des poursuites contre les journalistes qui publient des informations secrètes, non sans me qualifier au passage d'«apologiste professionnel de haut niveau de l'antiaméricanisme sous toutes ses formes, y compris les plus extrêmes».

La démonstration la plus révélatrice des intentions du *NYT* vint d'un journaliste, Andrew Sullivan, dont les propos étaient cités dans ce même article : «une fois que vous êtes entré dans un débat avec [Greenwald], il peut être difficile d'avoir le dernier mot», et «je pense en réalité qu'il ne comprend pas grand-chose à ce que cela signifie d'avoir à gouverner un pays ou à mener une guerre». Gêné par l'utilisation de ses commentaires sortis de leur contexte, Andrew m'envoya par la suite la totalité de ses échanges avec Leslie Kaufman, journaliste du *New York Times*, comprenant un éloge de mon travail que, détail intéressant, le journal avait choisi d'omettre. Ce qui l'était encore plus, toutefois, c'étaient les questions que Leslie Kaufman lui avait envoyées à l'origine :

- «Il a manifestement des opinions tranchées, mais comme journaliste, que vaut-il? Fiable? Honnête? Vous cite-t-il avec exactitude? Décrit-il précisément vos positions? Ou bien est-il plus partisan que journaliste?»
- « Il soutient que vous êtes amis, est-ce vrai? J'ai le sentiment que c'est un peu un solitaire et qu'il défend le genre d'opinions sans compromis qui font qu'on a du mal à garder ses amis, mais je pourrais me tromper».

La deuxième question – me décrivant comme quelqu'un d'«un peu un solitaire» qui a du mal à garder ses amis – était d'une certaine manière encore plus lourde de sens que

la première. Discréditer le porteur du message en le présentant comme un inadapté social afin de discréditer ce même
message est un vieux stratagème utilisé dès qu'on parle des
lanceurs d'alerte, et qui porte souvent ses fruits.

Je pris toute la mesure de cette tentative de me discréditer à
titre personnel lorsque je reçus un e-mail d'un journaliste du
New York Daily News. Il m'indiquait qu'il enquêtait sur divers
aspects de mon passé, notamment mes dettes, mes revenus
imposables et mes liens avec une société de distribution de
vidéos pour adultes montée par une entreprise privée dont
j'avais possédé des parts huit ans plus tôt. Le *Daily News* étant
un tabloïd dont le commerce consiste fréquemment à diffuser
les fonds de tiroirs les plus sordides de la vie des gens, j'en
conclus que je n'avais aucune raison d'attirer davantage l'attention sur les questions qu'il avait soulevées en y répondant.

Mais ce même jour je reçus un e-mail d'un journaliste
du *New York Times*, qui souhaitait également écrire sur mes
dettes fiscales passées. Comment ces deux journaux avaient-
ils simultanément appris des détails aussi obscurs, c'était un
mystère, mais le *Times* avait manifestement décidé que cela
méritait un article – alors même qu'il refusait de fournir la
moindre explication logique justifiant un tel intérêt.

Ces questions étaient de toute évidence futiles et destinées à me salir. Le *New York Times* finit par s'abstenir de
publier ce papier, à l'inverse du *Daily News*, qui y inclut
même des informations détaillées sur un litige auquel j'avais
été mêlé dix ans plus tôt, dans mon immeuble, après une
plainte accusant mon chien de dépasser le poids autorisé par
le règlement intérieur.

Si cette campagne calomnieuse était prévisible, la tentative de me dénier mon statut de journaliste ne l'était pas,
et comportait potentiellement des ramifications assez dramatiques. Là encore, cette campagne fut lancée par le *New
York Times*, également dans ce portrait paru le 6 juin. En
titre, le quotidien faisait tout son possible pour m'affubler
d'une fonction extra-journalistique : «Un blogueur, spécialisé
dans la surveillance, est au centre de la controverse.» Ce titre

était en soi déjà assez effarant, mais l'original, sur le site du journal, était encore pire : «Un militant de l'anti-surveillance est au centre d'une nouvelle fuite.»

La médiatrice du journal, Margaret Sullivan, critiqua ce titre, le jugeant «condescendant». Elle ajouta : «Il n'y a rien de mal à être un blogueur, naturellement – je suis moi-même une blogueuse. Mais en un sens, quand l'establishment des médias emploie ce terme, il semble vouloir dire : "Vous n'êtes pas tout à fait des nôtres."»

L'article continuait ensuite en me présentant à plusieurs reprises comme autre chose qu'un «journaliste» ou un «reporter». J'étais, décrétait-on, un «avocat et un blogueur de longue date» (je n'exerce plus le droit depuis six ans, et j'avais travaillé des années comme chroniqueur de plusieurs grands titres, en plus d'avoir publié quatre livres). Si tant est que j'avais agi «en journaliste», y affirmait-on encore, mon expérience sortait de l'«ordinaire», non pas à cause de mes «opinions tranchées», mais parce que j'avais «rarement dû rendre des comptes à un rédacteur en chef».

L'ensemble des médias débattit ensuite sur la question de savoir si j'étais un «journaliste», par opposition à autre chose. L'autre hypothèse le plus souvent avancée, c'était : un «militant». Personne ne se donnait la peine d'expliquer ces termes, chacun se reposant au contraire sur des clichés mal définis, comme c'est la tendance dans les médias, en particulier lorsque l'objectif est de diaboliser. Après quoi, on vous colle régulièrement cette étiquette insipide et vide de sens sur le dos.

Cette désignation revêtait une réelle importance à plusieurs niveaux. Premièrement, me retirer l'étiquette de «journaliste» réduisait d'autant la légitimité de mon travail de reportage. Qui plus est, me transformer en «militant» pouvait comporter des conséquences judiciaires – si ce n'était pénales. Les journalistes jouissent de certaines protections juridiques à la fois officielles et non écrites qui ne sont accessibles à personne d'autre. Si l'on considère généralement qu'un journaliste a toute légitimité de publier des secrets gouvernementaux, par exemple, ce n'est pas le cas pour quelqu'un qui agit à un autre titre.

Intentionnellement ou non, ceux qui avançaient l'idée que je n'étais pas journaliste – alors que j'écrivais pour l'un des plus grands quotidiens du monde occidental, et l'un des plus anciens – permettaient au gouvernement de plus facilement incriminer mes reportages. Après que le *New York Times* avait proclamé mon « militantisme », Margaret Sullivan, la médiatrice du journal, reconnut que « dans le climat actuel, ces questions ont acquis davantage d'importance et, pour M. Greenwald, cela pourrait devenir déterminant ».

L'allusion au « climat actuel » faisait ici référence à deux controverses majeures qui s'étaient emparées de Washington, concernant le traitement que l'administration réservait aux journalistes. La première concernait le département de la Justice, qui avait secrètement intercepté des journaux d'e-mails et des relevés téléphoniques de correspondants et de rédacteurs en chef de l'Associated Press, afin d'identifier leurs sources, suite à un de leurs articles.

Le deuxième incident, encore plus extrême, avait trait à une tentative du département de la Justice de découvrir l'identité d'une autre source qui avait divulgué des informations confidentielles. Pour ce faire, le ministère avait déposé une déclaration écrite sous serment devant un tribunal fédéral, une requête d'un mandat permettant de consulter les e-mails de James Rosen, chef du bureau de la chaîne d'informations Fox News à Washington.

En application de cette requête, les juristes du gouvernement fédéral accusaient Rosen de « complicité » dans les délits commis par cette source, du fait qu'il avait obtenu des pièces classifiées. Cette déclaration écrite sous serment était choquante car, comme l'expliquait le *New York Times*, « aucun journaliste américain n'a jamais été poursuivi pour avoir recueilli et publié des informations classifiées, et le discours employé ici laissait penser que l'administration Obama portait ses mesures de répression contre ces fuites à un niveau inédit ».

Le comportement mentionné par le département de la Justice justifiant que l'on qualifie Rosen de «complice» – travailler avec sa source pour obtenir des documents, établir un «plan de communication clandestin» pour pouvoir se parler sans être détecté et «employer la flatterie en jouant sur la vanité et l'ego [de sa source]» afin de la persuader de divulguer ses pièces – faisait état de méthodes auxquelles les journalistes avaient régulièrement recours.

Ainsi que l'écrivait Olivier Know, un journaliste chevronné en poste à Washington, le département de la Justice «accusait Rosen d'enfreindre les lois de luttes contre l'espionnage avec un comportement qui – tel que décrit dans la déclaration sous serment du requérant – entre tout à fait dans le cadre du reportage de presse traditionnel». Considérer la conduite de Rosen comme un délit, c'était transformer en crime le journalisme en tant que tel.

Resituée dans le contexte plus large des attaques de l'administration Obama contre les lanceurs d'alerte et les sources, cette initiative n'était peut-être pas si surprenante. En 2011, le *New York Times* révélait que le département de la Justice, qui tentait de déceler la source d'un livre écrit par James Rosen, avait «obtenu des relevés complets de ses appels téléphoniques, ses dossiers financiers et l'historique de ses déplacements», notamment «sa carte de crédit et ses relevés bancaires, et certains dossiers liés à ses voyages en avion», ainsi que «trois rapports d'organismes de crédit dressant la liste de ses comptes financiers».

Le même département de la Justice avait aussi essayé de forcer Rosen à révéler l'identité de sa source, avec la menace d'une probable peine d'emprisonnement s'il refusait. D'un bout à l'autre des États-Unis, les professionnels de la presse écrite ou électronique furent atterrés par le traitement réservé à Rosen : si l'un des journalistes d'investigation les plus chevronnés et les plus protégés par l'organe de presse auquel il était rattaché pouvait être l'objet d'une attaque d'une telle agressivité, aucun de ses confrères n'était à l'abri.

Dans la presse, les manifestations d'inquiétudes se succédèrent. Un article emblématique, dans *USA Today*, remarquait que «le président Obama est contraint de se défendre face à ceux qui l'accusent de ce que son administration se serait effectivement lancée dans une guerre contre les journalistes», et citait Josh Meyer, ancien journaliste du *Los Angeles Times* spécialisé dans les questions de sécurité nationale : «Il existe une ligne rouge qu'aucune administration n'avait franchie et que l'administration Obama a littéralement fait voler en éclats». Jane Mayer, journaliste d'investigation très respectée du *New Yorker*, avertissait dans *The New Republic* qu'en ciblant les lanceurs d'alerte, le département de la Justice d'Obama se livrait à une attaque contre le journalisme en tant que tel : «C'est une barrière redoutable qu'on dresse face au journalisme et cela va au-delà du simple refroidissement : on cherche à geler l'action même des journalistes, pour la paralyser complètement.»

Cette situation poussa le Comité pour la protection des journalistes – une organisation internationale qui observe de près les attaques des États contre la liberté de la presse – à publier un rapport sur les États-Unis, une première en la matière. Rédigé par Leonard Downie Junior, ancien rédacteur en chef du *Washington Post*, ce rapport diffusé en octobre 2013 concluait que :

> La guerre de l'administration contre ces fuites et d'autres efforts qu'elle déploie pour contrôler l'information prennent des proportions jamais vues [...] depuis la présidence Nixon [...]. Les trente journalistes expérimentés exerçant à Washington dans divers organes de presse [...] consultés pour ce rapport jugeaient cette situation sans précédent.

Cette dynamique s'étendit bien au-delà de la sécurité nationale pour englober, comme l'expliquait un chef de bureau, une volonté «de soustraire les *agences* gouvernementales à leur obligation de rendre des comptes».

Les journalistes américains qui, dans leur écrasante majorité, avaient été sous le charme de Barack Obama depuis des années, parlaient désormais fréquemment de lui comme du représentant d'une forme de menace grave pesant sur la liberté de la presse, et comme du chef d'État le plus répressif sur ce plan depuis Richard Nixon. C'était là un retournement tout à fait incroyable pour un homme politique qui était arrivé au pouvoir en promettant «l'administration la plus transparente de l'histoire des États-Unis».

Afin de limiter l'ampleur du scandale, Obama ordonna au ministre de la Justice, l'*attorney general* Eric Holder, de recevoir les représentants des médias et de passer en revue avec eux les règles régissant le traitement que son ministère réservait aux journalistes. Obama se disait «troublé par le fait que les enquêtes sur ces fuites ne fassent courir le risque de figer un journalisme d'investigation qui sait mettre le gouvernement en face de ses responsabilités» – comme s'il n'avait pas présidé depuis cinq ans précisément au lancement de ces attaques contre tout ce qui constitue le processus de recherche d'informations.

Lors d'une audition devant le Sénat, le 6 juin 2013 (le jour où le *Guardian* publiait son premier article sur la NSA), Holder s'engagea à ce que le département de la Justice ne poursuive jamais «aucun journaliste au motif qu'il a simplement fait son travail». Le but du ministère, ajoutait-il, consiste uniquement «à identifier et à poursuivre les agents de l'administration qui compromettent la sécurité nationale en violant leur serment, et non de cibler des membres de la presse ou de les décourager de mener à bien leur travail, qui revêt pour nous tous un caractère vital».

Dans une certaine mesure, c'était là une évolution salutaire : à l'évidence, l'administration avait essuyé suffisamment de réactions extrêmement vives pour donner au moins l'impression de traiter la question de la liberté de la presse. Mais cette promesse du ministre comportait une énorme faille : dans l'affaire de Rosen et Fox News, le département de la Justice avait considéré que travailler au contact d'une source pour «dérober» des informations classifiées sortait du cadre du «travail du journaliste». En conséquence, cette garantie de

Holder dépendait de la conception du journalisme professée par son ministère, et de ce qui dépasserait ou non les limites d'une investigation journalistique légitime.

Dans ce contexte, les tentatives de certaines figures du journalisme américain de m'exclure du champ du «journalisme» – en insistant pour qualifier mon action de «militantisme», et non de travail de reportage, en en faisant un délit – présentaient un danger potentiel.

Les premiers appels explicites à lancer des poursuites contre moi émanèrent d'un parlementaire républicain de l'État de New York, Peter King, qui avait siégé à la présidence de la sous-commission de la Chambre sur le terrorisme et qui avait organisé des auditions d'inspiration maccarthystes autour des menaces terroristes émanant «de l'intérieur» de la communauté musulmane américaine (ironie du sort, le même King était un soutien de longue date de l'IRA). Lors d'un entretien avec Anderson Cooper, sur la chaîne CNN, il confirma que les journalistes travaillant à ces articles sur la NSA devaient être poursuivis «s'ils étaient pleinement conscients qu'il s'agissait d'informations classifiées [...] surtout dans une affaire de cette ampleur». Il ajoutait : «Nous avons une obligation morale, mais aussi légale, je le crois, vis-à-vis d'un journaliste qui révèle des informations susceptibles de gravement compromettre la sécurité nationale.»

Ensuite, sur Fox News, il clarifia sa position, soulignant qu'il s'exprimait spécifiquement à mon sujet :

> Je veux parler de Greenwald [...] qui a non seulement dévoilé ces informations, mais a aussi indiqué qu'il disposait des noms d'agents de la CIA et de divers contacts dans le monde, et qu'il menaçait de les révéler. La dernière fois que nous avons connu de tels agissements en Amérique, nous avons dû déplorer le meurtre du chef de station de la CIA en Grèce. [...] Je pense qu'il faut très bien cibler [les poursuites contre les journalistes], de façon très sélective, et que cela doit rester une très rare exception. Mais dans ce cas-ci, quand vous êtes confronté à quelqu'un qui révèle des secrets de cette manière

et qui menace d'en révéler d'autres, oui, il faut intenter une action judiciaire contre cet individu.

Que j'aie menacé de divulguer les noms d'agents de la CIA et de certains contacts était un mensonge éhonté, fabriqué de toutes pièces par M. King. Néanmoins, ses propos suffirent à ouvrir tout grand les vannes, et d'autres commentateurs s'y sont engouffrés pour renchérir en ce sens. Marc Thiessen, du *Washington Post*, ancien rédacteur de discours pour George W. Bush, auteur d'un livre justifiant le recours systématique à la torture tel qu'il avait été organisé par le gouvernement américain, défendit Peter King dans un papier intitulé : «Oui, publier des secrets de la NSA est un crime.» Il m'accusait de «violer la loi 18 USC 798, qui qualifie d'acte criminel toute publication d'information classifiée révélant des renseignements sur les méthodes de cryptographie ou de communication du gouvernement», et il poursuivait : «Greenwald a manifestement violé cette loi (comme le *Washington Post*, en l'occurrence, puisque le journal a publié des informations classifiés sur le programme PRISM de la NSA).»

Invité par CNN, Alan Dershowitz décréta : «Greenwald – de mon point de vue – a clairement commis un délit.» Défenseur réputé des libertés civiles et de la liberté de la presse, ce juriste et commentateur politique éminent n'en écrivait pas moins que mon reportage «ne frise pas l'acte criminel – il relève pleinement de la criminalité».

Ce fut ensuite le général Michael Hayden qui se joignit à ce concert d'accusations. Cet ancien directeur de la NSA, devenu simultanément celui de la CIA sous la présidence Bush, avait mis en œuvre le programme d'écoutes illégales sans mandat de l'agence. Et il écrivit sur le site CNN. com : «En matière de divulgation de secrets, Edward Snowden se révélera sans doute comme l'organisateur des fuites les plus préjudiciables de l'histoire de la démocratie américaine.» Il ajoutait ensuite que «Glenn Greenwald [...] mérite bien plus de tomber sous le coup d'une accusation de complicité que James Rosen de Fox News».

Au début surtout limité aux personnalités de droite, dont on pouvait s'attendre qu'elles considèrent le journalisme comme un crime en soi, ce concert d'accusations autour de la question des poursuites à engager monta d'un cran lors d'une de mes interventions devenues célèbres, dans le cadre de l'émission *Meet the Press*.

La Maison-Blanche avait elle-même fait l'éloge de *Meet the Press*, qu'elle considérait comme le cadre idéal où les personnalités politiques et d'autres membres de l'élite du tout Washington pouvaient diffuser leur message sans trop risquer d'être remis en question. Catherine Martin, ancienne directrice de la Communication du vice-président Dick Cheney, avait salué ce magazine hebdomadaire de la chaîne NBC, « le meilleur format qui soit », car dans un tel contexte, Cheney était en position de pleinement « maîtriser le message ». Faire inviter le vice-président à *Meet the Press*, disait-elle, faisait partie d'« une tactique que nous avons souvent employée ». Et, en effet, une vidéo du présentateur de l'émission, David Gregory, lors du Dîner des Correspondants de presse de la Maison-Blanche, dansant avec autant de gaucherie que d'enthousiasme derrière un Karl Rove en grande discussion, devint vite virale tant elle symbolisait tout ce que représentait cette émission : un lieu où le pouvoir politique se rend pour y trouver une caisse de résonance et une source de flatteries, où l'on n'entend que les propos les plus convenus, où seules sont admises les opinions les plus étroites.

Je fus invité à cette émission à la toute dernière minute et par pure nécessité. Quelques heures plus tôt, la nouvelle avait éclaté : Snowden avait quitté Hong Kong à bord d'un vol pour Moscou, un coup de théâtre dont inévitablement tous les médias allaient s'emparer. *Meet the Press* n'avait pas d'autre choix que de faire son gros titre sur cet épisode, et, comme j'étais l'une des très rares personnes en contact avec lui, j'y fus convié en tant qu'invité principal.

Depuis des années, j'avais très vivement critiqué David Gregory, et je m'attendais donc à une interview plutôt conflictuelle. Mais je n'avais pas prévu cette question : « Dans la mesure où vous avez aidé et encouragé Snowden, jusque dans ses toutes dernières initiatives, qu'est-ce qui empêcherait, monsieur Greenwald, que vous soyez inculpé d'acte criminel?» La question contenait tellement d'éléments mensongers qu'il me fallut une bonne minute pour pleinement réaliser qu'il me l'avait posée.

L'écueil le plus flagrant tenait aux multiples allégations dénuées de fondement que recelait la question. Cette formulation – «dans la mesure où» j'avais «aidé et encouragé Snowden, jusque dans ses toutes dernières initiatives» – n'avait ni plus ni moins de sens que si l'on avait dit : «dans la mesure où M. Gregory a assassiné ses voisins…». Et ce n'était en somme rien d'autre qu'une variante de cette autre question non moins perfide – «Quand avez-vous cessé de battre votre femme?» –, mais en plus violent.

Toutefois, au-delà de cette rhétorique fallacieuse, un journaliste de télévision venait d'ajouter foi à l'idée que certains de ses confrères pouvaient et devaient être poursuivis parce qu'ils faisaient leur métier, une affirmation en soi assez extraordinaire. La question de David Gregory sous-entendait que tout journaliste d'investigation qui, aux États-Unis, travaille au contact de sources et reçoit des informations classifiées, est un criminel. Or c'était précisément cette théorie et ce climat qui avaient tant déstabilisé le journalisme d'investigation.

Comme il fallait s'y attendre, le même Gregory me dépeignit à plusieurs reprises autrement que comme un «journaliste». J'en veux pour exemple l'une de ses questions : «Vous êtes ici en polémiste, vous défendez un point de vue, vous êtes un chroniqueur.» Et de décréter : «Eu égard à votre manière d'agir, la question de savoir qui possède ou non le statut de journaliste peut ici prêter à débat.»

Mais Gregory ne fut pas le seul à argumenter en ce sens. Pas un seul des autres invités de cette édition de *Meet the Press*, réunis pour débattre de ma conversation avec le présentateur, ne s'opposa à l'idée qu'un journaliste puisse être poursuivi pour avoir travaillé au contact d'une source. Chuck Todd, de NBC, étaya cette théorie d'inquiétante manière en posant certaines «questions» à propos de ce qu'il appelait mon «rôle» dans «ce complot» : « Glenn Greenwald [...] jusqu'où était-il impliqué dans ce complot? [...] a-t-il eu un rôle, au-delà d'être le simple destinataire de ces informations? Et devra-t-il répondre à ces questions? Vous savez, il y a là... il y a là... matière à réflexion juridique.»

Dans une émission de CNN, *Reliable Sources* [Sources dignes de foi], on débattit autour de ce sujet pendant que cette question s'affichait à l'écran : «Glenn Greenwald est-il passible de poursuites?»

Walter Pincus, du *Washington Post* – qui, dans les années 1960, espionna lui-même pour le compte de la CIA des étudiants américains qui faisaient leur cursus à l'étranger –, publia une tribune insinuant fortement que Laura, Snowden et moi-même agissions tous les trois dans le cadre d'un complot secrètement ourdi par le fondateur de WikiLeaks, Julian Assange. Cette tribune était truffée d'une telle quantité d'erreurs factuelles (que j'ai détaillées dans une lettre ouverte à Pincus) que le *Washington Post* fut contraint de l'assortir d'un rectificatif d'une longueur inusitée (trois paragraphes, près de 1500 signes), reconnaissant de multiples erreurs.

Dans sa propre émission sur CNN, le chroniqueur financier du *New York Times*, Andrew Ross Sorkin, déclara : «J'ai le sentiment, A/, que nous avons été au-dessous de tout, ne serait-ce qu'en laissant [Snowden] filer en Russie, B/, que clairement les Chinois nous haïssent au point de l'avoir laissé filer de leur territoire. [...] Moi, je l'arrêterais, et j'irais même presque jusqu'à appréhender Glenn Greenwald, le journaliste qui veut apparemment l'aider à gagner l'Équateur.»

Qu'un journaliste du *New York Times* qui, en 1971, avait bataillé jusqu'à la Cour suprême des États-Unis afin d'obtenir la publication des Pentagon Papers, plaide pour mon arrestation, c'était là une marque écrasante de dévouement de nombreux journalistes de l'establishment envers le gouvernement américain : après tout, transformer le journalisme d'investigation en délit aurait un impact très grave sur ce grand quotidien et ses employés. Par la suite, Sorkin me présenta ses excuses, mais ses propos démontraient la vitesse et la facilité avec lesquelles de telles allégations peuvent gagner du terrain.

Heureusement, cette conception était loin de faire l'unanimité au sein de la presse américaine. En fait, le spectre de la criminalisation incita nombre de journalistes à faire bloc pour soutenir mon travail et les présentateurs de plusieurs émissions de télévision des grandes chaînes nationales s'intéressèrent davantage à la substance de ces révélations qu'ils ne cherchèrent à en diaboliser les protagonistes. L'essentiel des condamnations relatives à la question que m'avait posée David Gregory furent exprimées au cours de la semaine qui suivit l'interview. Citons le *Huffington Post* : « La question qu'a posée David Gregory à Glenn Greenwald nous laisse encore pantois. » Toby Harnden, chef du bureau de Washington du *Sunday Times* britannique, tweeta ceci : « J'ai été emprisonné au Zimbabwe sous Mugabe pour m'être "livré à des actes de journalisme". David Gregory prétend-il que l'Amérique d'Obama doive l'imiter ? » De nombreux correspondants et chroniqueurs du *New York Times*, du *Washington Post* et d'autres titres me défendirent tant en public qu'en privé. Mais tous ces soutiens ne pouvaient compenser le fait que des journalistes avaient eux-mêmes approuvé la notion d'un risque judiciaire.

Des avocats et divers conseillers s'accordèrent à penser que je courais vraiment le danger de me faire arrêter si jamais je retournais aux États-Unis. J'essayai de trouver un interlocuteur dont le jugement m'inspire assez confiance et qui m'affirme que ce risque n'existait pas, qu'il était inconcevable que le département de la Justice me poursuive devant les tribunaux. Personne ne fut en mesure de me l'affirmer. De l'avis général, le département de la Justice ne se retournerait pas contre moi en raison de mes travaux d'investigations, car il voudrait éviter de donner l'impression de s'en prendre à des journalistes. La crainte était plutôt que le gouvernement américain n'échafaude une théorie selon laquelle les crimes que j'avais prétendument commis sortaient du domaine du journalisme. À l'inverse de Barton Gellman du *Washington Post*, j'avais effectué le voyage à Hong Kong pour rencontrer Snowden avant de publier mes articles ; après son arrivée en Russie, je m'étais régulièrement entretenu avec lui, et, en ma qualité de journaliste indépendant, j'avais publié des articles sur la NSA dans des journaux du monde entier. Le département de la Justice pouvait essayer de prétendre que j'avais « aidé et encouragé » Snowden à organiser ses fuites ou que j'avais aidé un « fugitif » à échapper à la justice, ou que mon travail avec ces journaux étrangers constituait une forme d'espionnage.

Qui plus est, dans mes commentaires sur la NSA et le gouvernement américain, j'avais délibérément adopté un ton agressif et plein de défi. Le gouvernement des États-Unis tenait sans nul doute à tout prix à punir quelqu'un pour ce que l'on avait qualifié de fuite la plus préjudiciable de toute l'histoire de l'Amérique, si ce n'était pour apaiser la colère des institutions, du moins pour dissuader d'éventuelles émules. Comme la tête qu'on voulait au bout d'une pique résidait en sécurité sous la protection de l'asile politique à Moscou, Laura et moi étions les proies de deuxième choix idéales.

Pendant des mois, plusieurs avocats jouissant de contacts au plus haut niveau au sein du ministère de la Justice tentèrent d'obtenir des assurances officielles que je ne serais pas poursuivi. En octobre 2013, cinq mois après la parution du premier article, un parlementaire, Alan Grayson, écrivit à *l'attorney general* Eric Holder, en soulignant que d'éminentes personnalités politiques avaient appelé à mon arrestation et que j'avais dû décliner une invitation à témoigner sous serment devant le Congrès au sujet de la NSA, en raison de craintes d'éventuelles poursuites judiciaires. Il concluait sa lettre en ces termes :

> Je considère que c'est regrettable parce que (1) l'activité de journalisme n'est pas un crime ; (2) bien au contraire, cette

activité est explicitement protégée par le premier amendement, (3) les articles de M. Greenwald relatifs à ces sujets nous ont en fait informés, d'autres membres du Congrès et moi-même, ainsi que l'opinion, sur une série de violations de la loi et des droits constitutionnels, graves et généralisées, commises par des agents du gouvernement.

Cette lettre demandait au département de la Justice s'il avait l'intention de porter plainte contre moi, au cas où j'entrerais sur le territoire des États-Unis, et si « le département de la Justice, le département de la Sécurité intérieure ou tout autre organe du gouvernement fédéral avait l'intention de détenir, d'interroger, d'arrêter ou d'engager des poursuites » contre moi. Mais ainsi que le signalait le journal de la ville natale d'Alan Grayson, l'*Orlando Sentinel*, en Floride, dans un numéro de décembre, le parlementaire ne reçut jamais de réponse à sa missive.

Fin 2013 et début 2014, les menaces de poursuites ne firent que se renforcer, alors que de hauts responsables du gouvernement américain déployaient des attaques manifestement coordonnées pour présenter mon travail comme un délit. Fin octobre 2013, dans une allusion transparente à mes enquêtes de journaliste indépendant publiées un peu partout dans le monde, le directeur de la NSA, Keith Alexander, se plaignait de ce que « des journalistes de la presse écrite disposent de tous ces documents, plus de 50 000 au total – peu importe le chiffre –, et qu'ils en vendent le contenu », et il formulait cette exigence glaçante : « nous » – le gouvernement des États-Unis – « devrions trouver un moyen d'empêcher cela ». Lors d'une audition en janvier 2014, le président de la Commission du renseignement de la Chambre des représentants, Mike Rogers, répétait à plusieurs reprises au directeur du FBI, James Comey, que certains journalistes « vendaient des informations dérobées », ce qui faisait d'eux des « receleurs » ou « des voleurs », et spécifiait ensuite qu'il parlait de moi. Quand j'ai commencé à diffuser des reportages sur CBC, la chaîne publique du Canada, concernant les agissements de l'espionnage canadien, le porte-parole de la majorité parlementaire du gouvernement de droite de Stephen Harper, à Ottawa, m'a dénoncé comme «porno-espion[1]», en accusant CBC de m'avoir acheté des documents volés. Aux États-Unis, le directeur du renseignement national, James Clapper, se mit à parler de «complices», un terme emprunté au vocabulaire pénal, en se référant aux journalistes qui couvraient les reportages sur la NSA.

J'estimai la probabilité d'une arrestation à mon retour sur le sol américain à moins de cinquante pour cent, ne serait-ce que pour des raisons d'image et de crainte de déclencher une controverse planétaire. Comme cela risquait d'entacher la postérité d'Obama, premier président à poursuivre un journaliste pour avoir exercé son métier de journaliste, je pensais que ce serait un obstacle suffisant. Mais si le passé récent a bien prouvé une chose, c'était que le gouvernement des États-Unis n'hésitait pas à commettre toutes sortes d'actes répréhensibles au nom de la sécurité nationale, sans tenir aucun compte de la manière dont ces agissements seraient perçus par le reste du monde. Les conséquences d'une mauvaise évaluation du risque – finir menotté et inculpé en application des lois contre l'espionnage, être traduit devant une instance judiciaire fédérale qui, en ces matières, s'était révélée d'une déférence éhontée envers Washington – étaient trop lourdes pour être traitées à la légère. J'étais décidé à retourner aux États-Unis, mais seulement après m'être fait une vision claire du risque encouru. En attendant, j'étais privé de ma famille, de mes amis et de toute une série d'occasions importantes de prendre la parole, sur le sol américain, à propos du travail que j'effectuais.

Que des juristes et un parlementaire aient pu considérer que ce risque serait bien réel était en soi assez extraordinaire,

---

1. Cette formule a laissé nombre de commentateurs anglo-saxons perplexes. Dès les années 1960, le programme COINTELPRO du FBI surveillait les habitudes sexuelles supposées de ses cibles. La NSA, elle, surveille leurs fréquentations des sites pornographiques. Plus récemment, d'autres commentateurs ont qualifié Snowden de « Larry Flint [créateur du magazine pornographique *Hustler*] du monde de l'espionnage – un pornographe de l'espionnage ».

une indication forte de l'érosion de la liberté de la presse. Et que des journalistes se soient joints à l'appel à traiter mes travaux d'investigation comme un crime constituait un triomphe remarquable de la propagande favorable aux pouvoirs étatiques, qui pouvaient compter sur des professionnels aguerris pour se charger de cette besogne à leur place et assimiler le journalisme contradictoire et d'investigation[1] à un crime.

Les attaques contre Snowden étaient évidemment beaucoup plus violentes. Et bizarrement elles recouraient aussi à des thématiques identiques. Des commentateurs en vue, qui ne connaissaient rien de lui, adoptèrent immédiatement la même série de clichés pour le dévaloriser. Il était poussé, proclamaient-ils tous, non par une véritable conviction, mais par son caractère «narcissique, assoiffé de renommée».

Le présentateur de *CBS News*, Bob Schieffer, dénonça en Snowden un «jeune homme narcissique» qui se croit «plus intelligent que nous tous». Jeffrey Toobin, du *New Yorker*, diagnostiqua «un personnage d'un narcissisme grandiose qui mérite la prison». Richard Cohen, du *Washington Post*, décréta qu'il n'était «pas paranoïaque; il est simplement narcissique», en se référant à une information selon laquelle il se cachait sous une couverture pour éviter que ses mots de passe ne soient captés par les objectifs de caméras aériennes. Et, curieusement, le même Cohen ajoutait que Snowden «passera à la postérité comme une espèce de Petit Chaperon rouge travesti», et qu'il «n'assouvira pas» son désir supposé de célébrité.

Ces façons de le présenter étaient d'un ridicule flagrant. Snowden était déterminé à s'effacer loin des regards, comme il disait, et à ne pas donner d'interviews. Il avait compris que les médias adoraient ramener toutes les affaires au plan personnel, et il voulait maintenir l'attention sur la surveil-

---

1. En France, la formule du « journalisme contradictoire » a notamment été invoquée en 2011 par Franz-Olivier Giesbert, s'inspirant là sans doute de la formule anglaise de l'« *adversarial journalism* », qu'il oppose au journalisme « engagé ».

lance de la NSA, pas sur sa personne. Tous les jours, pendant des mois, je reçus des appels téléphoniques et des e-mails de presque tous les bureaux de production des émissions de télévision américaines, de présentateurs vedettes et de journalistes réputés, chacun réclamant un entretien avec lui. Le présentateur du *Today Show*, Matt Lauer, m'appela de nombreuses fois pour me faire son laïus; la rédaction de *60 Minutes* se montrait si insistante que je finis par ne plus prendre ses appels; Brian Williams, de *NBC Nightly News*, le journal du soir de NBC, m'envoya plusieurs de ses collaborateurs pour me convaincre. Snowden aurait pu passer la totalité de ses journées et de ses soirées sur les plateaux des émissions de télévision les plus influentes, sous les yeux du monde entier, si telle avait été sa volonté.

Mais il restait inflexible. Je lui transmettais ces demandes et il les refusait, pour éviter de détourner l'attention de ces révélations. Comportement étrange, n'est-ce pas, de la part d'un narcisse assoiffé de renommée...

D'autres commentateurs se prêtèrent à ces tentatives de dénigrer sa personnalité. David Brooks, chroniqueur du *New York Times*, se gaussa de lui au motif qu'«il n'avait même pas pu aller au bout de ses études dans un centre universitaire de premier cycle». Snowden, décréta Brooks, était «le nec plus ultra de l'homme sans bagage», symbole de «cette vague montante d'une méfiance généralisée, de la propagation d'un cynisme corrosif, de la détérioration du tissu social et de l'ascension de personnes d'un individualisme si forcené qu'elles ignorent tout de la manière dont on rassemble les citoyens dans la quête du bien commun».

Pour Roger Simon, du site *Politico*, Snowden était «un loser» parce qu'il «avait abandonné ses études secondaires». Debbie Wasserman-Schulz, parlementaire démocrate, qui préside aussi le Conseil national du Parti démocrate, condamna ce «lâche» qui venait de gâcher sa vie pour faire ces révélations sur la NSA.

Inévitablement, le patriotisme du personnage fut remis en question. Parce qu'il était parti pour Hong Kong, on

se répandit en allégations, l'accusant d'être vraisemblablement un espion opérant pour le compte du gouvernement
chinois. Il n'est «pas difficile d'imaginer qu'il s'agit d'un agent
double qui fera bientôt défection», prédit Mark Mackowiak,
un consultant électoral de longue date du Parti républicain.

Mais lorsqu'il quitta Hong Kong pour se rendre en Amérique latine après une halte en Russie, l'accusation bascula
sans vergogne de l'espionnage chinois vers l'espionnage russe.
Des personnalités comme le parlementaire Mike Rogers pro-
férèrent cette accusation sans la moindre preuve, et en dépit
de cette évidence : si Snowden se trouvait en Russie, c'était
parce que les États-Unis avaient annulé son passeport et forcé
des pays comme Cuba à revenir sur leur promesse de lui
accorder un sauf-conduit. Qui plus est, quelle sorte d'espion
russe irait à Hong Kong, ou travaillerait avec des journalistes
et se ferait connaître publiquement au lieu de transmettre
sa pile de documents ultrasecrets à ses patrons moscovites?
Cette allégation n'a jamais eu aucun sens et n'avait pas la
moindre parcelle de fondement réel, ce qui n'empêcha pas
sa propagation.

L'une des insinuations les plus insensées et les plus dénuées
de fondement que l'on a pu répandre à son sujet émanait du
New York Times, qui prétendait que c'était le gouvernement
de Pékin, et non les autorités de l'île, qui l'avait autorisé à
quitter Hong Kong, avant d'ajouter cette autre allégation
aussi nauséabonde qu'infamante : «Deux experts occidentaux
du renseignement, qui travaillaient pour de grands services
d'espionnage gouvernementaux, ont déclaré qu'à leur avis
les agents du gouvernement chinois avaient réussi à vider le
contenu de quatre ordinateurs portables que M. Snowden
dit avoir apportés avec lui à Hong Kong.»

Le *New York Times* n'avait absolument aucune preuve de
ce que le gouvernement chinois ait été capable de se procurer les données NSA détenues par Snowden. L'article invitait
simplement les lecteurs à conclure en ce sens, en se fondant
sur deux «experts» anonymes qui «croyaient» que tel pourrait être le cas.

À la période où parut cet article, Snowden était bloqué à l'aéroport de Moscou et incapable d'accéder à Internet. Dès qu'il refit surface, il nia avec véhémence avoir transmis quelques données que ce soit à la Chine ou à la Russie, propos que je repris dans un article publié par le *Guardian*. «Je n'ai jamais fourni d'informations à aucun de ces deux gouvernements, et ils n'ont jamais rien tiré de mes ordinateurs portables», déclara-t-il.

Le lendemain de la parution de ce démenti, Margaret Sullivan critiqua le *New York Times* sur le contenu de cet article. Elle eut un entretien avec Joseph Kahn, le rédacteur en chef de la rubrique internationale, qui lui dit «qu'il importait de considérer cette partie du papier pour ce qu'il est : une réflexion sur ce qui aurait pu se produire, émanant d'experts qui ne prétendent pas détenir des informations puisées à la source». Sullivan eut ce commentaire : «Deux phrases au milieu d'un article du *New York Times* sur un sujet aussi sensible – et même si elles sont décalées par rapport au thème principal – ont le pouvoir de faire basculer le débat ou de porter atteinte à une réputation.» Elle concluait en s'accordant avec un lecteur qui se plaignait de l'article en ces termes : «Je lis le *Times* pour savoir la vérité. Les conjectures à partir de pures rumeurs, je peux lire ça presque partout ailleurs.»

Par l'intermédiaire de Janine Gibson, la rédactrice en chef du *New York Times*, Jill Abramson – lors d'une réunion destinée à convaincre le *Guardian* de collaborer sur certains articles relatifs à la NSA – envoya ce message : «Dites à Glenn Greenwald, je vous prie, que personnellement je suis complètement d'accord avec lui sur le fait que nous n'aurions jamais dû publier ces affirmations relatives à la Chine "ponctionnant" les ordinateurs de Snowden. C'était complètement irresponsable.»

Janine Gibson semblait s'attendre à ce que cela me fasse plaisir, mais j'en étais loin : comment la rédactrice en chef d'un quotidien pouvait-elle conclure que la publication d'un article manifestement préjudiciable était un acte irresponsable et qu'il n'aurait pas dû voir le jour, sans le retirer ou au moins l'assortir d'un commentaire de la rédaction?

Mis à part l'absence de preuve, affirmer que les ordinateurs de Snowden auraient été «ponctionnés» n'avait en soi aucun sens. Voilà des années que, pour le transfert de grosses quantités de données, les gens n'utilisent plus d'ordinateurs portables. Avant même que les portables ne deviennent chose courante, on stockait les gros volumes de fichiers sur des disques externes et, à l'heure actuelle, on se sert de clefs USB. Il est vrai que Snowden avait quatre portables avec lui à Hong Kong, chacun d'eux répondant à des besoins de sécurité différents, et sans aucun rapport avec la quantité de documents qu'il transportait. Ces fichiers étaient sur des clefs USB, cryptées au moyen de méthodes cryptographiques sophistiquées. Ayant travaillé comme hacker pour la NSA, il savait que ces cryptages ne pouvaient être percés par son ancien employeur, et encore moins par les agences de renseignement chinoises ou russes.

Mettre en avant le nombre de portables qu'il emportait avec lui était un moyen profondément mensonger de jouer sur l'ignorance et les peurs des gens – *il a emporté tellement de documents qu'il lui fallait quatre portables pour les stocker tous!* Et si les Chinois avaient réussi d'une manière ou d'une autre à en ponctionner les contenus, ils n'auraient rien récolté de bien précieux.

L'idée qu'il essaierait de se tirer d'affaire en livrant des secrets de surveillance n'était pas moins absurde. Il avait réduit sa vie en miettes et risquait de croupir en prison rien que pour avoir révélé au monde un système de surveillance clandestine auquel il fallait, croyait-il, mettre un terme. Qu'il se ravise en aidant la Chine et la Russie à améliorer leurs propres capacités de surveillance, rien que pour s'éviter la prison, c'était tout simplement inepte.

Ces allégations avaient beau être grotesques, les dégâts, comme il était à prévoir, n'en restaient pas moins substantiels. Dans tous les débats télévisés autour de la NSA, il y avait chaque fois un invité pour affirmer, sans risque d'être contredit, que grâce à Snowden la Chine était désormais en possession des secrets les plus sensibles des États-Unis. Sous ce gros titre – «Pourquoi la Chine a laissé partir Snowden» –, le *New Yorker* annonçait à ses lecteurs : «Il n'était quasiment plus d'aucune utilité. Des experts du renseignement, cités par le *New York Times*, pensent que le gouvernement chinois "a réussi à ponctionner le contenu des quatre ordinateurs portables que M. Snowden dit avoir emporté avec lui à Hong Kong".»

Diaboliser l'individu qui met en cause le pouvoir politique est l'une des tactiques employées de longue date par Washington, y compris par les médias. L'un des tout premiers exemples de cette stratégie, et peut-être l'un des plus flagrants, remonte au traitement réservé par l'administration Nixon au lanceur d'alerte qui fut à l'origine de la divulgation des Pentagon Papers, le psychanalyste Daniel Ellsberg. La présidence républicaine alla jusqu'à commanditer l'effraction du cabinet du praticien pour lui dérober ses dossiers et même jusqu'à fouiner dans ses préférences sexuelles. Si absurde que soit cette tactique – en quoi la révélation d'informations personnelles gênantes contredirait-elle des preuves attestant des manœuvres de dissimulation d'un gouvernement? –, Ellsberg en comprit clairement la portée : les gens n'ont aucune envie de se retrouver associés à un individu qui a été discrédité ou humilié publiquement.

La même technique fut utilisée pour porter atteinte à la réputation de Julian Assange, bien avant qu'il ne soit accusé de crimes sexuels par deux femmes, en Suède. Il est à noter que les attaques contre Assange ont été lancées par les journaux qui avaient travaillé avec lui et qui, de ce fait, avaient bénéficié des révélations de Chelsea Manning, qu'Assange et WikiLeaks avaient rendues possibles.

Quand le *New York Times* publia ce que le quotidien intitula «Les journaux de la guerre d'Irak», des milliers de documents classifiés détaillant les atrocités et d'autres abus commis durant la guerre par l'armée américaine et ses alliés irakiens, cette parution fut accompagnée d'un article en première page – placé ainsi en évidence, autant que les révélations proprement dites – signé de John Burns, un journaliste pro-guerre qui n'avait pas d'autre objectif que de dépeindre Assange comme un individu bizarre et paranoïaque, ayant peu le sens des réalités.

L'article décrivait un personnage qui «descend dans des hôtels sous un nom d'emprunt, qui se teint les cheveux, dort par terre ou dans le canapé, paie en liquide et jamais par carte de crédit, avec de l'argent souvent emprunté à des amis». Son auteur remarquait ce qu'il appelait son «comportement erratique et intraitable» et ses «illusions de grandeur», ajoutant que ses détracteurs «l'accusent de mener une vendetta contre les États-Unis». Et de conclure avec ce diagnostic psychologique d'un bénévole de WikiLeaks, déçu et plein de rancœur : «Il n'a pas toute sa tête.»

Présenter Assange en individu un peu cinglé et pétri d'illusions devint l'une des pierres angulaires du discours politique américain en général et des tactiques du *New York Times* en particulier. Dans un article, Bill Keller citait un journaliste du quotidien de référence de l'Amérique qui décrivait un Assange «échevelé, l'air d'une clocharde marchant au milieu de la chaussée, en veste sport miteuse de couleur claire et pantalon cargo, en chemise encore blanche mais sale, avec ses baskets à moitié fichues et des chaussettes blanches crasseuses et tirebouchonnées. Il sentait fort, comme quelqu'un qui n'a plus pris un bain depuis des jours».

Le *New York Times* mena aussi la charge contre Chelsea (ex-Bradley) Manning, en affirmant que ce n'étaient pas ses convictions ou sa conscience qui l'avaient poussé à l'action pour devenir un lanceur d'alerte d'aussi gros calibre, mais des troubles de la personnalité et une instabilité psychologique. De nombreux articles avançaient l'hypothèse dénuée de fondement que toute une série de facteurs divers, depuis ses problèmes de genre jusqu'aux maltraitances anti-gay qu'il avait subies à l'armée et aux conflits avec son père, constituaient les motivations premières de sa décision de révéler des documents d'une telle importance.

Attribuer la dissidence à des troubles de la personnalité n'est pas une invention américaine. Les dissidents soviétiques étaient régulièrement internés dans des hôpitaux psychiatriques et les dissidents chinois sont encore souvent traités de force pour maladie mentale. Il y a des raisons évidentes au lancement de ces attaques personnelles contre les détracteurs du statu quo. Comme indiqué, l'une d'elles consiste à entamer la crédibilité de l'auteur de ces critiques : peu de gens ont envie de s'aligner sur les positions d'un individu taxé de fou ou de bizarre. L'autre est la dissuasion : mettre les dissidents au ban de la société et les rabaisser au rang d'individus déséquilibrés au plan émotionnel, c'est fortement inciter les autres à ne pas devenir comme eux.

Mais la motivation essentielle reste une nécessité logique. Pour les gardiens du statu quo, l'état de choses actuel et ses institutions dominantes n'ont rien de véritablement ou fondamentalement nocifs : on les considère comme justes. C'est pourquoi quiconque affirme le contraire – surtout s'il s'agit d'un individu assez motivé par cette conviction pour entreprendre des actions radicales – doit, par définition, souffrir d'instabilité émotionnelle et d'un handicap psychologique.

En d'autres termes, il y a en somme deux choix : l'obéissance à l'autorité instituée ou la dissidence radicale. La première ne constitue un choix sain et valide que si la seconde est à la fois entachée de folie et d'illégitimité. Pour les défenseurs du statu quo, la pure et simple *corrélation* entre la maladie mentale et l'opposition radicale à l'orthodoxie dominante est insuffisante. Il faut que la dissidence radicale constitue l'évidence, et même la preuve, d'un grave trouble de la personnalité.

Cette formulation recèle une tromperie fondamentale : l'idée que la dissidence par rapport à un pouvoir institutionnel implique un choix moral ou idéologique, mais l'obéissance pas du tout. Une fois énoncé ce principe fallacieux, la société observe très attentivement les motivations des dissidents, mais ignore celles des gens qui se soumettent aux institutions, soit en veillant à ce que leurs actions restent dissimulées, soit par tous autres moyens. Dès lors, l'obéissance à l'autorité est implicitement considérée comme l'état naturel des choses.

En fait, observer les règles implique autant de choix moraux que la décision de les enfreindre, et ces deux lignes de conduite révèlent d'importants aspects de l'individu concerné. À l'opposé de certaines idées reçues – la dissidence radicale attesterait un trouble de la personnalité –, l'inverse pourrait aussi être vrai : face à de graves injustices, le refus de faire dissidence serait le signe d'un défaut de caractère ou d'un manquement moral.

Peter Ludlam, professeur de philosophie, écrivit dans le *New York Times* au sujet de ce qu'il appelle «la divulgation, le lancement d'alerte et l'hacktivisme qui ont tant contrarié l'armée américaine et les communautés du renseignement, tant dans le secteur privé que dans le domaine gouvernemental» – activités associées à un groupe qu'il appelle la «Génération W», dont Snowden et Manning offrent les principaux exemples – argumente exactement en ce sens :

> Le désir des médias de psychanalyser les membres de la génération W est assez naturel. Ils veulent comprendre ce qui pousse ces gens à commettre des actes auxquels les professionnels des médias ne se risqueraient jamais. Mais ce qui est valable pour les uns l'est aussi pour les autres : s'il y a des motivations psychologiques expliquant le lancement d'alerte, la divulgation et l'hacktivisme, de la même manière, il existe aussi des motivations psychologiques chez ceux qui serrent les rangs autour des structures de pouvoir internes d'un système – en l'occurrence un système où les grands groupes médiatiques jouent un rôle important.
>
> Dans le même ordre d'idées, alors même que les acteurs d'une organisation se comportent en accord avec le code de déontologie de cette organisation et dans le respect des liens de confiance qui en régissent les rouages internes, il est possible que le système proprement dit soit malade.

Ce débat est l'un de ceux que les pouvoirs institutionnels sont le plus désireux d'éviter. Aux États-Unis, cette diabolisation délibérée des lanceurs d'alerte est un moyen pour les médias de l'establishment de protéger les intérêts de ceux qui manient le pouvoir. Cet asservissement est si profond que quantité de règles journalistiques sont édictées, ou tout au moins appliquées, à seule fin de promouvoir le message du gouvernement.

Prenez par exemple l'idée que divulguer des informations classifiées soit en quelque sorte un acte malveillant ou criminel. Les journalistes de Washington qui adhèrent à ce point de vue s'agissant de Snowden ou moi-même ne déplorent pas ces révélations d'informations secrètes, mais seulement le fait que ces révélations déplaisent au gouvernement ou le déstabilisent.

La réalité, c'est que Washington croule en permanence sous les fuites. Les journalistes de la capitale fédérale les plus encensés et les plus respectés, comme Bob Woodward, se sont créé la place qui est la leur en recevant régulièrement des informations classifiées de sources de haut niveau, avant de les publier. Des responsables de l'administration Obama se sont à plusieurs reprises rendus au *New York Times* pour y divulguer des informations classifiées sur des sujets comme les assassinats ciblés opérés par des drones et l'exécution d'Oussama ben Laden. L'ancien secrétaire à la Défense Leon Panetta et des cadres dirigeants de la CIA transmirent ainsi des informations secrètes au réalisateur de *Zero Dark Thirty*, qui raconte la traque de ben Laden, dans l'espoir que le film exalterait le plus grand triomphe politique d'Obama. (À l'époque, des avocats du département de la Justice déclarèrent devant des cours fédérales que leur obligation de protéger la sécurité nationale leur interdisait de rendre publiques les informations sur le raid contre ben Laden.)

Aucun journaliste de l'establishment ne proposerait de poursuivre tel ou tel de ces responsables pour ces fuites, ou les journalistes destinataires de ces documents qui écrivirent ensuite des articles à ce sujet. L'idée que Bob Woodward qui, pendant des années, révéla les secrets les mieux gardés, et ses sources aux échelons les plus élevés du gouvernemen, soient des criminels les divertirait follement.

La raison en est que ces fuites reçoivent l'imprimatur de Washington et servent les intérêts du gouvernement des États-Unis, et sont par conséquent jugées appropriées et acceptables. Les seules fuites que les médias de Washington condamnent sont celles qui contiennent des informations que les responsables officiels préféreraient cacher.

Considérons ce qui se passa quelques instants avant que David Gregory ne suggère sur le plateau de *Meet the Press* que l'on m'arrête pour avoir publié ces reportages sur la NSA. Au début de l'interview, je fis allusion à une ordonnance judiciaire ultrasecrète émise en 2011 par la cour FISA, qui jugeait d'importants éléments du programme de surveillance intérieure de la NSA inconstitutionnels, en violation des lois réglementant l'espionnage. Je n'avais été informé de ce jugement que parce que j'avais lu les documents de la NSA que Snowden m'avait communiqués. Dans l'émission *Meet the Press*, je venais d'appeler à leur publication.

Or, Gregory tenta d'expliquer que l'avis de la cour FISA allait dans un autre sens :

> Concernant cet arrêt précis de la cour FISA, et je me base sur ce que m'en ont rapporté certaines personnes, ne serait-ce pas plutôt que l'avis de la cour, fondé sur une requête du gouvernement, dirait : « Bien, nous vous autorisons à vous procurer ceci, mais cela, en revanche, non. Cela sortirait en effet du cadre de ce que vous êtes autorisés à faire » –, ce qui signifie que la requête du pouvoir exécutif a bien été modifiée ou refusée, et c'est là justement l'argument du gouvernement, à savoir qu'il y a eu ici un véritable contrôle juridictionnel, et aucun abus.

Cette argumentation ne touche pas aux attendus spécifiques de l'arrêt de la cour FISA (bien que, lors de sa publication, huit semaines plus tard, il devînt clair que ce jugement concluait bel et bien que la NSA avait agi illégalement). Le plus important, c'était que David Gregory prétendait tout connaître de ce jugement, parce que ses sources lui en avaient parlé, et il avait ensuite diffusé cette information devant le monde entier.

En conséquence, quelques instants avant de brandir le spectre de mon arrestation à la suite de mes articles, il venait lui-même d'être à l'origine d'une fuite de ce qu'il croyait être une information secrète émanant de sources gouvernementales. Mais personne n'aurait jamais suggéré que le travail de M. Gregory doive être criminalisé. Appliquer la même logique au présentateur de *Meet the Press* et à sa source paraîtrait grotesque.

En fait, il aurait vraisemblablement été incapable de comprendre que ses révélations et les miennes étaient même comparables, car les siennes s'étaient faites sur ordre du gouvernement américain, qui cherchait à se défendre et à justifier ses actes, alors que les miennes l'avaient été dans un esprit contradictoire, contre la volonté de la bureaucratie.

Cette conception va naturellement à l'encontre de la manière dont la liberté de la presse a toujours été censée fonctionner. L'idée d'un «quatrième pouvoir», c'est que ceux qui exercent les plus grandes responsabilités doivent être le cas échéant remis en question, contredits et soumis à une exigence de transparence, le travail de la presse étant de réfuter les mensonges que le pouvoir dissémine invariablement pour se protéger. Sans ce type de journalisme, les abus sont inévitables. Personne n'a jamais souhaité que la Constitution américaine garantisse la liberté de la presse pour que des journalistes puissent se lier d'amitié avec les dirigeants, amplifier et glorifier leur action. Si cette garantie fut jugée nécessaire, c'était au contraire pour que des journalistes puissent faire exactement l'inverse.

Cette partialité appliquée à la publication d'informations classifiées est encore plus nette s'agissant de l'exigence non écrite d'«objectivité journalistique». C'était la violation supposée de cette règle qui faisait de moi un «activiste» au lieu d'un «journaliste». Comme on nous le répète inlassablement, les journalistes n'expriment pas d'opinions, ils rapportent simplement les faits.

C'est à l'évidence un prétexte, un travestissement de la profession. Par nature, les perceptions et les déclarations des êtres humains sont subjectives. Chaque article d'information est le produit de toutes sortes de présupposés culturels, nationaux et politiques fortement subjectifs. Et tout travail de journalisme sert les intérêts d'un camp contre ceux d'un autre.

La distinction pertinente n'est pas entre les journalistes qui ont des opinions et ceux qui n'en ont aucune, catégorie qui n'existe pas. Elle est entre journalistes qui ont la franchise de faire part de leurs opinions et ceux qui les dissimulent, en faisant mine de n'en avoir aucune.

L'idée même que des journalistes doivent être exempts de toute opinion est loin d'être une exigence traditionnelle de la profession ; en fait, c'est une concoction relativement nouvelle qui a pour effet, si ce n'est pour intention, de neutraliser le journalisme.

Cette conception américaine récente reflète, comme l'observait un chroniqueur média de Reuters, Jack Shafer, une « bien triste dévotion à l'idéal corporatiste de ce que le journalisme » devrait être, ainsi qu'« une pénible méconnaissance de l'histoire ». Depuis la fondation des États-Unis, le meilleur des journalismes, et le plus conséquent, impliquait souvent des journalistes engagés, un véritable plaidoyer et un dévouement au combat contre l'injustice. Au contraire, le modèle du journalisme des grands groupes médiatiques, sans opinion, incolore et sans âme a vidé l'exercice de ses attributs les plus précieux, rendant l'establishment médiatique inconséquent : une menace contre ceux qui n'ont aucun pouvoir, telle était exactement l'intention.

Seulement, mis à part le caractère illusoire de l'objectivité journalistique, cette règle n'est presque jamais appliquée avec cohérence par ceux qui prétendent y croire. Des journalistes de l'establishment expriment constamment leurs opinions sur toute une série de questions controversées sans se voir privés de leur statut professionnel. Mais si les opinions qu'ils profèrent sont approuvées par le pouvoir bureaucratique de Washington, elles sont alors considérées comme légitimes.

Tout au long de la controverse au sujet de la NSA, Bob Schieffer, le présentateur de l'émission de débat *Face the nation*, dénonça Snowden et défendit la surveillance de l'agence. Jeffrey Toobin, correspondant des affaires judiciaires du *New Yorker* et de CNN, en fit autant. John Burns, correspondant du *New York Times* qui couvrit la guerre en Irak, admit après coup qu'il avait soutenu l'invasion, en évoquant même les troupes américaines à grand renfort de formules fleuries : «mes libérateurs» et «mes anges de bonté». Sur CNN encore, Christiane Amanpour consacra l'été 2013 à une défense et illustration de l'emploi de la force militaire américaine en Syrie. Pourtant, ces prises de position ne furent pas condamnées comme de l'«activisme», parce qu'en dépit de toute cette révérence professée envers l'objectivité, en fait, rien n'interdit aux journalistes d'avoir des opinions.

Tout comme la règle supposée contre les fuites, la «règle» de l'objectivité n'est aucunement une règle, mais plutôt un moyen de défendre les intérêts de la classe politique dominante. Dès lors, «la surveillance de la NSA devient légale et nécessaire» ou «la guerre en Irak est juste», ou bien encore «les États-Unis n'ont pas d'autre choix que d'envahir ce pays», telles sont les opinions que doivent exprimer les journalistes, et ils ne s'en privent pas.

L'«objectivité» ne signifie rien de plus qu'une volonté de refléter les préjugés et servir les intérêts d'un Washington retranché sur ses positions. Les opinions ne posent problème que lorsqu'elles dévient du registre acceptable de l'orthodoxie washingtonienne.

L'hostilité envers Snowden n'était pas difficile à expliquer. L'hostilité envers les journalistes qui révélèrent l'affaire – moi-même – est peut-être plus complexe. Nées en partie de la rivalité et en partie d'une volonté de représailles après des années de critiques professionnelles que j'avais dirigées contre les stars des médias américains, il y avait aussi là, me semble-t-il, de la colère et même de la honte face à une vérité que ce journalisme contradictoire avait mise à nu : un travail d'enquête qui provoque l'ire gouvernementale révèle le rôle véritable des journalistes adoubés par Washington – c'est-à-dire celui d'amplifier son pouvoir.

Mais la raison la plus importante de cette hostilité, et de loin, c'était que les figures de l'establishment médiatique avaient accepté de se plier à la règle du porte-parole dévoué, en particulier quand il était question de sécurité nationale. Dès lors, il s'ensuit qu'à l'instar des responsables politiques, ils méprisent ceux qui défient ou qui sapent l'autorité des centres du pouvoir.

Par le passé, le journaliste emblématique était un franc-tireur avéré. Beaucoup de ceux qui entraient dans la profession avaient tendance à s'opposer au pouvoir plutôt qu'à le servir, non pas seulement par choix idéologique, mais en raison de leur personnalité et de certaines dispositions d'esprit. Choisir une carrière dans le journalisme vous assurait donc pratiquement ce statut de franc-tireur : les journalistes gagnaient peu d'argent, jouissaient de peu de prestige institutionnel et restaient généralement dans l'obscurité.

À présent, tout a changé. Avec le rachat des groupes de communication par les plus grandes entreprises mondiales, la plupart des stars des médias sont devenues des employés grassement payés de ces conglomérats, guère différents de leurs autres employés dans d'autres secteurs. Au lieu de vendre des services bancaires ou des instruments financiers, ils font commerce de produits médias qu'ils proposent au public au nom de cette entreprise. Leur trajectoire de carrière est déterminée par les mêmes critères qui mènent à la réussite dans un tel environnement : dans l'exacte mesure où ils donnent satisfaction à leurs patrons et où ils défendent les intérêts du groupe.

Ceux qui prospèrent dans la hiérarchie de ces grandes entreprises ont plus tendance à pratiquer la complaisance envers le pouvoir institutionnel qu'à le subvertir. Par conséquent, ceux qui réussissent dans le journalisme au sein de ces groupes médiatiques sont profilés pour être accommodants envers le pouvoir. Ils s'identifient à l'autorité institutionnelle et sont doués pour le servir, pas pour le combattre.

Ce ne sont pas les preuves de ce que j'avance qui manquent. Nous connaissons la volonté du *New York Times*, sur ordre de la Maison-Blanche, d'étouffer la découverte par James Risen du programme d'écoutes illégales de la NSA en 2004 ; à l'époque, le médiateur du journal qualifia les excuses présentées par le titre à la suite de cette manœuvre d'étouffement d'«extrêmement déplacées». Lors d'un incident similaire au *Los Angeles Times*, en 2006, le rédacteur en chef, Dean Baquet, annula un article d'un de ses journalistes traitant de la collaboration secrète entre AT&T et la NSA, fondé sur des informations émanant d'un lanceur d'alerte, Mark Klein. Il avait présenté des liasses de documents révélant la construction par AT&T, dans ses bureaux de San Francisco, d'une salle secrète d'où la NSA était en position d'installer des répartiteurs lui permettant de détourner le trafic téléphonique et Internet des clients de l'opérateur vers les dépôts de l'agence.

Ainsi que l'expliqua Klein, ces documents démontraient que la NSA «fouillait les vies personnelles de millions d'Américains innocents». Mais Baquet, exposa Klein sur *ABC News* en 2007, bloqua la publication de l'article «à la demande du directeur du renseignement national de l'époque, John Negroponte et du directeur de la NSA, le général Michael Hayden». Peu après, Baquet devint chef du bureau de Washington du *New York Times* et fut ensuite promu au poste de directeur de la rédaction du titre.

Que le *New York Times* offre de l'avancement à un serviteur si zélé des intérêts du gouvernement ne devrait pas surprendre. Son médiateur, Margaret Sullivan, remarquait que si ses rédacteurs en chef voulaient comprendre pourquoi des sources révélant des informations de sécurité nationale de première grandeur comme Chelsea Manning et Edward Snowden ne se sentaient pas assez en sécurité ou suffisamment motivées pour leur apporter ces informations, le quotidien aurait peut-être intérêt à se livrer à une séance d'introspection. Il est vrai que le *New York Times* a publié d'énormes masses de documents en partenariat avec WikiLeaks mais, peu après, son ancien directeur de la rédaction, Bill Koch, ne ménagea pas ses efforts pour distancier le journal de ce partenaire :

il souligna publiquement le contraste entre le courroux de l'administration Obama contre WikiLeaks et les félicitations qu'elle n'en avait pas moins adressées au grand quotidien de référence et à son travail d'information «responsable».

Quant à ces relations privilégiées du journal avec Washington, Keller les claironna fièrement en d'autres occasions aussi. En 2010, lors d'une apparition à la BBC où il aborda les télégrammes que s'était procurés WikiLeaks, il expliqua que le *NYT* respectait les directives du gouvernement américain concernant ce qui doit ou non être publié. Incrédule, le présentateur de la BBC lui demanda : «Êtes-vous en train de dire que vous allez en quelque sorte consulter votre gouvernement en amont pour lui demander : "Et que pensez-vous de cette information, et de cette autre, et si on publie ceci et cela, est-ce que ça peut aller?", et vous obtenez ensuite une validation?" » L'autre invité, l'ex-ambassadeur de Grande-Bretagne, Carne Ross, confia qu'ayant écouté les remarques de Keller, il en concluait que personne n'aurait intérêt à aller soumettre ces télégrammes secrets au *New York Times*. Il est incroyable que le journal aille soumettre ce qu'il publie au gouvernement américain.

Mais ce genre de collaboration des médias avec Washington n'a rien d'extraordinaire. Par exemple, il y a de la part des journalistes cette attitude banale consistant à adopter la position officielle de Washington dans ses affrontements avec ses adversaires sur la scène mondiale et à prendre des décisions éditoriales fondées sur ce qui permet de défendre le mieux les «intérêts américains», tels que définis par le gouvernement. Jack Goldsmith, avocat du département de la Justice, mettait en avant ce qu'il appelait «un phénomène sous-estimé : le patriotisme de la presse américaine», signifiant par là que les médias tendent à faire preuve de loyauté envers les choix politiques de leur gouvernement. Il citait Michael Hayden, directeur de la CIA et de la NSA sous la présidence Bush, qui remarquait que les journalises américains affichent «une volonté de travailler avec nous», mais qu'avec la presse étrangère, ajoutait-il, c'était «très, très compliqué».

Cette identification de l'establishment des médias avec le gouvernement des États-Unis est cimentée par divers facteurs, l'un d'eux étant socio-économique. Aux États-Unis, nombre de journalistes influents sont désormais multimillionnaires. Ils habitent dans les mêmes quartiers que les personnalités politiques et les élites financières dont ils sont censés être les observateurs impartiaux. Ils sont conviés aux mêmes réceptions, intègrent les mêmes cercles d'amis et de collaborateurs, leurs enfants fréquentent les mêmes écoles privées réservées à l'élite.

C'est l'une des raisons pour lesquelles les journalistes et les responsables gouvernementaux peuvent échanger leurs postes sans heurt. Ce jeu de chassé-croisé place des personnalités des médias à des postes de haut niveau à Washington, tout comme des responsables gouvernementaux quittent souvent leur poste pour se voir récompenser d'un lucratif contrat médiatique. Jay Carney et Richard Stengel, du magazine *Time*, sont désormais au gouvernement tandis que les collaborateurs d'Obama, David Axelrod et Robert Gibbs, officient en tant que commentateurs sur la chaîne MSNBC. Bien plus que des changements de carrière, on assiste là à des transferts latéraux : le jeu de bascule est d'une parfaite fluidité, parce que ces protagonistes sont toujours au service des mêmes intérêts.

Le journalisme de l'establishment américain est tout sauf une force extérieure. Il est totalement intégré au pouvoir politique dominant. Au plan culturel, émotionnel et socio-économique, les deux ne font qu'un. Les journalistes fortunés, célèbres et initiés n'ont pas envie de subvertir le statu quo qui les récompense si somptueusement. Comme tous les courtisans, ils sont très désireux de défendre le système qui les investit de leurs privilèges, et méprisent quiconque voudrait le remettre en cause.

De là à pleinement assimiler leurs besoins à ceux des politiques, il n'y a qu'un pas. En conséquence, la transparence devient une mauvaise chose, le journalisme critique devient nocif, voire criminel. Les dirigeants politiques doivent être autorisés à exercer leur pouvoir dans l'opacité.

En septembre 2013, ces arguments furent déclinés avec force par Seymour Hersh, journaliste lauréat du prix Pulitzer qui découvrit à la fois le massacre de My Lai et le scandale d'Abou Graib. Dans une interview au *Guardian*, il vitupérait contre «la timidité des journalistes en Amérique, leur incapacité à remettre en cause la Maison-Blanche et à agir en messagers impopulaires de la vérité». Il estimait que le *New York Times* consacrait trop de temps «à servir la soupe à Obama». L'administration ment systématiquement, argumentait-il, «pourtant aucun de ces Léviathans médiatiques américains, les chaînes de télévision ou les grands titres de la presse écrite» ne la remettent en cause.

La proposition de Hersh «sur la méthode pour restaurer un vrai journalisme» consistait à «fermer les bureaux de presse de NBC et ABC, à virer 90 pour cent des rédacteurs en chef de l'éditorial et à revenir au travail fondamental des journalistes», celui d'un franc-tireur et d'un observateur opérant depuis l'extérieur du système. «Commencez par promouvoir des rédacteurs en chef impossibles à contrôler, plaidait Hersh. Mais les fauteurs de trouble ne reçoivent pas de promotion», prévenait-il. Au lieu de quoi, des «rédacteurs en chef merdiques» et des journalistes à l'avenant gâchent la profession parce que la mentalité dominante consiste à ne surtout pas oser se comporter en franc-tireur.

Une fois que les journalistes sont catalogués comme activistes, une fois que leur travail est entaché d'accusations d'activité criminelle et qu'ils sont exclus des cénacles protecteurs réservés aux journalistes, ils s'exposent à un traitement pénal. Cela m'a été très clairement signifié après l'éclatement de l'affaire NSA.

Quelques minutes après mon retour chez moi à Rio, suite à mon séjour à Hong Kong, David Miranda m'annonça que son ordinateur portable avait disparu. Suspectant que cela soit lié à une conversation que nous avions eue pendant mon absence, il me rappela que je l'avais appelé via Skype pour parler d'un gros dossier de documents cryptés que j'avais l'intention de lui envoyer par voie électronique. Dès réception, lui avais-je dit, il devait le ranger en lieu sûr. Snowden jugeait vital qu'un interlocuteur en qui j'aie une confiance indéfectible détienne un jeu complet de ces documents, au cas où mes propres archives seraient perdues, endommagées ou volées.

« Je ne serai peut-être plus joignable très longtemps, expliquait-il. Et on ne sait jamais comment votre relation de travail avec Laura évoluera. Quelqu'un doit en détenir un jeu, pour que vous y ayez toujours accès, quoi qu'il arrive. »

David était un choix évident. Mais je ne lui avais jamais envoyé ce fichier. C'était l'une des choses que je n'avais pas trouvé le temps de faire pendant ma semaine à Hong Kong.

« Moins de quarante-huit heures après que tu m'as dit ça, m'apprit-il, mon ordinateur a été volé, à mon domicile. »

Je résistai à l'idée que ce vol de portable soit lié à notre conversation sur Skype. Je lui dis que j'étais bien déterminé à ne pas faire partie de ces individus paranoïaques qui attribuent tous les événements inexpliqués de leur vie à la CIA. Cet ordinateur avait pu être perdu, un visiteur le lui avait emprunté, ou alors, s'il avait été volé, cela n'avait aucun lien.

David réfuta chacune de mes théories l'une après l'autre : il ne sortait jamais cet ordinateur de chez lui ; il avait retourné les lieux en tous sens et n'avait pu le retrouver nulle part ; rien d'autre n'avait été volé ou changé de place. Je me montrais irrationnel, jugeait-il, en refusant d'accepter ce qui paraissait la seule explication possible.

À ce stade, un certain nombre de journalistes avaient remarqué que la NSA n'avait pratiquement aucune idée de ce que Snowden avait emporté ou de ce qu'il m'avait remis, aussi bien concernant la nature précise des documents que leur volume. Il paraissait logique que le gouvernement américain (ou peut-être même d'autres gouvernements) veuillent à tout prix savoir ce que j'avais en ma possession. Si l'ordinateur de David était susceptible de leur livrer ces informations, pourquoi ne pas le subtiliser ?

Dès lors, je savais aussi qu'une conversation avec lui par l'intermédiaire de Skype était tout sauf sûre, aussi vulnérable à la surveillance de la NSA que n'importe quelle autre forme de communication. Le gouvernement avait donc la faculté d'apprendre que je prévoyais d'envoyer ces documents à David, et un motif impérieux de mettre la main sur son ordinateur portable.

J'appris de David Schultz, le juriste médias du *Guardian*, qu'il y avait quelque raison d'ajouter foi à la théorie de David sur ce vol. Des contacts au sein de la communauté du renseignement américain lui avaient fait savoir que la présence de la CIA à Rio était plus musclée que presque partout ailleurs dans le monde et que le chef de station de Rio était «connu pour sa posture offensive». Sur cette base, me dit Schultz, «tu dois plus ou moins partir du principe que tout ce que tu dis, tout ce que tu fais et tous les lieux où tu te rends seront surveillés de près».

Je me résignai à l'idée que mon aptitude à communiquer avec le monde soit désormais fortement restreinte. Je me retenais d'utiliser le téléphone, sauf pour les conversations les plus vagues et les plus ordinaires. Je n'envoyais et ne recevais d'e-mails qu'à travers les systèmes de cryptage les plus lourds à manier. Je limitai mes discussions avec Laura, Snowden et diverses sources à des programmes cryptés de *chat* en ligne. Je n'ai été en mesure de travailler sur des articles avec des rédacteurs en chef du *Guardian* et d'autres journalistes qu'en les faisant venir à Rio pour les voir en tête à tête. J'appliquai même ces règles de prudence lorsque je parlais avec David chez nous ou en voiture. Le vol de ce portable avait rendu palpable la possibilité que même les lieux les plus intimes et les plus privés soient sous surveillance.

S'il me fallait une preuve supplémentaire du climat menaçant où je travaillerais dorénavant, elle me fut administrée par Steve Clemons, un analyste politique bien introduit et bien considéré à Washington, et envoyé spécial de *The Atlantic* – il avait surpris une conversation qui lui avait permis de glaner une information.

Le 8 juin, Clemons était à l'aéroport Dulles, dans le *lounge* United Airlines, et rapporta qu'il avait surpris les propos de responsables du renseignement américain se vantant à voix haute de ce qu'il fallait «escamoter» la source des fuites et le journaliste qui avait écrit sur les affaires de la NSA. Il me précisa qu'il avait enregistré une partie de la conversation avec son téléphone. Clemons pensait que ces bavardages avaient plutôt l'air de «fanfaronnades», mais décida néanmoins de publier ces propos.

Je ne pris pas cette information trop au sérieux, bien que Clemons soit tout à fait crédible. Mais la simple réalité de bavardages aussi futiles, et en public, entre des membres de l'establishment bureaucratique sur l'«escamotage» de Snowden – et des journalistes avec lesquels il travaillait – n'en était pas moins alarmante.

Au cours des mois qui suivirent, de simple abstraction, la possible criminalisation des articles sur la NSA devint une réalité. Ce fut le gouvernement britannique qui induisit cette mutation drastique.

J'appris grâce à Janine Gibson, par *chat* crypté, qu'un événement remarquable avait eu lieu dans les bureaux londoniens du *Guardian*, à la mi-juillet. Elle me décrivit ce qu'elle appelait un «changement radical» dans la teneur des conversations entre le *Guardian* et le GCHQ, survenu au cours des dernières semaines. Ce qui à l'origine n'allait jamais au delà de «conversations très civilisées» au sujet des reportages du journal avait dégénéré en une série d'exigences au caractère ouvertement belliqueux puis en menaces déclarées de l'agence d'espionnage britannique.

Ensuite, de manière plus ou moins soudaine, m'apprit Janine Gibson, le GCHQ annonça qu'il ne «permettrait» plus au journal de continuer de publier des articles fondés sur des documents ultrasecrets. Ils exigeaient que le *Guardian* de Londres remette tous les exemplaires des fichiers qu'il recevait de Snowden. En cas de refus, une ordonnance judiciaire interdirait tout reportage ultérieur.

Cette menace n'était pas vaine. Le Royaume-Uni n'octroyait aucune garantie de la liberté de la presse. Les tribunaux britanniques sont si déférents envers les exigences de «restriction préalable» du gouvernement que les médias peuvent être empêchés, en amont, de publier des reportages sur tout ce qui est réputé menacer la sécurité nationale.

En fait, dans les années 1970, le journaliste qui fut le premier à découvrir et à rapporter l'existence du GCHQ, Duncan Campbell, fut arrêté et traduit en justice. Au Royaume-Uni, les tribunaux pourraient à tout moment fermer le *Guardian* et saisir tous ses contenus et équipements. «Aucun juge ne refuserait si on le lui demandait, m'expliqua Janine. Nous le savons et ils savent que nous le savons.»

Les documents que possédait le *Guardian* ne représentaient qu'une petite partie des archives complètes que Snowden nous avait transmises à Hong Kong. Il se montrait catégorique : les reportages spécifiquement relatifs au GCHQ devaient être confiés à des journalistes britanniques et, lors d'une de ses dernières journées à Hong Kong, il remit une copie de ces documents à Ewen MacAskill.

Lors de notre conversation cryptée, Janine m'annonça que le rédacteur en chef, Alan Rusbridger, et elle, ainsi que d'autres membres de la rédaction, s'étaient réunis en séminaire interne le week-end précédent, très à l'écart de Londres. Ils avaient subitement appris que des responsables du GCHQ étaient en route pour la salle de presse londonienne du *Guardian* où ils avaient l'intention de saisir les disques durs sur lesquels ces documents étaient stockés. «Vous vous êtes suffisamment amusés, avaient-ils dit à Rusbridger, ainsi qu'il le raconta par la suite, maintenant on veut récupérer ce qui nous appartient.» Les membres de la rédaction n'étaient à la campagne pour leur séminaire que depuis deux heures et demie quand ils reçurent des nouvelles du GCHQ. «Nous avons dû rentrer directement à Londres, pour défendre l'intégrité du bâtiment. C'était assez effrayant», acheva Janine.

Les agents du GCHQ exigèrent que le *Guardian* leur remette toutes les copies des archives Snowden. Si le journal avait obtempéré, le gouvernement aurait appris ce que Snowden nous avait transmis et son statut juridique aurait pu s'en trouver encore plus compromis. Au lieu de quoi, le *Guardian* accepta de détruire tous les disques durs concernés, sous les yeux des responsables du GCHQ, qui tenaient à s'assurer de la destruction complète, seule à même de leur donner entière satisfaction. Selon les termes de Janine, on avait assisté là à « un ballet très élaboré fait d'atermoiements, de diplomatie, d'escamotages, puis d'une attitude plus coopérative dite de "destruction démontrable" ».

Cette formule – la « destruction démontrable » – était une nouvelle invention du GCHQ pour décrire ce qui s'était joué là. Les responsables du service avaient accompagné l'équipe du *Guardian*, y compris son rédacteur en chef, au sous-sol de la salle de presse pour voir piétiner les disques durs, exigeant même qu'on insiste et réduise en miettes certaines pièces d'ordinateur « rien que pour être sûrs qu'il ne reste rien de ces morceaux de métal déchiquetés qui soit susceptible de présenter un quelconque intérêt pour des agents chinois de passage », ironisa Rusbridger. « On va pouvoir décommander nos gros hélicoptères peints en noir », se rappelait-il d'avoir entendu plaisanter un expert de la sécurité, devant l'équipe du *Guardian* qui « balayait les restes d'un MacBook Pro ».

L'image d'un gouvernement envoyant des agents dans un journal pour imposer la destruction de ses ordinateurs est en soi très choquante, le genre de scène dont on veut inciter les Occidentaux à croire qu'elles n'ont lieu que dans des États autoritaires comme la Chine, l'Iran et la Russie. Mais il n'est pas moins stupéfiant qu'un journal respecté se soumette volontairement, docilement à de tels diktats.

Si le gouvernement menaçait de fermer le journal, pourquoi ne pas le prendre au mot et dévoiler cette menace au grand jour ? Comme le disait Snowden quand il l'apprit, « La seule bonne réponse, c'est de leur dire : "Allez-y, fermez le journal !" » Obéir volontairement au diktat, et en secret, c'est autoriser le pouvoir à dissimuler au monde son caractère véritable : celui d'un État qui, en recourant à des méthodes de voyous, empêche des journalistes de publier sur l'une des affaires les plus importantes qui soient pour le bien public.

Pis, l'acte de détruire les contenus qu'une source avait révé- ·
lés en risquant sa liberté et même sa vie était complètement
l'antithèse de l'objet même du journalisme.

Mis à part la nécessité de révéler de tels comportements
despotiques, le fait qu'un gouvernement entre de force dans
une salle de presse et contraigne un journal à détruire ses
informations mérite sans nul doute de faire l'actualité. Mais le
Guardian avait apparemment l'intention de rester silencieux,
ce qui contribuait puissamment à souligner la précarité de la
liberté de la presse au Royaume-Uni.

En tout cas, Janine Gibson m'assura que le quotidien
conservait encore un exemplaire de ces archives dans ses
bureaux de New York. Ensuite elle m'apprit une nouvelle
stupéfiante : un autre jeu de ces fichiers était désormais en
possession du *New York Times*. C'était Alan Rusbridger qui
les avait remis à Jill Abramson, la directrice de la rédaction, manière de s'assurer que le journal ait encore accès
aux fichiers même si un tribunal anglais tentait de forcer le
Guardian-États-Unis à détruire ses exemplaires.

Ce n'était pas non plus une bonne nouvelle. Non seulement le *Guardian* avait accepté, sous le sceau du secret, de
détruire ses propres documents, mais sans consulter ou sans
même avertir Snowden ou moi-même, il les avait livrés au
journal que Snowden avait exclu parce qu'il se méfiait de ses
liens étroits et de sa relation de soumission au gouvernement
américain.

Du point de vue du *Guardian*, étant donné l'absence de
protection constitutionnelle et la nécessité de sauvegarder des
centaines d'employés et un titre centenaire, le journal ne pouvait se permettre de se montrer cavalier face aux menaces du
gouvernement britannique. Et accepter de détruire quelques
ordinateurs portables valait mieux que de remettre ces
archives au GCHQ. Mais j'étais tout de même troublé par
cette obéissance aux exigences d'un gouvernement et, plus
encore, par cette volonté évidente de n'en informer personne.

Cependant, tant avant la destruction de ses disques durs
qu'après, le *Guardian* conserva une posture offensive et intré-

pide dans sa méthode de publication des révélations de Snowden – davantage, je le crois, que ne l'aurait été n'importe quel autre titre de presse de taille et de stature comparables. Malgré les tactiques d'intimidation des autorités, qui ne faisaient que s'intensifier, les rédacteurs en chef continuèrent de publier un article sur la NSA et le GCHQ après l'autre, et méritent amplement d'être salués à cet égard.

Mais Laura et Snowden étaient tous deux très en colère – que le *Guardian* se soumette à de telles manœuvres de persécution gouvernementale, et qu'il garde ensuite le silence sur ce qui s'était passé. Snowden était particulièrement furieux que les archives relatives au GCHQ aient fini entre les mains du *New York Times*. Il considérait cela comme une rupture de son accord avec le journal et de son vœu que seuls des journalistes britanniques travaillent sur les documents britanniques, et surtout que le *NYT* ne reçoive aucun de ces fichiers. Il s'avéra que la réaction de Laura eut des conséquences dramatiques.

Dès le début de notre enquête, les relations de Laura avec le *Guardian* avaient été difficiles, et à présent cette tension éclatait au grand jour. En travaillant ensemble une semaine à Rio, nous avons découvert qu'une partie des fichiers NSA que Snowden m'avait remis le jour où il s'était caché à Hong Kong (mais sans avoir l'occasion de les remettre à Laura) était corrompue. Laura n'avait pu les réparer sur place, à Rio, mais elle pensait en être capable à son retour à Berlin.

Une semaine plus tard, après être revenue dans la capitale allemande, elle me fit savoir que ces pièces étaient prêtes à m'être renvoyées. Nous nous sommes organisés pour qu'un employé du *Guardian* s'envole pour Berlin, récupère les éléments et me les apporte ensuite à Rio. Mais manifestement pris de peur après l'épisode dramatique du GCHQ, l'employé du *Guardian* dit ensuite à Laura qu'au lieu de lui remettre ces documents en main propre, elle devrait me les faire expédier par FedEx.

Cela mit Laura dans un état d'agitation et de colère où je ne l'avais jamais vue. «Tu ne vois pas ce qu'il sont en

train de faire? me demanda-t-elle. Ils veulent pouvoir dire :
"Nous n'avions rien à voir avec le transfert de ces documents,
c'était Glenn et Laura qui se les sont échangés". » Elle ajouta
qu'utiliser FedEx pour expédier des documents ultrasecrets à
l'autre bout du monde – et qu'elle me les envoie de Berlin
à Rio, un véritable chiffon rouge pour les différentes parties
concernées – constituait une faille de sécurité opérationnelle
pire que tout ce qu'elle aurait pu imaginer.

«Je ne leur ferai plus jamais confiance», me déclara-t-elle.

Mais j'avais quand même besoin de ces archives. Elles
contenaient des documents vitaux liés aux articles sur lesquels je travaillais, ainsi que beaucoup d'autres qui restaient
à publier.

Janine Gibson nous affirma que le problème n'était qu'un
malentendu, que l'employé avait mal interprété les instructions de son supérieur, que certains directeurs du groupe
à Londres étaient maintenant très tendus à la simple idée
d'acheminer des documents entre Laura et moi. Il n'y avait
aucun problème, soutenait-elle. Un employé du *Guardian*
s'envolerait le jour même pour Berlin afin d'aller récupérer
les documents.

Il était trop tard. «Jamais je ne confierai ces pièces au
Guardian, s'écria Laura. À partir de maintenant, je ne me
fie plus à eux, c'est tout.»

Face à la taille de ses archives et à leur degré de sensibilité, elle refusait de les expédier par voie électronique. Il fallait une livraison en main propre, par quelqu'un en qui elle
ait confiance. Ce quelqu'un, ce fut David, qui, dès qu'il eut
connaissance du problème, s'offrit immédiatement de se rendre
à Berlin. Nous avons tous deux compris que c'était la solution
parfaite. David était informé de tous les aspects de l'affaire,
Laura l'avait rencontré et se fiait à lui, et il avait de toute
manière prévu de lui rendre visite pour lui parler de nouveaux
projets éventuels. Janine Gibson adhéra volontiers à cette idée
et accepta que le *Guardian* couvre les frais de son voyage.

Le bureau des voyages du *Guardian* lui réserva des vols
British Airways et lui envoya ensuite les renseignements

par e-mail. L'idée qu'il rencontrerait le moindre problème au cours de ce voyage ne nous vint jamais à l'esprit. Des journalistes du *Guardian* qui avaient écrit des articles sur les archives Snowden, ainsi que des employés qui avaient acheminé des documents dans les deux sens, avaient décollé de Heathrow ou y avaient atterri à de multiples reprises sans aucun incident. Laura s'était elle-même envolée pour Londres à peine quelques semaines plus tôt. Pourquoi s'imaginer que quelqu'un comme David – un protagoniste bien plus secondaire – courrait un risque ?

Il partit pour Berlin le dimanche 11 août, et devait rentrer une semaine plus tard avec les documents de Laura. Mais le matin prévu pour son arrivée, je fus réveillé tôt par un coup de téléphone. La voix à l'autre bout du fil, qui me parla avec un fort accent britannique, se présenta comme un « agent de sécurité de l'aéroport d'Heathrow », et me demanda si je connaissais un certain David Miranda. « Nous vous appelons pour vous informer, poursuivit-il, que nous détenons M. Miranda en application de la Loi Terrorisme de 2000, Annexe 7. »

Le mot « terrorisme » ne fit pas son effet tout de suite – j'étais surtout totalement déconcerté. La première question que je posai fut de savoir depuis combien de temps on le détenait, et quand j'entendis que cela faisait alors trois heures, je compris qu'il ne s'agissait pas d'un contrôle d'immigration classique. Mon interlocuteur m'expliqua que le Royaume-Uni avait le « droit légal » de le détenir neuf heures au total, seuil au-delà duquel un tribunal aurait la latitude de prolonger cette durée de détention. Ou alors ils auraient le choix de le mettre en état d'arrestation. « Nous ne savons pas encore ce que nous avons l'intention de faire », conclut l'agent de la sécurité.

Les États-Unis et le Royaume-Uni avaient clairement signifié, dès lors qu'ils prétendaient agir au nom du « terrorisme », qu'ils ne respecteraient aucune limite – éthique, juridique ou politique. À présent, David était en garde à vue, détenu selon les termes d'une loi antiterroriste. Il n'avait même pas essayé de pénétrer au Royaume-Uni : il était en transit sur un aéroport. Les autorités de Londres étaient venues le chercher dans ce qui n'était même pas territoire britannique pour l'épingler, en invoquant les motifs les plus troubles et les plus glaçants.

Les juristes du *Guardian* et les diplomates brésiliens se mirent immédiatement au travail pour essayer d'obtenir sa libération. Je ne m'inquiétai pas de la manière dont il supporterait sa détention. Une vie d'une difficulté inimaginable, après une enfance d'orphelin dans l'une des *favelas* les plus pauvres de Rio de Janeiro, l'avait rendu extrêmement fort, plein de volonté et très dégourdi. Je savais qu'il comprendrait exactement ce qui se passait et pourquoi, et je ne doutais pas une seconde qu'il compliquerait autant la vie à ceux qui l'interrogeraient que ceux-ci la lui compliquaient. Pourtant, les avocats du *Guardian* firent observer qu'il était rare qu'une telle détention dure aussi longtemps.

En étudiant cette Loi Terrorisme, je découvris qu'elle n'entraîne l'interpellation que de 3 personnes sur 1000 et que la plupart des interrogatoires, soit plus de 97%, durent moins d'une heure. Seul 0,06% des individus appréhendés sont détenus plus de six heures. Il semblait y avoir un risque non négligeable qu'au terme des neuf heures, David soit placé en état d'arrestation.

L'objectif prétendu de la Loi Terrorisme, ainsi que le nom le suggère, consiste à pouvoir interroger les gens au sujet de leurs liens supposés avec le terrorisme. Cette latitude de les détenir, affirme le gouvernement britannique, sert « à déterminer si cette personne est ou a été impliquée dans la perpétration, la préparation ou l'instigation d'actes de terrorisme ». Il n'y avait pas l'ombre d'une justification à cette détention de David dans le cadre d'une telle loi, à moins que mes articles d'investigation ne soient désormais assimilés à du terrorisme, ce qui semblait être le cas.

À chaque heure qui passait, la situation paraissait de plus en plus sombre. Tout ce que je savais, c'était que des diplomates brésiliens ainsi que les avocats du *Guardian*, à l'aéroport, essayaient de localiser David et d'entrer en contact avec lui. Mais à deux minutes de la limite des neuf heures, un e-mail de Janine Gibson m'apporta la nouvelle que j'avais besoin de lire : « LIBRE ».

Cette détention scandaleuse fut instantanément condamnée dans le monde entier comme une odieuse tentative d'intimidation. Une dépêche de l'agence Reuters conformait que telle était bien l'intention du gouvernement britannique : « Un responsable de la sécurité nationale américaine a déclaré à Reuters que l'un des principaux objectifs de la [...] détention et de l'interrogatoire de M. Miranda consistait à envoyer un message aux destinataires des pièces Snowden, notamment le *Guardian*, pour leur faire comprendre que le gouvernement britannique entendait fermement mettre un terme à ces fuites. »

Mais comme je l'ai déclaré à la horde de journalistes qui se rassembla à l'aéroport de Rio, dans l'attente du retour de David, les tactiques d'intimidation de Londres ne m'empêcheraient pas d'investiguer. Si elles eurent un effet, ce fut de m'y inciter encore davantage. Les autorités britanniques s'étaient rendues coupables d'abus extrêmes ; la seule réponse adéquate, de mon point de vue, était d'exercer encore plus de pressions et d'exiger une transparence accrue et une plus grande obligation de responsabilité. C'est la fonction première du journalisme. Quand on me demanda comment cet épisode serait perçu, je répondis qu'à mon avis le gouvernement de Sa Majesté finirait par regretter cet acte parce qu'il ferait paraître sa posture à la fois répressive et abusive.

Une équipe de Reuters déforma complètement mes propos, en commettant des erreurs de traduction – je m'étais exprimé en portugais –, expliquant qu'en réaction à ce qu'on avait infligé à David, je publierais désormais des documents concernant le Royaume-Uni, que j'avais auparavant préféré conserver sous le coude. Émanant d'une agence de presse, cette retranscription de propos déformés fut rapidement retransmise dans le monde entier.

Les deux journées suivantes, des médias déchaînés répétèrent partout que j'avais juré de me lancer dans un « journalisme revanchard ». C'était un travestissement absurde de ma position : mon propos était que le comportement abusif du Royaume-Uni n'avait fait que renforcer ma détermination à continuer mon travail. Mais comme je l'avais déjà appris en maintes autres circonstances, vous avez beau affirmer que vos commentaires ont été sortis de leur contexte, cela ne freine en rien la machine médiatique.

Désinformation ou pas, les réactions à mes commentaires furent éloquentes : depuis quatre ans, le Royaume-Uni et les États-Unis s'étaient conduits en voyous, en ripostant à chacun de ces défis par des menaces ou pire encore. Tout récemment encore, les autorités britanniques avaient ainsi contraint le *Guardian* à détruire certains de ses ordinateurs et venaient de maintenir en garde à vue mon partenaire dans cette affaire, en invoquant une loi contre le terrorisme. Des lanceurs d'alerte ont été poursuivis et des journalistes menacés de la prison. Pourtant, l'idée même d'une réaction énergique face à une agression pareille est accueillie avec une indignation farouche par les loyalistes et les apologistes de l'État : *Mon Dieu! Il a parlé de revanche!* La soumission docile à l'intimidation du pouvoir bureaucratique est perçue comme une obligation; tout défi lancé à l'autorité est condamné comme un acte d'insubordination.

Après avoir enfin échappé aux caméras, David et moi étions enfin en mesure de nous parler. Il me raconta qu'il leur avait tenu tête tout au long de ces neuf heures, mais il admettait avoir eu peur.

Il avait manifestement été pris pour cible : les passagers de son vol avaient reçu instruction de montrer leur passeport aux agents qui attendaient à l'extérieur de l'appareil. Dès qu'ils eurent le sien entre leurs mains, il fut détenu en application de la Loi Terrorisme et «constamment menacé, de la première à la dernière seconde», me confia-t-il, de finir en prison s'il leur refusait «sa pleine et entière coopération». Ils avaient saisi tout ses appareils électroniques, y compris son téléphone portable, qui contenait des photographies personnelles, ses contacts et des fils de discussions avec des amis, le forçant à leur communiquer le mot de passe de son mobile, sous peine d'incarcération. «J'ai ressenti cela comme une invasion de ma vie privée, comme si j'étais mis à nu», m'avoua-t-il.

Il n'avait pas cessé de penser à tous les agissements des États-Unis et du Royaume-Uni au cours de la décennie écoulée, sous couvert de lutte contre le terrorisme. «Ils ont kidnappé des gens, les ont emprisonnés, sans inculpation officielle, sans leur octroyer les services d'un avocat, les ont fait disparaître, les ont internés à Guantanamo, et les ont tués, poursuivit-il. Il n'y a vraiment rien de plus effrayant que de s'entendre dire par des agents de ces deux gouvernements que vous êtes un terroriste», me dit-il encore – ce qui n'arriverait guère au citoyen américain ou britannique lambda. «Tu te rends compte qu'ils peuvent te faire tout ce qu'ils veulent.»

La controverse sur sa détention se prolongea plusieurs semaines. Au Brésil, elle fit la une des infos pendant plusieurs jours d'affilée, et la population brésilienne, dans sa quasi-totalité, était scandalisée. Des politiques britanniques appelèrent à une réforme de la Loi Terrorisme. Certes, cela faisait chaud au cœur de voir que les gens reconnaissaient tout le caractère abusif de cette loi britannique. En même temps, toutefois, le scandale de cette loi scélérate perdurait depuis des années – mais comme elle était principalement utilisée contre les musulmans, très peu de gens s'en étaient formalisés. Il n'aurait pas fallu attendre, pour attirer l'attention sur ces abus, la détention du compagnon d'un journaliste blanc assez en vue, mais ce fut pourtant bel et bien ce qui se produisit.

Sans surprise, il fut révélé que le gouvernement britannique avait informé Washington à l'avance de la détention de David. Lorsque la question fut posée lors d'une conférence de presse, un porte-parole de la Maison-Blanche déclara : «Il y a eu avertissement préalable [...], nous avions donc certaines indications de la probabilité de la chose.» La Maison-Blanche refusait de condamner cette détention et admettait n'avoir tenté aucune démarche pour l'empêcher ou même décourager cette initiative.

La plupart des journalistes comprirent tout le danger de la démarche. « Le journalisme, ce n'est pas le terrorisme », déclara une Rachel Maddow indignée lors de son émission sur MSNBC, en allant au cœur du problème. Mais tout le monde ne réagit pas comme elle. Dans une émission en *prime time*, Jeffrey Toobin félicita le gouvernement britannique, en assimilant la conduite de David à celle d'une « mule », un passeur de drogue. Toobin ajouta que David aurait dû s'estimer heureux de ne pas avoir été arrêté et traduit en justice.

Le spectre d'une manœuvre de cet ordre sembla prendre corps quand le gouvernement de Sa Majesté annonça qu'il ouvrait officiellement une enquête criminelle sur les documents que David avait sur lui. (Il avait lui-même intenté un procès aux autorités britanniques, au motif que sa détention était illégale car sans rapport avec l'unique objet de la loi au nom de laquelle il était détenu : enquêter sur les liens supposés d'une personne avec le terrorisme.) Il n'est guère surprenant que les autorités se soient senties à ce point encouragées dans leur action, quand le plus éminent des journalistes comparait des travaux d'investigation essentiels, effectués dans l'intérêt du public, à l'illégalité la plus nauséabonde des trafiquants de drogue.

Peu avant sa mort en 2005, David Halberstam, journaliste emblématique, ancien correspondant de guerre au Vietnam, prononçait un discours devant les étudiants de l'École de journalisme de l'université Columbia. Le moment de sa carrière dont il était le plus fier, leur déclara-t-il, fut celui où les généraux américains au Vietnam menacèrent d'exiger de ses rédacteurs en chef du *New York Times* son rappel, afin qu'il cesse de couvrir le conflit. Il avait, rappelait-il, « mis en rage tant Washington que Saigon en envoyant des dépêches pessimistes sur l'issue des combats ». Et, depuis qu'il avait osé interrompre les conférences de presse de ces mêmes généraux en les accusant de mentir, ceux-ci le considéraient comme un « ennemi ».

Pour Halberstam, susciter la fureur de son gouvernement était une source de fierté, le véritable objet et la vocation du journalisme. Il savait qu'être journaliste signifiait prendre des risques, se confronter aux abus du pouvoir, au lieu de s'y soumettre.

Aujourd'hui, pour beaucoup de membres de cette profession, les louanges gouvernementales venant les complimenter pour un reportage «responsable» – pour avoir obéi aux directives du pouvoir par rapport à ce qui devait ou non être publié – constituent un insigne honneur. Le seul fait qu'il en soit ainsi révèle qu'aux États-Unis, ce que l'on appelle le journalisme contradictoire est tombé bien bas.

Épilogue

Lors de la toute première conversation en ligne que j'eus avec Edward Snowden, il me confia qu'en se manifestant ainsi publiquement, il n'avait qu'une seule crainte : que ses révélations ne soient accueillies dans l'apathie et l'indifférence, ce qui signifierait qu'il aurait gâché son existence et risqué l'emprisonnement pour rien. D'affirmer que cette peur est restée vaine serait un euphémisme, et non des moindres.

En réalité, les effets du dévoilement progressif de toute cette affaire ont été bien plus forts, bien plus durables et plus amples que dans nos rêves les plus audacieux. Ils ont attiré l'attention du monde sur les dangers d'un État de surveillance envahissant et d'un secret gouvernemental intrusif. Ils ont déclenché le premier débat planétaire sur la valeur de la vie privée de l'individu à l'ère du tout numérique et lancé une série de défis au contrôle hégémonique de l'Amérique sur Internet. Ils ont transformé la vision qu'avaient les habitants de la planète de la fiabilité des déclarations des responsables américains, et transformé les relations entre plusieurs pays. Ils ont radicalement modifié la vision que l'on avait du rôle du journalisme dans sa relation avec le pouvoir gouvernemental. Et, à l'intérieur des États-Unis, ils ont donné naissance à une coalition d'une grande diversité idéologique, transpartisane, qui pousse désormais à une réforme drastique de cet État de surveillance.

Un épisode en particulier mit en évidence les profonds changements introduits par les révélations de Snowden.

Quelques semaines à peine après mon premier article pour le *Guardian*, fondé sur les pièces qu'il m'avait transmises, annonçant à la face du monde la collecte en masse de métadonnées à laquelle se livrait la NSA, deux membres du Congrès présentaient conjointement un projet de loi visant à priver de financements ce programme de l'agence. Fait remarquable, les deux auteurs de ce projet de loi étaient John Conyers, un représentant progressiste de Detroit qui accomplissait son vingtième mandat à la Chambre, et Justin Amash, un conservateur membre du Tea Party qui n'en était qu'à son deuxième mandat. Il est difficile d'imaginer deux élus du Congrès, deux parlementaires plus différents, et pourtant ils étaient là, unis dans leur opposition à l'espionnage intérieur de la NSA. Leur proposition de loi s'attira vite les soutiens de dizaines d'élus de tous les bords de l'échiquier politique, des plus progressistes aux plus conservateurs, sans compter tous les autres entre ces deux extrêmes – un événement vraiment rare à Washington.

Lorsque le projet de loi fut soumis au vote, il fut retransmis en direct sur la chaîne parlementaire C-SPAN, et je l'ai regardé tout en discutant en ligne avec Snowden, qui suivit aussi C-SPAN et ces débats sur l'écran de son ordinateur, à Moscou. Nous étions tous deux sidérés de ce spectacle. C'était la première fois, je crois, qu'il prenait vraiment la mesure de tout l'ampleur de ce qu'il avait accompli. Un membre de la Chambre des représentants se levait après l'autre pour dénoncer avec véhémence le programme de la NSA, se moquant même de l'idée que cette collecte des données d'appels de chaque citoyen américain soit nécessaire pour barrer la route au terrorisme. C'était de loin la remise en cause la plus agressive lancée contre l'État sécuritaire qui ait émané des rangs du Congrès depuis les attaques du 11-Septembre.

Jusqu'aux révélations de Snowden, il était tout simplement inconcevable qu'un projet de loi visant à vider de son sens un programme majeur de sécurité nationale réussisse à récolter plus d'une poignée de voix. Mais le décompte final du scrutin sur le projet Conyers-Amash fut un choc pour le

Washington officiel. Il échoua à une très faible marge près :
205 voix contre 217. Le soutien à ce texte puisa à parts
presque égales dans les rangs des deux partis, 111 démocrates rejoignant 94 républicains pour y apporter leur vote.
Cet abandon des clivages traditionnels était pour Snowden et
moi tout aussi passionnant que la volonté de faire reculer la
NSA, volonté qui recevait là un soutien massif. Le Washington officiel dépend d'un tribalisme aveugle engendré par des
luttes partisanes pleines de rigidité. Si le schéma des rouges
(les républicains) contre les bleus (les démocrates) peut être
entamé, puis dépassé, il y a beaucoup plus d'espoir d'assister à
des choix politiques fondés sur les intérêts réels des citoyens.

Au cours des mois qui suivirent, alors que se publiaient
de plus en plus d'articles sur la NSA dans le monde entier,
nombre d'experts parmi les commentateurs prédisaient que
l'opinion publique perdrait tout intérêt pour le sujet. Mais
en fait, l'intérêt pour ce débat autour de la surveillance ne
fit que continuellement gagner en intensité, pas seulement
au plan intérieur, en Amérique, mais aussi à l'échelle internationale. Les événements survenus au cours d'une seule et
unique semaine de décembre 2013 – plus de six mois après
la parution de mon premier article dans le *Guardian* – illus-
trèrent très simplement à quel point les révélations de Snowden continuaient de se répercuter, et à quel point la position
de la NSA était devenue intenable.

La semaine débuta par un arrêt lourd de conséquences que
rendit un juge fédéral, Richard Leon, stipulant que la collecte
des métadonnées de la NSA serait vraisemblablement considérée comme une violation du quatrième amendement de la
Constitution des États-Unis, et dénonçant sa portée «presque
orwellienne». Qui plus est, ce magistrat, nommé par George
W. Bush, remarquait expressément que «le gouvernement
est incapable de mentionner une seule affaire dans laquelle
l'analyse de la collecte en masse de métadonnées par la NSA
ait effectivement enrayé une attaque terroriste». À peine deux
jours plus tard, un comité consultatif créé par le président
Obama lorsque avait éclaté le premier scandale lié à la NSA

rendait un rapport de 308 pages sur la question. Ce rapport rejetait aussi fermement les affirmations de la NSA relatives à l'importance vitale de ses opérations d'espionnage. «Notre étude en arrive à la conclusion que les informations apportées aux enquêtes antiterroristes par le recours à la section 215 [du Patriot's Act] concernant les métadonnées téléphoniques n'étaient pas essentielles à la prévention d'attaques terroristes, écrivait le comité. En aucune circonstance, la NSA n'a pu dire en toute certitude que l'issue aurait été différente sans ce programme de métadonnées téléphoniques régi par la section 215».

Entre-temps, pour la NSA, hors des États-Unis, la semaine ne se présentait pas mieux. L'Assemblée générale de l'ONU votait à l'unanimité en faveur d'une résolution – introduite par l'Allemagne et le Brésil – affirmant que la protection de la vie privée en ligne est un droit de l'homme fondamental, texte qu'un expert qualifia de «message fort adressé aux États-Unis pour leur faire comprendre qu'il est temps de changer d'attitude et de mettre fin à ce filet de surveillance mis en place par la NSA». Et, le même jour, le Brésil annonçait qu'il ne conclurait pas un contrat longtemps attendu de 4,5 milliards de dollars de commande de chasseurs à réaction américains, fabriqués par Boeing aux États-Unis, mais qu'il achèterait à la place des appareils du constructeur suédois Saab. La réaction scandalisée du Brésil sur l'espionnage auquel étaient soumis ses dirigeants, ses entreprises et ses citoyens fut clairement un facteur décisif dans ce choix surprenant. «Le problème NSA a réduit à néant les chances des Américains», déclara une source gouvernementale brésilienne à Reuters.

Rien de tout cela ne revient à dire que la bataille soit gagnée pour autant. L'État sécuritaire reste incroyablement puissant, probablement plus encore que nos élus les plus haut placés, et il s'enorgueillit de pouvoir s'appuyer sur un vaste déploiement de loyalistes influents prêts à le défendre à tout prix. Il n'est donc pas surprenant qu'il ait lui aussi enregistré quelques victoires. Deux semaines après l'arrêt du juge Leon, un autre magistrat fédéral, dans une autre affaire, exploitant la mémoire du 11-Septembre, jugeait le programme de la NSA constitutionnel. Après leurs démonstrations de colère initiales, les alliés européens battirent en retraite, en se rangeant docilement derrière les États-Unis, comme cela leur arrive si souvent. Le soutien de l'opinion américaine était lui aussi quelque peu inconstant : les sondages montrent qu'une majorité d'Américains, tout en s'opposant aux programmes de la NSA révélés par Snowden, souhaitent néanmoins voir ce dernier poursuivi pour ces révélations. Et de hauts responsables américains finirent même par soutenir que Snowden n'était pas le seul en cause, mais que certains des journalistes avec lesquels il travaillait, dont moi, méritaient poursuites et emprisonnement.

Pourtant, les soutiens de la NSA étaient clairement sur la défensive, et leurs arguments contre la réforme se révélaient de plus en plus minces. Les défenseurs d'une surveillance de masse pratiquée hors de toute suspicion légitime insistent souvent, par exemple, pour rappeler qu'une forme d'espionnage est toujours nécessaire. Mais c'est un postulat complètement creux : personne ne conteste cette nécessité. La solution de rechange, par rapport à la surveillance de masse, ce n'est pas l'élimination totale de la surveillance. C'est plutôt la surveillance ciblée, qui ne vise que ceux pour lesquels il existe des raisons substantielles de penser qu'ils sont engagés dans de réels méfaits. Une telle surveillance ciblée est bien plus susceptible de déjouer des complots terroristes que l'actuelle méthode de «collecte totale», qui noie les agences de renseignement sous un tel flot de données que les analystes sont incapables de les trier efficacement. Et, à l'inverse d'une surveillance de masse indiscriminée, cette autre option est cohérente avec les valeurs constitutionnelles de l'Amérique et les préceptes élémentaires de la justice occidentale.

En fait, au lendemain des scandales de la surveillance abusive découverts par la Commission Church dans les années 1970, ce fut précisément ce principe – qu'avant de pouvoir écouter les conversations privées d'une personne, le gouvernement devait fournir la preuve de probables méfaits ou d'un statut d'agent étranger — qui conduisit à l'instauration de la cour FISA. Malheureusement, cette cour s'est transformée en simple chambre d'enregistrement, sans opposer de contrôle juridictionnel digne de ce nom aux requêtes de surveillance du gouvernement. Mais l'idée essentielle n'en est pas moins raisonnable, et atteste un progrès. Convertir la cour FISA en une véritable instance judiciaire, au lieu du dispositif actuel, tout à fait univoque, où seul le gouvernement a vocation à défendre sa position, introduirait une réforme positive.

Il y a peu de chances pour que de tels changements législatifs au plan intérieur, en Amérique, suffisent à résoudre ce problème de la surveillance, car c'est trop souvent par simple cooptation que l'État-nation sécuritaire choisit les entités destinées à opérer une supervision. (Comme nous l'avons vu, par exemple, les commissions du renseignement du Congrès sont désormais complètement sous son emprise.) Mais de tels changement législatifs peuvent au moins étayer le principe que cette surveillance de masse systématique n'a pas sa place dans une démocratie censément guidée par les garanties constitutionnelles de la vie privée.

D'autres démarches peuvent aussi être entreprises pour restaurer l'intégrité de la vie privée en ligne et limiter l'État de surveillance. Des efforts au plan international – actuellement menées par l'Allemagne et le Brésil – visant à bâtir une nouvelle infrastructure Internet pour que l'essentiel du trafic du réseau ne transite plus par les États-Unis, pourraient avoir l'effet à long terme de relâcher l'emprise américaine sur le World Wide Web. Et les individus ont aussi un rôle à jouer dans la reconquête de leur vie privée en ligne. Refuser d'utiliser les services de compagnies de haute technologie qui collaborent avec la NSA et ses alliés serait un moyen de faire pression sur ces entreprises pour qu'elles cessent une telle collaboration, et inciterait leurs concurrents à se consacrer à la protection de la vie privée. Déjà, un certain nombre de groupes technologiques européens défendent leurs services d'e-mail et de *chat* comme des solutions de recours supérieures aux offres de Google et Facebook, en mettant en avant le fait qu'ils ne fournissent pas — et ne fourniront pas de données à la NSA.

En outre, pour empêcher les gouvernements de faire intrusion dans les communications personnelles et dans la fréquentation du Web, tous les utilisateurs devraient adopter les outils de cryptage et de protection de l'anonymat de la navigation en ligne. C'est particulièrement important pour les gens qui travaillent dans des domaines sensibles, comme les journalistes, les avocats et les militants des droits de l'homme. Et le secteur technologique devrait continuer à développer des programmes de préservation de l'anonymat et de cryptage plus efficaces et plus conviviaux.

Sur tous ces fronts, il reste beaucoup de travail à faire. Mais moins d'un an après ma première rencontre avec Snowden à Hong Kong, il ne fait aucun doute que ses révélations ont déjà apporté des changements fondamentaux, irréversibles dans beaucoup de pays et dans quantité de domaines. Et au-delà des spécificités de la réforme de la NSA, les actes de Snowden ont aussi profondément fait progresser la cause de la transparence gouvernementale et de la réforme en général. Il a créé un modèle susceptible d'en inspirer d'autres et de futurs militants suivront probablement ses traces, en perfectionnant les méthodes qu'il a adoptées.

L'administration Obama, qui a lancé plus de poursuites contre des auteurs de fuites que toutes les présidences précédentes cumulées, a cherché à créer un climat de peur qui étoufferait toute velléité de lancement d'alerte. Mais Snowden a mis ce modèle à bas. Il a réussi à rester libre, hors de l'emprise des États-Unis; qui plus est, il a refusé de rester caché, mais s'est fièrement exposé, en déclinant son identité. En conséquence, son image publique n'est pas celle d'un condamné en combinaison orange de détenu, les chaînes aux pieds, mais celle d'un personnage indépendant, réfléchi, capable de s'exprimer, d'expliquer ce qu'il a fait et pourquoi. Pour le gouvernement américain, il n'est plus possible de détourner l'attention de ce message en diabolisant simplement le messager. C'est là une leçon de taille pour les lanceurs d'alerte : dire la vérité ne réduit pas forcément votre existence à néant.

Et pour le reste d'entre nous, l'effet d'inspiration de Snowden n'est pas moins profond. Très simplement, il a rappelé à chacun l'extraordinaire aptitude de tout être humain à changer le monde. Individu ordinaire, selon toute apparence – élevé par des parents sans fortune ni pouvoir, ne possédant même pas de diplôme supérieur, travaillant comme obscur employé d'une entreprise gigantesque – il a, à travers un acte de conscience isolé, littéralement changé le cours de l'histoire.

Les militants les plus engagés sont eux-mêmes souvent tentés de succomber au défaitisme. Les institutions dominantes semblent trop puissantes pour être défiées ; les orthodoxies semblent trop bien établies pour être déracinées ; il y a toujours de nombreuses parties en présence ayant tout intérêt au maintien du statu quo. Mais ce sont les droits de l'homme pris collectivement, et pas un petit nombre d'élites travaillant en secret, qui peuvent décider du genre de monde où nous voulons vivre. Défendre la capacité de l'homme à raisonner et à prendre des décisions : tel est l'objectif du lancement d'alerte, de l'activisme, du journalisme politique. Et c'est ce qui se passe à présent, grâce aux révélations engagées par Edward Snowden.

Note sur les sources

Pour les dénominations et sigles officiels, nous nous sommes référés aux sources suivantes : Union européenne, OTAN, ministère des Affaires étrangères. À défaut, notre traduction.

Les notes et l'index de ce livre peuvent être consultés sur le site www.glenngreenwald.net.

Remerciements

Ces dernières années, et à maintes reprises, les efforts déployés par les gouvernements occidentaux pour dissimuler certaines de leurs actions les plus importantes à leurs citoyens furent contrecarrés par une série de révélations remarquables, émanant de courageux lanceurs d'alerte. Chaque fois, des individus qui travaillaient au sein d'agences gouvernementales ou de la hiérarchie militaire des États-Unis et de leurs alliés jugèrent ne plus pouvoir garder le silence, lorsqu'ils découvraient de graves agissements. Au lieu de quoi, ils se firent connaître et rendirent ces méfaits publics, parfois en enfreignant délibérément la loi, et toujours en en payant le prix au plan individuel : ils risquaient leur carrière, leurs relations personnelles et leur liberté. Tous ceux qui vivent en démocratie, tous ceux qui attachent une grande valeur à la transparence et à la responsabilité publique ont envers ces lanceurs d'alerte une forte dette de reconnaissance.

La longue lignée de prédécesseurs qui inspirèrent Edward Snowden débute avec le fuiteur des Pentagon Papers, Daniel Ellsberg, l'un de mes modèles de longue date, devenu mon ami et collègue, dont j'essaie aussi de suivre l'exemple dans tout le travail que j'accomplis. Parmi d'autres courageux lanceurs d'alerte qui subirent des persécutions pour dévoiler au monde des vérités essentielles, citons ici Chelsea Manning, Jesselyn Radack et Thomas Tamm, ainsi que d'anciens agents de la NSA, Thomas Drake et Bill Binney. Ils jouèrent un rôle crucial en inspirant également l'action d'Edward Snowden.

Mettre en lumière le système omniprésent de surveillance sans suspicion motivée secrètement mis en place par les États-Unis et leurs alliés fut donc l'acte de conscience et de sacrifice de soi d'Edward Snowden. Voir un garçon par ailleurs tout à fait ordinaire de vingt-neuf ans risquer la prison à vie au nom d'un principe, agir ainsi pour la défense des droits humains fondamentaux, était en soi tout simplement stupéfiant.

Son intrépidité et son imperturbable sérénité – ancrées dans la conviction de faire là ce qui était juste – alimentèrent tout le travail d'investigation que j'ai mené sur ce vaste sujet, et m'influencera profondément pour le restant de ma vie.

L'impact que revêtit cette histoire eût été impossible sans mon amie et partenaire Laura Poitras, journaliste au courage et au brio incomparables. Malgré des années de harcèlement qu'elle dut subir de la part du gouvernement américain à cause des films qu'elle réalisait, elle n'hésita jamais un instant à poursuivre cette enquête avec ténacité. Son insistance sur la nécessité de protéger la vie privée, son aversion pour les feux de l'actualité masquèrent parfois à quel point elle joua un rôle indispensable par rapport à tout le travail d'investigation journalistique que nous avons pu mener. Mais ses compétences, son génie stratégique, son jugement et son courage ne cessèrent d'être au cœur et dans l'esprit de tout le travail que nous avons accompli. Nous nous sommes parlé presque tous les jours et nous avons pris chaque grande décision en plein accord. Je n'aurais pu souhaiter de partenariat plus parfait ou d'amitié qui m'insuffle plus de courage ou d'inspiration.

Nous le savions d'emblée, Laura et moi : le courage de Snowden finirait par être contagieux. De nombreux journalistes reprirent cette affaire avec vaillance, notamment les rédacteurs en chef du *Guardian*, Janine Gibson, Stuart Millar et Alan Rusbridger, ainsi que plusieurs journalistes du quotidien, avec Ewen MacAskill à leur tête. Si Snowden put conserver la liberté et prendre ainsi part au débat qu'il avait contribué à ouvrir, c'est en partie grâce au soutien audacieux et indispensable de WikiLeaks et de sa responsable, Sarah Harrison, qui l'aida à quitter Hong Kong et qui resta ensuite avec lui pendant des mois à Moscou, ce qui l'empêcha de rentrer au Royaume-Uni, son pays, sans risquer d'être inquiétée.

Face à plus d'une situation délicate, de nombreux amis et collègues me fournirent leurs conseils très avisés et leur soutien, parmi lesquels Ben Wizner et Jameel Jaffer de l'ACLU ; mon ami de toute une vie, Norman Fleisher, l'un des meilleurs et des plus courageux journalistes d'investigation de la planète, Jeremy Scahill ; Sonia Bridi, reporter énergique et pleine de ressources de *Globo* ; et Trevor Timm, directeur exécutif de la Freedom of the Press Foundation. Les membres de ma famille, souvent inquiets de ce qui m'arrivait (comme seuls en sont capables les membres d'une famille), restèrent toujours néanmoins un soutien indéfectible (comme seuls en sont capables les membres d'une famille), et je citerai ici notamment mes parents, mon frère Mark et ma belle-sœur Christie.

Ce livre ne fut pas facile à écrire, en particulier dans ces circonstances, et c'est pourquoi je suis vraiment reconnaissant envers Metropolitan Books : envers Connor Guy pour sa direction efficace ; envers Grigory Tovbis pour sa contribution éditoriale éclairée et son efficacité technique ; et surtout envers Riva Hocherman, dont l'intelligence et le haut degré d'exigence permirent à cet ouvrage de bénéficier du meilleur éditeur possible. C'est le deuxième livre d'affilée que je publie avec Sara Bershtel, à l'esprit si créatif et si avisé, et je ne peux m'imaginer avoir de nouveau l'envie d'écrire un jour sans elle. Mon agent littéraire, Dan Conaway, sut une fois encore faire entendre sa voix, aussi sage que ferme, tout au long du processus. Mes plus profonds remerciements vont aussi à Taylor Barnes pour son soutien critique dans la composition de ce texte ; son talent dans la recherche et la documentation et son énergie intellectuelle ne laissent planer aucun doute : elle a devant elle une brillante carrière de journaliste.

Comme toujours, au centre de tout ce que je fais, il y a le partenaire de ma vie, mon mari depuis neuf ans, mon âme sœur, David Miranda. Le supplice auquel il a été soumis dans le cadre de toute cette enquête journalistique à laquelle nous nous sommes consacrés était à la fois rageant et grotesque, mais le bénéfice en fut que le monde put découvrir l'individu extraordinaire qu'il est. À chaque étape du parcours, il m'insuffla son absence de peur, renforça ma détermination, me guida dans mes choix, me proposa des idées qui éclaircirent les choses et resta toujours à mes côtés, stoïque et résolu, en m'apportant son soutien inconditionnel et son amour. Une relation à deux comme la nôtre est d'une valeur incomparable, car elle met fin à la peur, elle abolit les limites et rend tout possible.

CET OUVRAGE A ÉTÉ COMPOSÉ PAR NORD COMPO
ET IMPRIMÉ PAR NORMANDIE ROTO IMPRESSION S.A.S.,
À LONRAI EN AVRIL 2014

JC Lattès s'engage pour
l'environnement en réduisant
l'empreinte carbone de ses livres.
Celle de cet exemplaire est de :

1,500 kg éq. CO$_2$
Rendez-vous sur
www.jclattes-durable.fr

PAPIER À BASE DE
FIBRES CERTIFIÉES

N° d'édition : 01
N° d'impression : 1401658
Dépôt légal : mai 2014

Imprimé en France